장로교회사

내일을여는지식 종교 16

호남지역
장로교회사

1938-1954년의 전남노회 사역을 중심으로

강민수 지음

한국학술정보㈜

| 머리말

본서는 1938년부터 1954년까지의 전남노회 사역을 중심으로 해서 호남 지역 장로교회사를 연구하는 과정이다. 그리고 한국장로교회의 신학적 근거가 되는 선교사들의 신학적 입장을 살펴보면서 한국장로교회로부터 광주・전남 지역의 최초 노회인 전라노회와 전남노회의 1954년까지의 신학적 역사적 정체성을 살펴보았다. 1938년부터 1954년까지 기간을 잡은 것은 「조선예수교 장로회 총회」가 일제의 강압에 의해 신사참배를 결의한 일제의 신사 참배의 시작과 광주・전남 지역의 정통보수의 신학을 이끌어 가고 있는 광신대학교의 전신인 광주 야간신학교의 개교 시점이기 때문이다.

본서는 이러한 근거 위에서 첫째, 전남노회(광주・전남)에 소속된 지역 교회들이 어떻게 출발했으며, 둘째, 일제식민지배의 말기인 1938년부터 교회와 공회의 치리회가 어떤 수난을 겪었으며, 셋째, 해방 이후 초기 선교사들의 신학적 입장을 고수하며 자유주의 신학을 대항하여 교회를 지켜왔는지, 넷째, 전남노회 회의록에 기록되어 있는 데이터를 토대로 교세의 변동을 살펴서 정통보수신학을 지키기 위해 노력한 전남노회가 하나님 나라 확장과 복음 증거를 위해 노력한 결과가 어떤 것인지를 살펴보았다. 그 결과 확실히 호남 지역 교회사는 한국선교 초기의 미국 남장로회와 평양신학교의 신학적 정체성과 연결되어 있음을 알 수 있었다.

남장로회 신학은 무엇인가? 그것은 선교사들이 미국에서 공부한 신학교의 신학적 정체성과 동일한 것이었다. 그 신학이란 바로 유니온과 컬럼비아 신학교의 신학사상이며, 그 중심에는 돈웰과 답네가 있다. 그들의 신학은 '성경은 절대 무오한 하나님의 말씀'이라고 믿는 성경관을 가진 신학이었다. 한국교회에 커다란 영향력을 미친 네비우스 정책은 이러한 성경관을 고스란히 담고 있었다. 문제는 초기 선교사들의 정치적 문화관이다. 초기 장로교 선교사들은 제침략기에 한국인들에게 복음을 전하면서 한국의 슬픈 상황에 대하여 무한한 동정을 표하고 한국인들의 아픔에 영적, 정신적으로 동참했지만 정치적 현실을 개혁할 실제적 행동에는 소극적이었다. 즉 선교사들은 정치적인 면에서는 엄정 중립을 지켰으며, 혹시라도 선교에 그리고 기독교로 전향하는 동기에 정치적인 요소가 있을까 걱정하였던 것이다. 초기 한국 장로교 선교사들의 이러한 생각은 16세기의 정통 칼빈주의 정치관을 따르기보다는 19세기 미국의 장로교회신학의 정치사상을 따랐다고 해석하는 게 더 타당하다고 해야 할 것이다.

본서가 가장 크게 공헌한 것은 그동안 분실된 것으로 알려져 있었던 1938년부터 1945년까지의 전남노회의 회의록을 찾아 호남 장로교회의 역사를 되돌아보게 했다는 것이다. 분실된 자료를 찾게 된 것은 정규오 목사님의 특별한 배려 때문이었다. 호남 장로교회사를 연구하면서 필자가 섬기고 있는 교회와 정규오 목사님과의 특별한 관계로 인하여 많은 대화를 할 수 있었고, 여러 가지 교회 행사들을 진행하면서 그분의 생생한 녹취록과 당시 전남 노회 회의록이 존재한다는 이야기를 듣게 되었다. 이것이 계기가 되어 해방 전(前) 전남노회가 폐쇄되고 전남교구가 출범될 당시 전남교구의 회의록을 찾을 수 있었다. 그동안 학계에 전남노회록과 전남교구 회의록이 존재하지 않는다는 정설이 무너진 것이다. 이미 고인이 되셨지만 그분의 도움이 있었기에 본서가 출간되었다고 해도 과언이 아닐 것이다.

이 책이 출판되기까지 공부하는 과정에서부터 많은 위로와 격려를 아끼지 않으셨던 광신대학교 정규남 총장님, 많은 오해와 어려움을 감수하시면서도 필자를 학문의 길에서 다시 일어설 수 있도록 따뜻한 애정으로 끝까지 지도해 주신 정준기 교수님, 그리고 합동신학대학원대학교에서 4년간(석사, 박사과정)의 학문의 길에서 아낌없는 사랑을 주셨던 오덕교 총장님과 박형용 총장님의 사랑을 잊을 수 없다. 낯설고 아무도 아는 이 없는 나주 땅에 와서 남편을 끝까지 믿어주고 눈물로 뒷바라지 해 준 아내 홍경희, 그리고 열심히 사는 아빠의 모습을 자랑삼아 건강하게 자라가고 있는 다은이 대훈, 대영에게 고마움을 전한다. 또한 본서가 나올 수 있도록 기도해 주시고 아낌없는 사랑을 주신 나주제일교회 당회와 교우들에게 진심으로 감사를 드린다.

그리고 이 책이 나오기까지 연구 자료에 도움을 주었던 소재열 박사님께 감사드리며, 교정과 편집을 위해 수고해 주신 김호욱 목사님, 정다정 자매, 출판을 위해 수고해 주신 한국학술정보(주) 사장님과 임직원들께 고마움을 전한다.

끝으로 목회를 하면서 학문의 깊이를 더한다는 것은 즐거움과 행복이면서도 많은 갈등과 아픔의 연속이었다. 몇 번이고 포기하고 싶었고, 많은 시간을 탄식과 절망의 그늘에서 가슴을 찢으며 한숨과 눈물의 나날을 보내야 했다. 그때 나의 힘이 되신 여호와로 인하여 다시 일어설 수 있었고, 긍휼과 성실함으로 나를 이끌어 주신 자상하신 하나님의 사랑 때문에 새 아침을 맞이하는 기쁜 날을 맞이하게 되었다.

이 모든 영광을 하나님께 돌립니다. Soli Deo gloria!

民賢 강민수

강민수 목사님이 2008년 2월에 광신대학교에서 받은 박사학위 논문을 책으로 출판하게 된 것을 축하드린다. 강 박사님의 논문은 호남 지역 장로교 교회사 가운데 1938 - 1954년의 역사를 전국 교회의 관점에서 분석하며 살펴본다. 호남 지역이 다른 지역과 비교할 때 보수신학이 강하고 교회들이 부흥하며 교인 수의 비율이 높은 것은 초기 선교사들의 신학 때문이라고 한다. 그들은 1900년도의 미국 남장로교의 보수신학을 계승하여 성경의 영감설을 믿고 성경대로 철저하게 살려고 노력했다. 이러한 신학과 신앙자세가 호남 지역 교회들에게 끼친 영향을 강 박사는 구체적으로 지적해 주고 있다.

한국교회 초창기에 호남 지역은 미국 남장로교선교회의 선교 지역이었다. 남장로교 선교사들은 남장로교의 대표적인 신학교들인 버지니아 주의 유니온 신학교와 조지아 주의 컬럼비아 신학교의 대표적인 신학자들인 돈웰(James Thornwell, 1812 - 62)과 답네(Robert Dabney, 1820 - 98)의 영향을 받아 하나님의 절대주권, 예정, 섭리 등을 믿는 칼빈주의 신학을 따르고, 성경의 영감과 적극적인 선교를 주장하며, 웨스트민스터 신앙고백서의 가르침을 철저히 지키는 보수적인 선교사들이었다. 이 초기 남장로교 선교사들은 복음 전파와 함께 의료 활동을 열심히 하고 성경을 읽을 수 있도록 한글을 가르쳤으며, 선교정책과 계획 수립을 위해 노력했다. 남장로교 선교회에서 호남 지역의 선교정책과 계획을 수립하는 일은 이눌서(William D. Reynolds) 선교사가 담당했고, 호남 지역 선교 책임은 배유지(Eugene Bell) 선교사 담당하였다. 이들과 함께 뒤따라온 오기원(Clement Owen) 선교사와 마로덕(L. O. McCutchen) 선교사 등의 교회개척과 의료선교와 한국인 목회자 교육을 통해 1932년에 전라 지역에는 목사가 45명, 교역자가 199명, 교회 수가 147처, 예배 처소는 698처가 되었음을 강 박사는 밝히고 있다.

1939년 조선예수교장로회 총회에서 일본 신사참배를 결의하고 평양장로회 신학교는 스스로 학교 문을 닫게 되었다. 그 당시 총회 산하 지교회 전체 직원은 24,629명이었는데, 그 가운데 호남 지역 중에 전남노회는 838명으로 전체 3.4%였고(논문 p.85), 목사의 수는 총회 내 580명 중에 전남노회는 18명으로 겨우 3.1%에 해당된 수치로서, 경남의 5.8%에 비해 낮은 비율을 나타냈다. 그런데 일제의 무서운 핍박과, 해방 후에 있었던 출옥성도들과 신사참배를 했던 성도들 간의 갈등 문제, 그리고 일제강점기 때 들어온 자유주의 신학사상의 침투로 교회들이 혼란에 처하고 분열의 아픔들을 겪었지만 대부분의 호남교회들은 성경적 바른 정통신학을 견지했었는데 그 이유는 호남 지역을 맡아 초기에 선교했던 미국 남장로교 선교사들의 보수 정통신학 때문이었다는 것이다. 1946 - 1947년에 조선신학교에서 공부하던 학생들이 김재준 교수와 송창근 교수 등이 성경의 영감설을 부정하고 노아 홍수와 바벨탑의 역사성을 부인하며 마태복음 기사의 4분의 3은 추상적이라고 하는 성경의 신적 권위를 무시하는 가르침을 받아들일 수 없어 1947년 4월 18일 총회에 진정서를 제출했다. 이때에 진정서를 제출한 학생들은 모두 51인으로 소위 '51인 신앙동지회'를 구성하여 한국장로교회가 자유주의 신학에 의해 무너져서는 안 된다며 총회를 향해 강력하게 호소했던 것이다. 이 사건이 시발점이 되어 총회는 조선신학교에 대한 특별조사위원회를 구성하고 조사를 행하여, 결국 1953년 제38회 총회에서 김재준 교수를 파면키로 결의하게 되었다. 이 결의에 불복한 김재준 목사와 그를 지지한 사람들이 그들만의 총회를 조직하여 한국기독교장로회가 출범하게 되었다.

이렇게 51인 신앙동지회의 활동을 강조해서 다루는 것은 그들이 호남 지역의 신학적 정체성을 잘 보여주기 때문이라고 한다. 곧, 51인 신앙동지회 회원 가운데 19명이 호남 지역 학생들이었고 27명이 이북 출신들이었지만 이들 역시 호남에서 활동한 사람들이었으므로 51인 신앙동지회 회원들 가운데 90% 이상인 47명이 호남에서 신앙생활을 하였던 학생들이었음을 보여주기 때문이란 것이다(논문, pp.160 – 161). 이 사실은 "호남 지역이 한국선교 초기의 미국 남장로교회와 평양신학교가 가졌던 신학적 정체(正體)성을 계승하고 있음의 증거가 되는 중요한 사건이었다."고 강민수 박사는 주장한다(논문, p.156).

1954년에 설립된 광신대학교는 초기 호남 지역 선교를 담당했던 미국 남장로교회 선교사들이 철저하게 믿었던 개혁주의 성경관의 신학적 정체성을 계승하며 51인 신앙동지회의 신학적 유산을 받아 발전하고 있음을 강 박사는 말한다(논문 p.161). 이는 51인 신앙동지회의 회장이었으며 광신대학교 초대 총장이었던 정규오 목사와 그와 함께 광신대학교를 물심양면으로 도왔던 51인 동지회 회원들인 김일남 목사, 박요한 목사, 차남진 목사 등이 있음을 강민수 박사는 51인 동지회 명단을 밝혀 알리고 있다(논문, pp.140 – 141).

이 책은 호남 지역 교회의 신학적 뿌리와 이 지역에서 교회들이 다른 지역에서보다 더 성장한 이유를 밝혀주고 있어서 호남 지역의 기독교 역사를 이해하는 데 많은 도움을 주며, 한국교회에 있어서의 성경의 영감설을 믿는 보수신학과 자유주의 신학의 대립에서 보수신학이 우위를 차지하게 된 경위를 설명하고 신학과 교회 성장과의 상관관계를 분명히 제시하고 있다. 그리하여 독자들에게 성경관의 중요성과 신학의 중요성을 깊이 인식하게 하여 영적인 큰 유익을 주리라 확신한다.

정규남 박사(광신대학교 총장)

한국 기독교는 세계 역사상 유례없는 발전을 하였다. 1885년 언더우드의 아펜젤러 선교사가 이 땅에 발을 들여놓음으로 본격적인 선교 운동이 시작된 이후 120년 만에 전 인구의 20퍼센트 이상이 기독교 신앙을 고백하고 있다. 아주 작은 땅덩어리에서 이제 선교사를 세계 2번째로 배출하는 나라가 되었다. 또한 다수의 기독교인들이 정치·경제만이 아니라 문화와 사상의 영역에서 이 사회의 중추적인 역할을 감당하고 있다. 한 예로, 건국 63년 만에 기독교 신앙을 고백하는 4명의 대통령이 나왔고, 국회의원 3명 가운데 1명은 기독교 신자이다.

우리나라에서 기독교 신앙이 가장 잘 발달되고, 크게 영향력을 행사하고 있는 곳 가운데 하나가 호남 지역이다. 호남 지역은 한때 정치·경제적으로 소외당하는 등 어려움을 겪은 곳이지만 전국에서 가장 복음화율이 높다. 호남인 가운데 30퍼센트 이상이 복음을 받아들여 기독교 신앙을 고백하고 있다. "원수를 사랑하라."는 성경적 신앙을 고수하기 위해 자신의 아들을 죽인 자를 양자로 삼았던 손양원 목사가 있었고, "나 외에 다른 신을 두지 말라."는 말씀을 지키기 위해 신사참배 반대에 앞장선 이들이 많았다. 우리 민족이 일제의 압박에서 고난당할 때 희망의 빛을 밝혔고, 군사독재 시절에는 민주화를 위해 저항하면서 순수한 신앙을 지켜온 것도 호남의 기독교였다.

이와 같이 호남 지역이 기독교 신앙을 널리 펴게 된 것은 바로 미국 남장로교 선교사들의 공헌이라고 볼 수 있다. 미국 남장로교 신학은 벤저민 팔머(Benjamin M. Palmer)와 헨리 돈웰(James Henley Thornwell), 제임스 답네(James Dabney)의 신학사상에 기초하고 있는데, 호남 지역에서 선교활동을 편 레이놀즈(이눌서)와 린턴(인돈) 등 대부분의 선교사들이 바로 남장로교 신학을 고백하는 이들이었다. 이들은 1986년 나주 선교부를 개설한 이후 다음 해 광주와 순천에 선교부를 개설하였다. 그들은 사경회를 통하여 복음을 전하며, 목포, 광주, 순천에 병원을 세워 선교하였고, 주일학교를 통해 교육 운동을 폈고, 서적을 번역하여 기독교 신앙을 확산하였다. 또한 호남 여러 곳에 학교를 세움으로 한국 사회를 이끌어 갈 수 있는 지도자들을 양성하였다. 이처럼 남장로교회의 선교는 한국 기독교의 발전의 기초를 마련하였다. 특히 한국 교회가 성경적인 신앙을 고수할 수 있게 함으로 한국 기독교의 정체성을 마련하게하는 데 크게 이바지하였다.

이와 같은 남장로교회의 한국 선교와 그들에 의해 시작된 호남의 장로교회 역사를 이번에 나주제일교회의 강민수 목사께서 출판하게 되었다. 강민수 목사는 경건과 학문의 균형을 강조하는 신실한 하나님의 사람으로, 성도들과 함께 고락을 함께하는 진정한 목회자이다. 목회하면서 꾸준히 호남 지역의 교회 역사를 연구하여 온 역사신학자이다. 그는 수년간 합동신학대학원과 광신대학교에서 개혁신학을 연구하였고, 지난해에 광신대학교에서 호남기독교 역사를 고찰하여 박사학위를 받았다. 그는 이 책을 통하여 성경적 비른 신앙, 뛰어난 학구적인 시각, 한편으로 치우치지 않는 객관성을 유지하기 위해서 최선을 다하였다. 그의 노고를 통하여 우리는 단숨에 호남 기독교 역사를 읽을 수 있을 것이다. 초기 선교사들의 열정과 선교적 비전, 그들이 가졌던 성경 중심적인 신앙, 그리고 일제강점기의 호남 지역의 선교 운동 특히 수난의 투쟁사를 확인할 수 있으며, 해방 이후 호남 지역에서 일어났던 신학적 갈등과 그 극복 과정을 살펴볼 수 있다. 이 귀한 책을 통하여 한국 교회가 초기 선교사와 교회 지도자들의 영감과 비전을 확인하며, 그들의 뜨거운 신앙적 열정을 회복하게 되길 바란다.

오덕교 박사(합동신학대학원대학교 전 총장)

목 차

제1장 들어가는 말

1. 문제 제기

한일합방은 조선의 황제가 일왕에게 합방서를 제출하고, 일왕이 이것을 받아들이는 형식을 취하면서 마치 한국이 이것을 원하여 양국이 하나로 합방이 된 것 같은 인상을 주었지만 사실은 결코 그렇지 않다. 러일전쟁 후 일본은 한국의 외교권, 내정권, 군사권을 탈취하고 군대의 위협하에 한국을 굴복시켜 식민지로 만들었다.[1] 조선의 민중들은 최후 황제였던 고종(高宗)의 장례식을 계기로 1919년 3월 1일에 일어났던 독립운동[2]을 통하여 일제에 저항하였다. 그러나 일제는 기독교에 대한 좋지 않은 편견을 갖고 탄압하였다. 일제는 러일전쟁으로부터 청일전쟁에 이르기까지 한국인을 전시목적으로 강제 동원하였다. 즉 내선융화의 미명하에 황민화 정책이 진행된 것이다.[3]

총독부는 사상 선도 정책의 하나로서 1919년 9월에 조선신사(朝鮮神社, 1925년에는 神宮으로 개칭)를 남산에 설립하였다.[4] 신사

---

1) 도히 아키오, 『일본기독교사』, 김수진 옮김(서울: 기독교문사, 1991), 282.

2) 당시 독립운동에 선교사들은 거의 참여하지 않았다. 선교사들은 정치운동에 참가하는 일은 전도에 있어서 좋지 않다고 생각하고 있었다(*Ibid.*, 295).

3) 일본의 황민화 정책으로 신사참배의 강제, 『황국신민의 서사(誓詞)』 강요(1937. 10), 학교교육에 있어서 조선어 사용금지(1938. 3), 창씨개명 강행(1939. 11)이 진행되었다. 또한 일본은 한국인을 전력(戰力)으로서 동원하기 위해서 육군지원병제도(1938. 2), 해군지원병제도(1943. 5), 징병령(1943. 8)을 실시하였다. 노동력을 이용하기 위해서 국민징용령(1939. 7) 이후 여러 가지 방법으로 강제연행을 단행했다. 문제는 이런 황민화 정책에 일본의 교회가 호응했다는 점이다(*Ibid.*, 300).

4) 남산은 서울특별시 중구와 용산구의 경계부에 있는 산으로, 표고 262m로 본 이름은 목멱산(木覓山)인데 목멱산이란 옛말의 '마뫼'로 곧 남산이란 뜻이다. 남산이 처음 시민공원으로 개발된 것은 구한말인 1910년의 일로, 당시 공원 표지로 세웠던 '한양공원'이란 고종 친필의 석비가 지금도 통일원 청사 옆에 보존되어 있다. 산정에는 조선시대 이래 국사당, 봉수대가 있었고 숭례문 쪽으로 공원 중심부에 일본 제국주의의 상징인 경성신사, 조선신궁 등이 있었다. 신사는 1945년 광복과 함께 그해 10월 6일 해체되었다. 신사가 있던 바로 그 자리에 나무로 만든 십자가를 높이 세웠다. 그리고 해마다

참배 요구는 기독교에 대한 배신행위이며, 민족적 굴욕의 행위였다. 이런 상황 속에서 1938년 9월에 평양에서 제27회 "조선예수교 장로회 총회"가 개회되었다. 이 총회는 일제 신사참배를 가결한 불행한 총회로 기록된다. 총회직영신학교인 평양장로회신학교가 자진 폐교되는 아픔을 겪게 되었다. 선교사들이 평양장로회신학교를 개교하지 않게 되자 총회는 1940년 후 평양신학교를 조선총독부로부터 인가를 받아 개교하게 되었다(교장 채필근). 그해 외국 선교사들은 일제에 의해 강제 출국하기 시작하였고 기독교인들을 대거 검거하는 일이 벌어졌다. 1941년 제30회 총회는(장소 평양창동교회) 창립 30주년 기념 예배를 드린 다음 날 총대 일동이 평양 신사를 참배한 불행한 역사로 기록되어 있다.

1942년 일제는 선교사 전원을 강제로 출국하게 했을 뿐만 아니라, 조선예수교 장로회 총회 회의록을 일어로 기록하게 함으로 조선예수교 장로회를 장악하기에 이른다. 1942년 제31회 조선예수교 장로회 총회를 마지막으로 일제에 의해 총회는 해산되고 대신 「일본기독교조선장로교단」[5])이 조선예수교 장로회를 장악하게 되었다. 1945년 해방 이후 1946년 6월 남부총회는 '일본기독교장로교단'을 해산하고 일제에 의해 해산된 "조선예수교 장로회 총회"를 복구시

부활절이 되면 그 십자가 앞에 서울에 있는 모든 교회들이 함께 모여서 새벽예배와 오후 연합예배를 드렸다. 육군본부의 군악대와 서울시내 연합성가대까지 동원되었다. 남대문에서 남산까지 교인들이 이어졌다. 성도들의 찬송 소리가 장안을 덮었다. 모두가 감격의 눈물을 흘렸다. 선이 악을 이기고 승리한 것이다. 생명이 죽음의 권세를 물리치고 승리한 것이다. 일제 36년의 모진 고초와 압박의 굴레에서 벗어나서 자주 독립국이 된 것을 하나님께 감사하였다. 그것이 남산의 부활절 예배로 표출되었던 것이다. 축도는 언제나 부통령 함태영 목사의 몫이었다(신세원, "신세원목사의 교회사 이야기", 기독신문, 2006. 4. 3).

5) 일본교회 34개 교파가 통합하여 1941년 6월에 '일본기독교교단'을 결성하는 창립총회를 개최하였다.

켜 1942년 제31회 총회에 이어 제32회 총회(1946년)로 모였다.

일제에 의한 3년 동안의 총회 공백과 일제의 장악은 한국장로교회에 어두운 흑암의 그림자였다.[6] 그러나 하나님은 그러한 어두운 흑암의 권세 속에서도 지켜 주셨고 보호해 주셨다. 뿐만 아니라 선교의 열매를 맺도록 역사해 주셨다. 일제의 압제 속에서도 복음은 증거되었고, 교회는 설립되었다. 본서는 한국의 장로교단의 태동부터 1954년까지 장로교회의 성장과정을 다루되 특히 1938 - 1954년의 한국장로교회 역사 가운데 광주 · 전남 지역의 사역이 어떻게 전개되었는가를 살필 것이다. 1938년을 시점으로 잡은 것은 그해에 대한예수교장로회 총회가 신사참배를 가결함으로써 장로회의 신학적 정체성에 커다란 문제점이 발생했기 때문이고, 1954년을 종점으로 잡은 것은 당년에 호남의 칼빈주의 정통보수신학의 요람인 현 광신대학교의 전신, 광주야간신학교가 시작되었기 때문이다.

2. 연구 목적 및 필요성

본서는 호남장로교회사 전반을 개관하면서도 특히 1938 - 1954년

---

6) 대한예수교장로회 제27회(1938년) 총회는 신사참배를 결의하고 제28회(1939년) 총회는 '국민정신 총동원 조선예수교 장로회 연맹'이란 천황제도에 협력하기 위한 조직을 만들고 제29회(1940년) 총회는 친일에 앞장선 조승제 목사가 서기로 당선된다. 제30회 (1941년) 총회는 일본의 중일전쟁 무기지원을 결의하게 되고 총회석상에서 중일전쟁을 위한 203원의 국방헌금을 하게 된다. 제31회(1942년) 총회는 '일본기독교조선교단'을 결성하기 위하여 상치위원회(常置委員會: 각 노회장 구성)를 구성한다. 1943년 5월 4일 '일본기독교조선교단'에 '장로'라는 두 글자를 넣어 '일본기독교조선장로교단'이란 규칙이 통과되었다. 제31회 '대한예수교장로회 총회' 이후 중단되었다가 1946년 다시 제32회로 복구되었다.

까지 장로교 광주·전남 지역의 신학적 정체성을 파악하는 연구이다. 이 기간 동안 광주·전남 지역의 교회사역이 진행될 때 신사참배 문제로 어떠한 고난과 환난이 임했는가? 그리고 이 기간 교회는 이를 어떻게 극복했는가? 무엇보다도 이를 위해 1938년 신사참배 결의 당시 광주·전남 지역의 상황은 어떠했는가를 중점적으로 살필 것이다.

아울러 본 연구는 광주·전남 지역에 암울했던 일제 말기와 해방을 맞는 즈음에 교회는 어떠한 핍박 속에서 그 본질과 뿌리를 지켜왔는가를 확인하여 과거를 통해 현재를 진단하며 미래의 비전을 갖게 하는 데 있다. 특히 초기 선교사들의 사역방향과 신학사상이 일제 말기를 거쳐 해방 이후에도 신학의 정체성과 연속성을 갖고 있음을 증명하는 데 그 논지가 있다.

제27회 총회(1938) 전에 각 노회의 신사참배 결의와 총회 헌의가 있었다. 1938년 9월 제27회 총회가 소집되기 전 전국적으로 각 노회가 소집되었다. 각 노회는 개회 벽두에 우선 신사에 몰려가 참배를 솔선수범하도록 강압을 가했다. 신사참배가 결의된 제27회 대한예수교장로회 총회가 열렸던 1938년 2월 9일에는 평북노회가 신사참배를 결의하고 총회에 신사참배를 헌의하였다. 그해 4월 정기회에서 제주노회와 순천노회가 각각 신사참배를 결의하였으며, 5월에는 전남노회가 정기노회에서 신사참배를 결의하고 이를 총회에 보고한다. 총회 보고내용은 다음과 같다.

<전남노회 보고>: 특별사항은 금춘 정기 노회에 오랫동안 문제로 되어 오던 참배문제에 대하여 당국의 지시대로 신사는 종교가 아니요 참배

는 국민정신 통일을 위한 국가의식임을 인식하고 본 노회로서는 참배함
이 국민의 당연한 의무인 동시에 교회지도상 선명한 태도인 줄 알고 이
를 결의 실행하는 동시에 관내 각 교회에 통지하여 일반 교인으로 취할
길을 보였사오며[7]

전북노회 역시 신사참배를 결의했다.[8] 신사참배에 대한 결의 청
원서와 노회의 신사참배 결정에 불복하여 상회인 총회에 소원하는
소원건이 각 노회로부터 헌의 및 청원되었음을 보고하는 내용이
총회 회의록에 기록되어 있다.

"신사참배에 대하여 제출한 제주노회장 이도종 씨의 결의서와 전북노
회장 김세열 씨의 건의서와, 순천노회장 오석주 씨의 상신서와 전북노회
원 마노덕 씨의 소원건은 이미 결정된 사실이므로 반려함이 가하오며."[9]

각 노회의 청원과 함께 일제에 의해 조종을 받은 총회 회장이
주도한 총회에서 신사참배를 결의한 것이다.[10] 총회는 신사참배의
결의된 내용을 총독부에 보고하였다.

"신사참배 결의안을 조선 총독 총감, 경무국장, 학무국장, 조선군사령
관, 총리대신, 척무대신, 제 각하에게 전보를 발송하기로 가결하다."[11]

이렇게 하여 1938년 봄 노회는 전국에 있는 27개 노회 중 17개
노회가 신사참배를 결의하였다. 이것은 각 지방의 경찰서가 총독부

---

7) 조선예수교 장로회 총회, 「제27회 총회회의록」(1938), 10.

8) "전국노회서 신사참배 가결", 「每日新報」, 1938년 6월 9일.

9) 조선예수교 장로회 총회, 「제27회 총회회의록」(1938), 11.

10) *Ibid.*, 9.

11) *Ibid.*

의 지시에 따라 각 노회의 총대들을 협박·설득하여 얻어낸 결과였다. 그중에 이를 거부한 총대들을 검속하기도 하였고 평양에서는 5월에 평양, 평서, 안주 3노회장들을 비롯한 중진목사 이승길, 장운경 등을 일본으로 데리고 가서 관광을 시키고 갖은 대접을 다하여 그들의 환심을 사도록 했다.

신문 보도에 따르면 1938년 2월 15일 현재 나주경찰서에 지원병을 신청한 사람은 24명이었다고 한다.[12] 이뿐만 아니라 일본은 우리 민족에게 신사참배를 강요하기 시작하였다. 1938년 9월 신사참배가 결의된 총회가 있기 전인 4월 25일 나주군 군내 12개 장로회 교회는 서문정교회[13]에서 8백여 명의 성도들이 신사참배문제를 논의한 끝에 이에 따르기로 결정하였다.[14] 광주·전남 지역 중에는 신사참배를 결의하고 가담하는 학교도 있었지만 적극적으로 반대하여 스스로 폐교하는 일도 있었다.

본서는 조선예수교 장로회 총회가 해산될 때 광주·전남 지역의 전남노회도 해산되고 대신 전남교구가 들어서면서 일제의 지배를 받은 광주·전남 지역의 교회와 사역 내용을 연구함으로 반성과 갱신을 다지기를 바라는 마음으로 다음과 같은 의의를 가지고 작성되었다.

첫째, 일제강점기 말에서부터 해방을 전후한(1938 – 1954) 광주·전남 지역의 사역방향과 교회의 현황을 살펴보면서 당시 광주·전

---

12) "동아일보", 1938년 2월 18일 "나주에도 지원병"
13) 서문정교회(西門町敎會)는 현재 나주교회를 지칭한다. 서문정교회는 1952년 3월 10일에 남문교회와 분열된다. 남문교회는 현재 필자가 섬기고 있는 나주제일교회이다.
14) "동아일보", 1938년 5월 4일, "나주 8백 기독교도, 신사참배를 결의", 일제는 1937년 7월 7일 중일전쟁을 도발한 이후 조선에서도 전시체제를 만들었다. 1938년 지원병 제도를 발표하면서 나주경찰서는 지원병을 모집하기 시작하였다.

남 지역의 교회역사를 정리하며 그 신학적 정체성을 확인할 것이다.

둘째, 1938 - 1954년까지의 광주·전남은 전남노회와 1922년 전남노회에서 분립된 순천노회가 있었다. 그러나 1943년 전남노회와 순천노회가 일제에 의해 폐쇄되고 '일본기독교조선장로교단' 산하 전남노회는 '전남교구'로 통합되면서 이 조직이 해방을 맞이한 1945년까지 광주·전남 지역 교회를 지배하여 '대한예수교장로회 총회'와 '전남노회'는 그 역사가 단절되었다. 그래서 이 단절 기간 중 전남노회는 어떤 사역을 했으며, 신학적 정체성은 무엇이었는지를 연구할 것이다.

셋째, 1938년부터 1954년까지 광주·전남 지역의 교회가 일제에 의해 많은 환란 속에 맞은 해방을 전후한 신학적인 혼란 속에서 어떻게 선교사들로부터 전해진 정통보수신학을 계승했는지를 연구하게 될 것이다.

넷째, 본 연구는 필자가 몸담고 있는 광신대학교에 광주·전남 지역의 최초의 전남노회에 대한 자료를 확충하고자 한다.

이상 네 가지 사항을 충분히 검토하는 과정을 거치면서 필자는 일제 말기와 해방 초기 광주·전남 지역 교회들의 신학사상이 장로교 초기 선교사들의 목회 방향 및 신학사상과 맥을 같이함을 설득력 있게 증명할 것이다.

3. 연구사 및 사관

3.1. 선행연구

　1892년 한국에 들어온 미국 장로교는 선교지 분할 정책에 따라 호남 지방을 선교지로 분할 받아 호남선교에 박차를 가하였고, 그들의 선교활동에 대한 것들을 본국에 보고한 보고서나 선교사들의 활동을 선교사들의 활동과 관련한 여러 저술에 자세하게 기술하였는데, 에너벨 메이저 니스벳(Anabel Major Nisbet)이 저술한「한국 선교초기역사」는 선교의 현장에서 발생한 일들을 선교 기행문식으로 소상하게 다루고 있다.

　그리고 남장로교의 한국선교 50주년을 기념하기 위하여 한국 선교회가 로드(Harry A. Rhodes: 노해리) 목사에게 의뢰하여 출간된 *History of the Korea Mission: Presbyterian Church U. S. A*에는 남장로교 선교사들에 의하여 세워진 전주, 군산, 목포, 광주, 순천 선교부의 활동을 소개하고 있고, 1962년에 브라운(George T. Brown)이 저술한 *Mission to Korea*에는 남장로교 선교사들의 활동을 자세하게 소개하였는데, 이런 저서들은 선교사들이 호남교회사를 취급한 최초라고 할 수 있다. 이어서 1965년에 남편 헌트리(Charles Betts Huntley)가 저술한 *To Start a Work*가 있는데, 여기서는 선교의 역사를 원 자료에 기초하여 선교사의 마지막 세대로서 앞 세대들의 공과(功過)를 솔직하게 기술하였다.[15]

---

15) 차종순,「호남교회사 연구 1집」(광주: 호남교회사연구소, 1995), 38.

호남 지방의 경우에는, 김수진 목사가 자신이 직접 겪은 사실을 토대로 호남 지역의 선교역사, 개교회사를 정리하다가 1979년에 김수진·한인수 공저 「한국기독교회사」 호남편을 출판하였는데, 이 책이야말로 호남 지방에 대한 교회사를 부분적으로 세밀하게 다루고자 하였던 최초의 저서라 할 수 있다.[16] 특히 이 저서는 한국인에 의해서 호남 지방에 대한 교회사를 체계적으로 정리하고자 하였다는 점에서 큰 의의를 가진다고 볼 수 있다.

김수진과 한인수는 「한국기독교회사: 호남편」을 편찬하였는데, 이를 시발점으로 호남 지방에 대한 구체적인 교회사를 기술하려는 노력들이 일어나게 되었다. 특히 이러한 양상은 전북 지역을 중심으로 하고 있는 김수진 목사와 전남 지방을 중심으로 활발히 활동하고 있는 호신대 교수 차종순에 의해 주도되고 있으며, 최근에는 목회자이면서도 깊은 관심을 갖고 있는 안영로 목사도 가세하고 있는 편이다. 특히 차종순 교수는 교회사 연구 방법에 있어서 기존의 연구방법에서 진일보하여 한국사의 일반적 흐름과 관련시켜서 기술하고 있다.

김수진은 「호남선교 100년과 그 사역자들」, 「호남 기독교 100년사 전북편」과 「일제의 종교탄압과 한국교회의 저항」을 주명준과 공저로 출판하였고 개교회사로는 「목포노회 100년사」를 저술하였다. 차종순 교수는 헌트리 부인(Mrs. Martha Huntley)이 기증한 방대한 원 자료와 북 캐롤라이나(North Carolina) 주 몬트리트(Montreat) 시의 Historical Foundation에서 수집한 원 자료, 그리고 선교사 자손들의 가정을 방문하여 얻은 개인편지, 사진 등을 수집하여 호남교회사를

---

16) *Ibid.*, 39.

총괄하는 「호남교회사 1집」, 「호남교회사 2집」을 출판하였으며, 호남선교의 길에서 순교한 22명의 연보를 다룬 「양림동에 묻힌 22명의 미국인」을 출판하였고, 개교회사로서는 1904 - 1994년까지의 「양림교회 90년사」를 편찬하였으며, 신학박사 학위논문으로 "호남교회사에서 복음적 사회운동에 대한 연구"를 오방 최흥종 목사의 생애와 사상을 중심으로 하여 기술하였다.

안영로는 남장로교의 호남 지방 선교에 대한 일반적인 것들을 다룬 「메마른 땅에 단비가 되어」와 미션선교(학교와 병원)에 대한 것들을 다룬 「전라도가 고향이지요」를 출판하였으며, 목회학 박사학위논문으로 광주 수피아 여학교의 신사참배 반대를 중심으로 한 "미국 남장로교의 학원선교정책에 관한 연구"를 기술하였다.

그 밖에도 다수의 호남선교에 대한 논저들이 발표되었는데, 김행문은 일제하에서 호남 지방 기독교단체의 사회운동을 연구하였고, 주명준은 미국 남장로교 선교사들의 한국 파송 경위와 전북 지방에서 개신교가 전파되는 과정을 연구하였고, 안대회는 1893년부터 1945년까지의 '전주서문교회의 성장과정과 민족운동'을 연구하였다.

또한 초기교회의 설립과정과 발달과정을 정리하고 보존하기 위한 개교회사 편찬이 개교회의 사료편찬위원회와 신학자들의 도움으로 편찬되었다. 「영광읍교회 90년사」, 「서현교회 90년사」, 「양림교회 90년사」, 「광주제일교회 100년사」, 「광주중앙교회 90년사」, 「강진읍교회 70년사」, 「양동제일교회 100년사」, 「목포양동교회 100년사」, 「전주서문교회 100년사」 그리고 전남노회의 역사를 밝히는 「전남노회 75년사」가 전남노회(통합)에 의하여 편찬되었다. 지금까지 호남 지역의 교회사와 개교회사들이 편찬되고 있다.[17]

17) <호남지방 교회사 부분>

Harry A. Rhodes, History of the Korea Mission: Presbyterian Church U. S. A, The Presbyterian Church of korea, 1934.

Mrs. martha huntley, Caring, Growing, Changing: A History of the Protestant Mission in Korea, Friendship Press, 1965.

George T. Brown, Mission to Korea, Presbyterian Church of Korea Department of Education, 1980.

김수진, 「목포지방기독교 100년사 - 목포노회 창립50년사」, 1997.

김수진, 「호남기독교 100년사 - 전북편」, 쿰란출판사, 1998.

김수진, 「호남선교 100년과 그 사역자들」, 고려글방, 1992.

김수진, 「호남지방 교회의 역사」, 기독교문사, 1994.

김수진. 주명준, 「일제의 종교탄압과 한국교회의 저항」 순천노회 수난사건을 중심으로, 쿰란출판사, 1996.

김수진. 한인수, 「한국기독교회사 - 호남편」, 크리스찬신문사, 1979.

남장로회선교회, 「남장로교 선교회 25주년기념」, 1917.

남장로회선교회, 「전라도선교 40주년 약력」, 1932.

소재열, 「호남선교 이야기」, 말씀사역, 2005.

안영로, 「메마른당에 단비가 되어」, 쿰란출판사, 1994.

애너벨니스벳. 한인수 역, 「호남선교초기역사」, 1892 - 1919, 경건, 1998.

주명준, 「전라도가 고향이지요」, 쿰란출판사, 1998.

주명준, 「전북의 기독교 전래」, 전주대학교 출판부, 1998.

차종순, 「양림동에 묻힌 22명의 미국인」, 호남신학대학교 사료편찬위원회, 2000.

차종순, 「호남교회사연구 1집」, 호남교회사연구소, 1995.

차종순, 「호남교회사연구 2집」, 호남교회사연구소, 1998.

<논문부문>

김행문, "일제하 호남지방 기독교단체의 사회운동 연구", 전남대 교육대학원, 1983.

서굉일, "지리산과 섬진강 지역의 기독교 선교", 「월간 지리산과 섬진강」 1, 2호, 1997.

신치섭, "순천지역선교 역사에 관한 연구", 호남신학대학교 목회대학원 석사 학위논문, 1998.

안대희, "전주서문교회의 성장과정과 민족운동" 1893 - 1945, 목포대학교 대학원 석사학위논문, 2000.

차종순, "호남교회사에서 복음적 사회운동에 대한 연구" - 오방 최흥종 목사의 생애와 사상을 중심으로, 호남신학대학교.

최덕성, "순천노회 교역자 수난사건 재평가", 고려신학대학원.

<호남개교회사>

강서열 외 4명, 「전남노회 75년사」(광주: 글벗출판사), 1993.

강진읍교회 교회사 편찬위원회, 「강진읍교회 70년사」(1913 - 1983), 1983.

남평교회 역사편찬위원회, 「섭리의 역사와 교훈: 남평교회 103년사」, 2003.

광주서문교회 50년사 편찬위원회, 「광주서문교회50년사」(1951 - 2001).

광주제일교회 100년사 편찬위원회, 「광주제일교회100년사」(1904 - 1994), 1994.

광주중앙교회 90년사 편찬위원회, 「광주중앙교회90년사」(1917 - 1997), 1997.

김수진, 「양동제일교회 100년사」, 1997.

김요나, 「정읍성광교회사」(1947 - 1997), 1997.

이와 같이 호남 지역을 중심으로 한 선행 연구 논문 중 차종순의 『호남교회사연구』 제1권은 서양교회사와 한국교회사의 비교연구, 그리고 초기 전남선교의 선구자인 미국 남장로교 배유지 선교사, 광주의 첫 순교자 오기원 선교사를 중심으로 연구하였다. 차교수의 초기 선교사들과 그들의 연구는 초기 선교사들이 광주·전남 지역에서 어떻게 선교하였는지에 대한 역사적 자료로서 그 가치가 크다 할 것이다. 그러나 필자가 연구하고자 하는 일제 말기와 해방을 전후한 광주·전남 지역의 교회 상황과 신학적 정체성[18]에 관한 연구는 아예 언급되지 않는다.

또한 차종순에 의해 완성된 『호남교회사연구』 제2권은 그의 박사학위 논문 "호남교회사의 복음적 사회운동에 대한 연구"로 오방 최흥종 목사의 생애와 사상을 중심으로 다루는 논문이다. 저자는 이 논문에서 3·1만세운동을 전후해서 보이는 최흥종 목사의 사회운동 주도와 신사참배 거부, 그리고 해방과 함께 지속적인 사회봉사 활동에 주력했던 그의 생애와 사상을 연구하였다. 하지만 이 논문에도 당시 광주·전남 지역 교회의 동향과 그 사상에 관한 연구는 언급되지 않아 큰 아쉬움으로 남는다.

목포양동교회 100년사 편찬위원회, 『목포양동교회100년사』(1897 - 1997), 1997.
서현교회90년사 편찬위원회, 『서현교회 90년사』(1908 - 1998), 1998.
순천노회 사료편찬위원회, 『순천노회사』, 1992.
순천제일교회 50년사 편찬위원회, 『순천제일교회50년사』(1937 - 1986), 1988.
영광읍교회 90년사 편찬위원회, 『영광읍교회 90년사』, 1995.
전주서문교회 100년사 편찬위원회, 『전주서문교회 100년사』(1897 - 1997), 1999.
차종순, 『양림교회 100년사』(1904 - 2004), 2004(통합, 기장, 개혁).
차종순, 『양림교회 90년사』(1904 - 1994), 1994.
황영준, 『전남노회사』(예장합동), 2001.

18) 본 연구에서 신학적 정체성을 말할 때는 언제나 전라도를 선교지로 분할 받은 미국 남장로회(PCUS) 소속의 초기 한국교회 선교사들의 신학적 정체성과의 연속성이 함축되어 있다.

『호남선교이야기』를 저술한 소재열의 작품도 중요하다. 소재열은 이 연구에서 호남 지역을 담당하게 된 미국의 초기 선교사들이 호남에 와서 선교하기까지를 '호남선교를 위한 하나님의 섭리'라는 차원에서 언급한 다음에 호남 지역 선교부를 소개한다. 그리고 조선예수교 장로회 총회와 호남 지역 노회의 변동사 및 그 과정을 연대기적인 개관으로 다룬다. 그러나 이 연구에서는 일제 말기와 해방을 전후한 광주·전남 지역의 교회 상황과 신학적 입장에 관해서는 언급되지 않는다.

또한 김인수·한인수의 공저인 『한국기독교회사: 호남편』이 있다. 이 연구 역시 초기 호남 지역의 선교와 선교사들의 활동, 고난, 의료, 교육, 교회성장에 관한 연구에서부터 1950년의 교회 분열까지를 다룬다. 이 연구는 광주·전남 지역만을 대상으로 하는 것이 아니라 전북까지를 아우르고 있다. 그러나 이 연구 역시 일제말기 광주·전남 지역의 구체적인 상황에 대한 연구는 미진한데 그 이유는 전남노회 회의록과 전남교구에 관한 원 자료를 참고하지 않았기 때문인 것으로 판단된다. 필자는 이상에서 거론한 제삼자들의 뛰어난 연구업적에 감사하며 겸허한 마음으로 배우면서 그들이 미처 다루지 못한 부분을 원전에 의해서 보완할 것이다.

3.2. 사 관

한국의 초기 교회역사의 사관을 논할 때에 가장 먼저 선교사관을 논한다.[19] 그 이유는 한국교회 역사 초기에 한국교회사에 대해 집필한 백낙준 박사와 곽안련(C. A. Clark) 선교사가 선교학적인 관점에 서 있었기 때문이다. 즉 미국의 선교사들이 한국에 와서 선교사역을 감당했던 사역의 기록을 연대기적으로 기술한 역사[20]를 선교사관으로 지칭한 것이다. 20세기 중반까지 한국교회의 전형적인 역사사료는 선교학적인 관점에서 쓰였다.[21] 그러나 "선교사관이란 초기 기독교 선교의 확장 역사이며 이 선교를 주도했던 선교사를 파송한 나라의 교회와 인사들에 의해 수집되었다고 하는 일방성이라는 점과 한국 교회 쪽의 고백과 증언이 전혀 고려되지 못한"[22] 점이 있음을 간과할 수 없다.

해방 이전, 특히 초기 한국선교부터 1920년 이전까지 한국의 개신교 선교 상황과 그 과정을 소개한 문헌들이 간행되었지만 이 문헌들을 체계화된 한국장로교회의 역사를 기록한 연구서로 보기는 어렵다. 하지만 선교사들에 의해 정리된 이 문헌들은 한국장로교회뿐만 아니라 한국교회사를 연구하는 데 중요한 사료적 가치가 있

---

19) 역사학자들의 한국교회사에 대한 저서나 관련 학위 논문에서 한결같이 한국교회사 연구 방법론으로써 한국교회사의 사관을 취급한다. 다음을 참고하라. 민경배 교수의 저서 韓國基督敎會史, 8 - 17, 김영재, 「韓國敎會史」, 11 - 24, 박용규, 「韓國長老敎思想史」, 23 - 40.

20) 초기 선교사들은 자신들의 선교사역을 본국에 보고하기 위하여 기록한 각종 일기와 기타 많은 글들을 쓰고 책도 발간하였다.
①코리안 리포지터리(The Korean Repository, 1892, 1895 - 1898), ②코리안 리뷰(The Korea Review, 1900 - 1905), ③코리안 미션 필드(The Korean Mission Field, 1896 - 1942) ④ 헤리 로즈(Harry A. Rhodes)의(1935년에) History of Korean Mission, Presbyterian Church U. S. A. 1884 - 1934. ⑤스토우크(Charles Davies Stoke)가 1947년에 쓴(감리교) 논문: History of Methodist Korea Mission in Korea, 1885 - 1930. ⑥브라운(George Thompson Brown)은 1962년 호남 지방을 중심으로 한 논문(A History of the Korean Mission, Presbyterian Church, U. S. from 1892 to 1962)을 책으로 출간한 「Mission to Korea」가 있다.

21) 박용규, 「韓國長老敎思想史」(서울: 총신대학교출판부, 1992), 23.

22) 민경배, 「韓國基督敎會史」, 9.

다.23) 특히 곽안련(C. A. Clark) 선교사가 선교신학적 관점에서 저술한 「한국교회와 네비우스 선교방법」24)은 한국교회의 형성과 성장에 미친 네비우스 선교방법을 통해 한국 장로교의 보수주의를 조명하였는데 이 방법의 기초는 자립, 자치, 자전이 아니라 성경 중심의 선교방법을 통해 선교지에 성경의 권위를 엄격하게 적용하는 데 있었다. 곽안련의 사관이 선교신학적 사관이지만 그는 「한국교회와 네비우스 선교방법」 속에 '성경 중심'25) '성경의 권위'26)란 말을 사용함으로써 개혁주의의 중요한 사상의 하나인 '성경은 하나님의 말씀'임을 믿는 성경관을 드러내고 있다.

더 나아가자면 1950년대 한국교회의 역사 사료와 사관은 보수주

23) 그 대표적인 문헌들은 다음과 같다. 1897. Griffis, William Elliot. Corea: *The hermit Nation*(New York: Charles Scribner's(신복윤 역, 「隱者의 나라 한국」(서울: 평민사, 1985. 이 책은 1882년이 초판이다), 1898. Bishop. *Isabella Bird*(London: St. James Gazette Press). (이인화 역, 「한국과 그 이웃 나라들」(서울: 살림, 1994), 1904. Underwood, Lillias Horton. *Fifteen Years Among the Top−Knots*(American Tract Society). (김철 역, 「언더우드 부인의 조선생활: 상투잽이와 함께 보낸 15년 세월」(서울: 뿌리깊은 나무, 1984), 1908. Allen, Horace N., *Things Korean*(Fleming H. Revell Company). (신복룡 역, 「조선견문기」(서울: 평민사, 1986), 1909. Gale, James S., *Korea in Transition* (Cincinnati: Jennings & Graham). (신복룡 외 역, 「전환기의 조선」(서울: 평민사, 1986), 1911. Fenwick, Malcom K., *The Church of christian in Corea*(George H. Doran Company). (허긴 역, 「대한기독교회사」(대전: 침례신학대학 출판부, 1989), 이길상 역, 「한국에 뿌려진 복음의 씨앗」(서울: 예영케뮤니케이션, 1994), 1912. Griffis. William Elliot. *A Modern Pioneer in Korea*(Fleming H. Revell Company). (이만열 역, 「아펜젤러」(서울: 연세대학교 출판부, 1985), 1918. Underwood, Lillias H., *Underwood of Korea*(Fleming H. Revell Company). (이만열 역, 「언더우드: 한국에 온 첫 선교사」(서울: 기독교문사, 1990), 1918. compiled by Clark, Charles Allen, *Digest of the Presbyterian Church in Korea*(Korean Religious Book & Tract Society), 1926. Underwood, Horace Horton. *Modern Education in Korea*(New York: International Press), 1928. Fisher, James Earnest. *Democracy and Mission Education in Korea*(Columbia Univ. Press).

24) Charles Allen Clark, *Korean Church and the Nevius Methods of Korea*(New York: Fleming H. Revell Co., 1928).
원래 이 책은 시카고대학 Ph. D. 논문(*The National Presbyterian Church of Korea as Attest of the Validity of Nevius Method,* 1929)을 출판한 것이다.

25) *Ibid.*

26) *Ibid.*

의와 자유주의 신학적 사관이었다. 1950년대는 한국장로교회가 세 차례에 걸쳐 신학논쟁으로 교회가 분열되는 아픔을 겪었다. 이 무 렵 전성천(全聖天)은 일본 청산학원을 졸업하고 조선신학원에서 7 년간 교편을 잡다가 만학으로 프린스턴에 유학, 석사학위를 마치고 예일대학에 진학하여 니버(Richard Niebuhr)와 라투렛(Kenneth S. Latourette)의 지도를 받아 「한국 개신교의 분열과 연합」(*Schism and Unity in the Protestant Churches of Korea*)이라는 논문으로 박사학위를 받았다.[27) 박용규는 전성천의 연구를 "전성천 박사의 해석은 현대 자유주의 사료를 위한 기초 작업을 놓아주는 논제를 제공했다고 볼 수 있다."라고 평가하였다.[28)

전성천이 자유주의 입장에서 논문을 접근해 갔다면, 보수적인 입장에서는 김양선의 「해방십년사」[29)를 들 수 있다. 김양선 목사

---

27) Chun Sung Chun, *Schism and Unity in the Protestant Churches of Korea*(Ph. D. diss., Yale University, 1955), 연구논문은 1979년 대한기독교서회에서 영문 단행본으로 출간되었다. 그는, 자신의 연구가 "한국 교회 분열의 경향성의 요인을 밝히고 후대 학자들의 연구토대를 마련하고 그들 연구의 새로운 방향을 준비함에 있다."고 한 바와 같이 한국 교회 분열의 원인과 과정, 그리고 연합의 전망을 그 분열의 현장을 직접 목격한 세대로서 학문적인 접근을 꾀하려고 했던 것이다(이만열 Ibid).

28) 박용규, 「韓國長老教思想史」 25.

29) 김양선, 「한국교회 해방 10년사」(서울: 총회교육부, 1956), 김양선은 원래 한국기독교 사를 전래, 포교, 부흥, 수난, 재건(해방 십년사)의 5권으로 정리하는, 말하자면 한국 기독교 통사를 계획하고 있었는데, 이때 계획한 5권의 순서를 바꿔서 '최후의 것을 먼저 내어놓게' 되었다(김양선 Ibid., 33 - 35). 김양선은 이 외에도 「간추린 한국교회 사」(대한예수교장로회총회, 1962)와 「韓國基督教史(2) - 改新教史」(民族文化史大系 Ⅵ, 高麗大學校 民族文化研究所, 1970)를 저술하였다. 그의 사후에 그의 조카 김광 수 목사에 의해 「韓國基督教史研究」(基督教文社, 1971)가 간행되었다. 제43회 총회 (1958년) 총회에서 해방 십년사에 대한 문제가 거론되면서 총회에 대한 비난과 모독 적인 기사에 대해 다음과 같이 결의하였다.

"1. 종교 교육부 관계 책임자를 총회에서 크게 사과케 하고 종교 교육부로 하여금 잘 못 기록한 것이나 지난 모독적인 기사에 대하여 정정 또는 해명서를 지상에 발표함 이 가한 줄 아오며.

2. 본 책자는 정정 출판 전에는 판매를 허락지 않는 것이 가한 줄 아오며.

3. 저자 김양선 목사는 총회 산하 노회의 소속 목사로서 주관적 처지에서 사실을 왜

는 한국장로교 현상을 연구하는 방법론으로 신학 논쟁적 접근방법을 제시하여 두 개의 다른 신학적 흐름을 연구함으로써 보수주의와 자유주의 논쟁이라는 상황에서 한국 교회사를 조명하였다.[30] 이와 같은 해석은 1950년대 한국 장로교의 역사적 관점을 지배하였으며, 한국 장로교 역사를 분석하는 데 필요한 중요한 방법론을 제시하였다. 1956년에 발표된 김양선 목사의 해방 십년사를 통한 보수주의와 자유주의 신학적 사관은 1966년에 발표된 간하배 교수의 「한국장로교회 신학사상」[31]에서 기존의 접근방법이 더욱 발전되고 체계화됨으로써 한국장로교회의 신학사상을 보수주의와 자유주의 논쟁 중심으로 연구되게 하는 토대가 되었다.

간하배 교수는 자유주의 신학에 대해 보수주의 신학적 입장에서 논박하면서 신학적 논쟁을 통해서 교회에게 자유주의 속에 내포된 위험들이 무엇인지에 대한 경각심을 불러일으켜 주었으며, 이 같은 논쟁과 투쟁을 통해 교회로 하여금 그런 분야에 있어서 자신을 성찰할 수 있는 기회를 갖게 했다고 평가한다.[32]

곡하였고 총회를 모독함은 심히 유감스러운 일이므로 총회 석상에서 사과하는 것이 가한 줄 아나이다."(대한예수교장로회 총회 회의록, 166 – 68)

30) 박용규는 김양선의 해방십년사의 사료를 다음과 같은 입장에서 정리 및 평가한다. 첫째, 김양선 목사는 한국교회의 자유주의 영향의 뿌리를, 사경회와 선교사역을 통해 고등비평이나 비평적인 성경해석과 같은 다른 현재 서구 자유주의 신학사상을 퍼뜨렸던 한국 선교지에 와 있던 몇몇의 초기 서방 선교사들에게 돌렸다. 둘째, 그는 한국 개신교 역사에서 성경관을 두고 벌어진 보수주의와 자유주의를 이해하는 평가기준을 성경의 무오성과 축자영감에 두고 한국 개신교의 모든 과거 시간을 해석하려고 하였는데 그것은 한때 한국 장로교 총회는 신학사상을 평가하는 근본적인 기준으로 위 둘을 결정한 일이 있었기 때문이다. 김양선은 성경의 권위와 성경 무오사상을 중심으로 전개되었던 보수주의와 자유주의 논쟁을 역사적으로 규명하려고 노력하였다.

31) Harvie M. Conn, "Studies in the Theology in the Korean Presbyterian Church: An Historical Outline" *The Westminster Theological Journal* 29(1966).

32) 간하배, 「한국장로교신학사상」(서울: 개혁주의신행협회, 1988), 211.

필자는 개혁주의 신학이 가장 성경적이라 믿는다. 때문에 이러한 여러 가지 사관 중에서 김영재의 개혁주의 사관을 본 연구에 적용할 것이다. "성경은 하나님의 말씀이다."고 믿는 개혁주의 성경관의 입장에서[33] 과연 광주 · 전남 지역의 교회가 개혁주의 성경관에 충실했는지를 밝힐 것이다.[34]

그러면 개혁주의 사관이란 무엇인가? 김영재는 자신의 저서 「한국교회사」에서 "일부 신학자들은 초대 선교사들의 신앙을 '청교도적 칼빈주의'라고 하면서 이를 누구도 침범할 수 없는 한국 장로교회의 표준적인 신학이라고 하고, 한국 장로교회는 이를 교회의 전통으로 고수해야 한다고 한다."[35]는 것에 이의를 제기하면서 "한국 장로교회의 전통은 초대 선교사의 신앙에서뿐만 아니라 더 소급하여 칼빈주의, 즉 개혁주의의 역사적 발전에서 찾아야 할 것이다."[36]고 함으로써 자신의 사관이 개혁주의 사관임을 드러내고 있다. 물론 김영재는 한국교회사를 칼빈주의를 액면 그대로 적용하는 데는 문제가 있음을 인정한다. 그러나 "한국 장로교회사를 기술한다면 일단 그것을 칼빈이나 칼빈주의의 신학적 견해에 조명해 보자는 것"이라고 말함으로써 한국 장로교회사를 개혁주의의 안경

---

33) 고광필 박사는 '제2회 해원기념신학강좌'에서 정규오 목사의 성경관이 개혁주의 입장이었다고 말했다. 고광필, "해원 정규오 목사의 성경관" 「제2회 해원기념강좌」, 23 - 46, 해원기념사업회, 2007년 11월 14일(수).

34) 1960년 대 간하배 교수의 「한국장로교회 신학사상」이 발표될 때에 한편에서는 토착화신학이 일기 시작하였다. "기독교적 관점 단절 개념이 아닌, 연결과 보완개념으로 전화시키려는 신학흐름"이라고 할 수에서 한국의 종교와 문화적 전통을 재해석함으로 기독교 전통과 민족 전통을 배척과 있는, 土着化神學을 다룬 연구들이 나오게 되었다.

35) 김영재, 「한국교회사」(서울: 개혁주의신행협회, 1992), 31.

36) Ibid., 32.

으로 검토해야 함을 강조하고 있다.

개혁주의 사관이란 곧 칼빈주의적 역사관과 같은 개념이다.[37] 그러므로 헨리 미터가 주장하는 칼빈주의를 통하여 개혁주의 사관에 접근하려고 한다. 헨리 미터는 칼빈주의의 기본 원리를 '하나님의 절대적 주권(the sovereignty of God)'이라고 하면서, 이 말을 '자연 영역과 도덕 영역에 관계하시는 하나님의 절대적 주권'이라고 해석했다.[38] 그런 다음 이 기본 원리를 기본으로 한 체계를 신학, 정치학, 사회학, 과학, 예술 등에 광범위하게 적용했다. 그리고 이 기본적인 원리 체계 중에서도 첫째로 중요한 것은 특별 계시인 성경 말씀이라고 했다. 헨리 미터는 이어서 칼빈주의 체계에서의 성경의 위치 두 가지를 말했다.[39] 첫째, 하나님 계시로서의 성경이다. 칼빈주의자는 자기의 철학에 비추어 성경진리를 인정하는 것이 아니라, 도리어 성경의 기본적 진리를 자기 철학의 기초로 삼는다. 둘째, 정경으로서의 성경이다. 칼빈주의자는 성경의 권위는 절대적이라고 주장한다. 다시 말하자면, 개혁주의 신학은 계시된 하나님의 말씀인 성경에 기초한 사상이다.

이처럼 개혁주의는 광범위하면서도 그 중심에 성경관이 자리하고 있다. 필자는 초기 호남 지역을 선교지로 분할 받았던 남장로회 선교사들의 신학적 사상이 칼빈주의 개혁신학(또는 개혁주의)이었음을 감안하여 1938 – 1954년의 광주·전남 지역의 장로교회사

---

37) 김재성은 "벤자민 워필드 박사는 '성경에 입각한 가장 순수한 기독교'를 칼빈주의라 정의하고, '제한된 의미에서 개혁신학'을 동의어로 간주한다."면서 자신 또한 "'제한된 의미의 개혁신학'을 칼빈주의와 거의 구분 없이 교차해서 사용하고자 한다."고 했다. 김재성,「개혁신학의정수」(서울: 도서출판 이레서원, 2003), 18.

38) 헨리 미터,「한국교회사」, 박윤선·김진홍 옮김, (서울: 개혁주의신행협회, 2000), 25.

39) *Ibid.*, 33 – 8.

를 개혁주의 신학적 역사관으로 접근하려는 것이다. 그러므로 개혁
주의 역사관으로 광주·전남 지역 교회사를 제대로 살피려면 정
치, 경제, 문화 등 세 분야를 다 살펴야 할 것이나 여기서는 초기
선교사들의 성경관이 광주·전남 지역 교회에 바르게 심어졌는지와
그 과정을 살핀 후 장로교회 성장과정에 미친 영향을 분석하는 것
으로 만족하려 한다.

4. 연구방법과 제한점

   본 연구는 일제 말기와 해방을 전후한 광주·전남 지역의 관련
저작들과 동시대의 주변 인물들에 의해 발표되었던 광주·전남교
회의 동향에 관한 소논문들, 그리고 동시대에 발행되었던 다양한
역사적 자료들, 저서들을 통해 필자가 제기한 문제들을 중심으로
고찰하고자 하는 문헌연구이며, 연구의 제한점에 있어서는 다음과
같은 '시대적인 제한점'과 '장소적 제한점', '주요자료의 제한점'을
지닌다.

4.1. 시대적인 제한점

   본 연구에서는 1905년부터 1945년까지의 일제 식민지배 기간과
해방 이후 적어도 1960년대까지 기간을 그 범위로 연구해야 하겠

지만 일제 말기부터 해방 후인 1938 – 1954까지로 제한한다. 1954년을 역사시간의 귀중한 연대로 잡은 이유는 당년 호남 지역 장로교회에 칼빈주의 보수신학으로 지대한 영향력을 주게 될 현 광신대학교가 설립되었기 때문이다. 시기의 역사적 배경 속에서 광주·전남 지역의 교회 동향, 신학적 배경 등을 조명할 것이며 이 시기를 중심으로 광주·전남 지역의 교회 동향, 신학적 배경 등을 조명할 것이며 중심 배경은 교회와 신학적 배경으로 설정할 것이다. 일제 식민치하에서 고난과 순교 등의 과정을 체험하면서도 초기선교사들의 신학적 입장을 고수한 광주·전남교회와 그 치리회인 노회의 폐쇄, 그리고 복구의 과정을 다루고자 한다.

4.2. 장소적 제한점

본서는 대한민국 전체 혹은 당시 조선예수교 장로회 총회라는 큰 범위를 대상으로 연구할 때 그것은 너무나 광범위하다. 따라서 본 연구에서는 대한예수교장로회 총회 속에서 1917년에 조직된 전남노회와 1947년에 조직된 목포노회의 대상 지역인 광주·전남 지역으로 연구의 범위를 제한한다.

4.3. 주요 자료의 제한점

본 연구는 광주·전남 지역의 1938 – 1954년에 기록된 자료들을 통해서 그 시대 상황, 교회 분포도 등을 고찰하는 연구라는 점에서 원전인 공식 노회 회의록을 입수하여 고찰하는 작업이 중요하다. 1938년은 총회적으로 신사참배를 가결하는 해였고 더불어 광주·전남 지역을 그 대상으로 하는 전남노회 역시 신사참배를 가결한다.[40] 1942년을 기점으로 조선예수교 장로회 총회가 일제에 의해 폐쇄되고 대신 일본기독교 조선장로교단을 조직하여 그 산하 전남교구를 두어 광주·전남 지역의 교회를 장악했다. 그렇다면 이런 일련의 기록들이 전남노회 회의록과 전남교구 회의록이 존재할 것이다. 이 기록이 당시 광주·전남 지역의 역사 기록의 원전이다.

이런 기록들은 그동안 멸실되었다고 학계에 알려졌지만 다행히 필자가 논문을 작성하는 과정에서 전남노회 회의록과 정규오 목사에 의해 보존된 전남교구 회의록을 발견할 수 있었다. 본 연구의 연구대상이 되는 자료는 공적 기록인 전남노회록과 전남교구 회의록으로 제한하며 기타 관련 자료들을 참고할 것이다.

---

40) 필자가 섬기고 있는 지역인 나주 역시 신사참배 결의대회가 있었다.

제2장 초기 선교사들의 신학사상

조선은 외교에 쉽게 문을 열지 않았다. 그런 와중에 조선정부는 천주교를 심하게 박해했고, 대원군의 쇄국정책은 조선의 문빗장을 굳게 걸고 힘겹게 버티고 있었다. 이러한 조선을 안타깝게 여긴 선교사 귀츨라프는 1832년에 조선의 문을 두드렸으나 허락을 받지 못했다. 1866년 제너럴셔먼호를 타고 입국을 시도했던 토마스 선교사 역시 문을 두드리다가 문틈 사이로 날아오는 칼날을 피하지 못하고 한문 성경 한 권[41]만을 틈새로 밀어 넣고는 대동강 기슭에서 26년간의 짧은 생애를 마쳐야 했다.

그러나 서서히 밀려오는 외세의 바람에 의해 조선의 문빗장은 강하게 흔들리기 시작하더니 1876년에 일본과 강화도조약을 체결했고, 1880년에는 원산항을, 3년 뒤인 1883년에는 제물포항을 각각 개항했다. 미국은 1878년부터 조선과의 수호통산조약 체결을 준비하더니 1882년에 제물포 해안에서 조미수호통산조약을 체결하였다. 조선의 대문이 동서를 향해 활짝 열린 것이다. 미국선교사들은 이러한 기회를 놓치지 않고 1884년부터 한국에 대한 선교를 본격화했다.

1884년부터 입국하기 시작한 미국 선교사들이 여기서 논하고자 하는 한국교회 초기의 중요한 선교사 멤버들이기에 미국 선교사들의 신학사상을 중점적으로 조명하고자 한다.

---

41) 곽안련은 이 성경을 '작은 붉은 신약성경'이라고 했다. 곽안련, 「한국교회 네비우스선교정책」, 박용규·김춘섭 옮김, (서울: 대한기독서회, 1994), 88.

1. 선교사들의 입국과 그들의 신학사상

장로교 선교사들의 입국과 그 선교사 중심의 공의회는 한국장로
교회 보수신학에 큰 영향을 끼쳤다. 1884년 이후 한국에서의 선교
사역이 시작되었는데, 한국에서 선교사역을 시작한 장로교회는 미
국의 북장로교(1884), 호주장로교회(1889), 미국 남장로교(1892), 캐
나다 장로교회(1898) 등이었다.

1884년 9월 20일 장로교 첫 선교사로 입국한 호레이스 뉴톤 알
렌(Horace Newton Allen, 安連, 1858 – 1932)은 미국 북장로교 외
지 선교부 선교사로서 1883년 10월부터 중국 상해에서 활동하다가
한국으로 왔다.42) 알렌에 이어 미국 북장로회의 언더우드(Horace
Grant Underwood, 1859 – 1916)와 미국 북감리회의 아펜젤러(Henry
G. Appenzeller, 1858 – 1902) 목사 부부가 1885년 4월 5일에 입국
했다.43) 그러나 아펜젤러 부부가 인천에 상륙한 당시의 한국 정정

---

42) H. N. Allen, *Things of Korea*(New York: Fleming H. Revell Co., 1908), 189 – 92.
　　알렌 선교사는 1883년 마이애미 의과대학을 졸업하고, 미국 북장로교 해외 선교부
　　파송을 받아 중국 상해에 의료 선교사로 갔다. 그러나 그는 그곳에서 1년간 떠돌이
　　생활을 하게 되었다. 더욱 자신을 괴롭게 하는 것은 동료 선교사들과의 불화, 아내의
　　건강 악화로 인한 어려움과 갈등으로 선교의 열매와 열의를 갖지 못했다. 더구나 중
　　국 관리들의 무지함과 아편의 만연으로 인하여 그곳에서의 생활이 늘 부담스러웠다.
　　이런 환경은 자신의 의료 선교 사역에 대한 비판을 갖게 되었고 새롭게 무언가 돌파
　　구를 찾지 않으면 안 되었다. 그러던 차에 새롭게 선교의 문이 열리는 한국에 관심을
　　갖기 시작했다. 알렌은 본국 자신의 소속 선교회인 북장로교 선교부에 자신의 선교지
　　를 한국으로 보내 달라는 청원서를 내게 되었다. 몇 번의 거절 끝에 결국 한국 선교
　　부에 옮겨도 좋다는 허락이 떨어진 것이다. 알렌 선교사는 1884년 9월 14일에 남경
　　호(南京號) 편으로 상하이를 출발하여 7일 동안 긴 항해 끝에 9월 20일에 인천 제물
　　포에 도착하게 되었다.
　　알렌이 입국한 당시에는 선교의 자유가 입약(立約)되어 있지 않았기 때문에 선교사로
　　입국하지 못하였다. 그는 외국 공사관들의 공의(公醫)로 입국한 처지였다. 알렌은 한
　　국에서 20년 동안 봉사하였는데 그중에서 17년간은 미국의 외교관으로 봉사하였다
　　(창립 120주년 기념 "연세의 발전과 한국사회"(서울: 연세대학교 출판부, 2005), 19).

(政情)은 갑신정변(甲申政變, 1884. 12)의 정치적 소용돌이 속에서 청일 간의 군사적 대립을 격화하게 만들었고 수도 서울은 불안이 감돌고 있었기 때문에 외국인 부녀자의 입경이 허락되지 않았다.[44] 그래서 단신인 언더우드만 입경하고 아펜젤러 부부는 인천에 있는 호텔에서 약 일주간 체류하면서 서울 입경의 시기를 기다리고 있다가 뜻을 이루지 못하고 4월 13일에 부인과 함께 일본으로 되돌아갔다가 이후 한국 정세가 안정되기를 기다려 6월 20일에 제물포에 도착, 한 달간 지내다가 7월 19일에 서울에 도착하게 되었다.[45]

1885년 6월에는 의사 헤론이 내한하였고, 북장로교 한국선교부가 조직되었다. 북장로교 선교부는 서울을 중심으로 개척전도, 의료, 교육사업을 전개하였다. 그 후 마포삼열(Rev. S. A. Moffett, 1890), 블레어(Rev. W. M. Baird, 1891), 소안론(Rev. W. L. Swallen, 1892), 이길함(Rev. Graham Lee, 1892) 목사 등이 내한하였고 평양과 부산에 선교지부를 개설하고 선교 지역을 확대해 갔다. 그 후 아담스(Rev. J. E. Adams, 1895) 목사 부부는 대구에, 밀러(Rev. F. S. Miller, 1892) 목사는 청주에 각각 신교지부를 개설하였다. 그 후에 계속하여 선천(1901), 안동(1909) 등지에 선교지부가 설립되었다.[46]

---

43) "언더우드 목사와 아펜젤러 목사 내외도 '내가 먼저 한국 땅을 밟으리라'는 욕망이 없을 수 없었을 것이다. 그래서 세 사람은 손을 서로 붙잡고 동시에 뛰어내리니 셋이 다 그 영광의 첫자리를 차지했다는 것이다. 그러니 후의 사람들도 장로교와 감리교 중의 어느 것이 먼저 한국에 들어왔다고 논란할 필요도 없게 되었다 할 수 있다. 그러나 사실 여부는 확실히 알 수 없다. 어쨌든 레디 퍼스트를 예의로 삼는 미국인들이니까 아펜젤러 부인이 제일 먼저 배에서 내렸을 것이다."(Allen D. Clark, *History of the Korean Church*, 1961), 심재원 역, (서울: 대한기독교서회, 1961), 42.

44) 기독교 대한감리회 인천내리교회, 「內里百年史」(1985), 99-100.

45) R. S. Hall, The Life of Rev. William James Hall, M. D., 1897, 218.

46) "Agreement on Division of Temitory." *Annud Meeting of the General Council of Protestant Evangelical Missions in Korea*, Oct., 1909, 32-4, F. E. C. Williams & G. Bonwick ed.,

이때에 내한한 북장로회 선교사들은 40여 명이 이르렀다.

한국에 선교사를 파송한 두 번째 장로교 선교부는 호주의 빅토리아 주 장로교회(Presbyterian Church of Victoria)였다. 1889년 10월 데이비스 목사(Rev. Joseph Henry Davies)와 그의 누나 데이비스(Miss mery T. Davies) 양에 의해 시작되었다.

세 번째로 미국 남장로교는 1892년 테이트(Lewis Boyd Tate)와 정킨(William M. Junkin), 레이놀드(William D. Reynolds)를 파송했는데 이것이 남장로교의 한국선교의 시작이었다. 그들은 전주에 최초의 선교지부를 세웠고, 이어 군산선교부와 1896년 나주선교부, 1898년에는 목포에 선교지부, 1904년 광주선교부, 1912년에 순천선교부를 세웠다. 제주도를 포함한 한국 서남부 지방은 남장로교 선교부의 지역이었다.[47] 이 외에도 테이트(Miss Msttie Tate), 데이비스(Miss Linnie Davis), 볼링(Miss Pasty Bolling)이 입국하여 호남지방을 선교구로 정하고 전주, 군산, 나주, 목포, 광주, 순천 등지에 각각 선교지부를 설치하고 선교사업을 전개하였다.

네 번째로 캐나다인으로 한국에 온 첫 선교사는 게일(James S. Gale, 1863 - 1973)이었다. 그는 1888년 12월 15일에 입국하였는데

The Korea Missions Year Book, Seoul, The Christian Literature Society of Korea, 1928.
북장로교 선교 지역은 광범위했다. 경기(서울, 고양, 파주, 교하, 양근, 광주일부, 과천, 용인, 양지, 진위, 양성, 안성, 시흥, 김포, 죽산, 통진, 지평, 양주일부), 충북(연풍, 청주, 문의, 영동, 회인, 청산, 보은, 청안, 옥천, 황간, 괴산일부), 경북(대구, 안동, 경주를 비롯한 전 지역), 황해(봉산, 수안일부, 곡산, 황주, 은율, 문화, 장연, 신천, 송화, 풍천, 안악, 재령, 평산, 서흥일부), 평남(평양, 안주, 숙천, 영유, 순안, 강동, 자산, 삼등, 중화, 상원, 영원, 덕천, 개천, 순천, 은산, 맹산, 성천, 강서일부, 증산일부, 용강일부), 평북(의주, 용천, 철산, 선천, 곽산, 정주, 가산, 박청, 구성, 삭주, 창성, 벽동, 초산, 위원, 강계, 자성, 후창).

47) 남장로교 선교 지역은 충남(대전, 부여, 목천), 전북(전주, 군산, 이리, 익산 등 전 지역), 전남(나주, 목포, 광주 순천 등 전 지역), 제주(전 지역) 지역이었다.

서울과 송천에서 각각 3개월 체류한 후 1889년 7월 부산으로 와 1891년 봄까지 체류하였다.[48] 그 후 북장로교로 이적하여 원산, 서울 등지에서 선교하였다. 이상과 같이 네 장로교 선교회가 한국 선교를 개시(開始)했다.[49]

초기 선교사들은(선교사들이) 공의회를 구성하여 한국교회를 지도하였으며 1930년대 말 선교사들이 일제의 압정으로 한국을 떠날 때까지[50] 보수신학의 영향력을 끼쳤다. 특히 북장로교(PCUSA) 선교회와 남장로교(PCUS) 선교회에서 파송 받은 매우 보수적인 개혁파 복음주의 선교사들에 의해 한국교회 보수신학이 형성·발전되었다. 선교사들이 초기 한국 교회의 유일한 신학적 안내자로 존재했다면 보수신학의 입장을 취한 선교사들의 지도를 받은 한국 장로교회는 보수신학으로 초기 교회가 형성되었다고 할 수 있다.[51]

---

48) 캐나다장로교 선교부는 함남(원산, 성진, 문찬 등 북부 지역), 함북(회령, 종성, 경성 등 전 지역) 지역을 선교 지역으로 하여 선교활동을 하였다.

49) G. Enger, The Early Beginnings of the Australian Presbyterian Mission, *The Korea Mission Field* 30(July 1934), 132–7.

50) 선교사들의 출국: 총회의 신사참배 결의와 계속된 신사참배 강요와 강압에 의하여 선교사들은 이 땅을 떠났다. 1940년 10월 마침내 주경 미영사(駐京美領事) 마쉬(G. Marsh)는 선교사의 완전 철수를 명령했고, 따라서 강요에 못 이겨 9분의 5에 해당하는 선교사 219명이 그해 11월 6일 본국으로 귀환당하게 되었다. 1941년 평양의 '반전 기도일 사건'으로 중일전쟁의 성전을 모독했다는 이유로 15명의 선교사가 체포되어 그해 9월 필리핀과 미국으로 퇴거하지 않을 수 없었다(W. N. Blair, *Gold in Korea*, 108–9). 마지막으로 조선을 떠난 선교사들은 99명이다. 1942년 6월 1일 밤 아사마루호로 부산을 떠났다. 여기 反戰祈禱日事件이란 세계 기도일의 기도문 속에 버츠(Miss A. M. Butts)가 "극히 불온한 반국가적이요, 반전적(反戰的)인" 말을 써서 중일전쟁의 성전성(聖戰性)을 모독했다는 사건이다(민경배,「한국기독교회사」, 493).

51) Harvie M. Conn, "Studies in the Theology in the Korean Presbyterian Church: An Historical Outline" *The Westminster Theological Journal* 29(1966). 간하배,「한국장로교신학사상」(서울: 개혁주의신행협회, 1988), 11–12. 한철하, "보수신학의 어제와 오늘", 기독교사상 14(1970. 7), 99, 김영재, 교회와 신앙고백(서울: 성광출판사, 1988), 207, 홍치모, "초대 미국선교사들의 신앙과 신학",「신학지남」51(1984), 136, 이종성, "박형룡과 한국 장로교회", 신학사상 25(1979년 여름), 199.

이와 관련하여 마포삼열(Samuel A. Moffet, 1864 - 1939) 선교사는 1934년 한국선교 50년 희년 기념식에서 선교사들은 '초자연적 계시'에 근거한 '성경의 권위'에 기초해서 사역을 했다고 증언했다.[52]

평양신학교의 조직신학 교수로서 성경의 신적 권위를 강력하게 변호한 선교사는 미국 남장로교의 유니온 신학교 출신인 이눌서와 구례인이었다. 이들은 미국 남장로교회의 칼빈주의적 보수성을 잘 반영하여, "기독교가 성경을 버리거나 성경을 믿지 아니하면 그때부터 기독교가 될 수 없는 것이다. ……성경의 문자나 절구를 고친다든지 그 정신을 덮어 놓든지 그 의미를 굽힌다든지, 그 원형을 그대로 보존하고 그 정신을 그대로 반영하지 아니하면 안 된다."[53]고 했다.

이눌서는 프린스톤 신학교 A. A. 하지의 「신학개론」(An Outline of Theology)을 번역하여 교재로 사용하였다. 그런 까닭에 그는 초자연적 요소를 성경에서 제거해야 한다고 하는 자유주의 신학의 도전 앞에서 예수의 동정녀 탄생을 강력히 주장하면서, 동정녀 탄생은 구약에 예언된 약속이자 기독교의 근본 진리로서, 그것 없이는 구속주가 될 수 없었다고 단언했다.[54] 구례인은 프린스톤 신학교가 신학적으로 변질되자 거기에 가서 그들의 강의를 직접 들어보

---

52) Charles Allen Clark, "Fifty Years of Mission Organization Principles and Practice", The Fiftieth Anniversary Celebration of the Korea Mission, PCUSA, June 30 -July 3, 1934, p.56, "처음부터 거의 모든 선교회 회원들은 상당히 보수적인 신학적 견해를 가지고 있었다. ……그들은 성경에 제시된 것을 초자연적인 계시로 받아들였고 성경을 권위의 책으로 믿었다. 그들은 복음의 메시지가 세상에서 독특하고, 기독교는 '하나님을 찾는' 몇몇 협력적인 종교 가운데 하나가 아니라 계시를 통해 그를 발견해 온 유일한 종교라고 믿었다."

53) 김의환, 「복음주의 신학과 한국교회의 신앙」(서울: 총신대학교 출판부, 2000), p.231.

54) Ibid., 91; 김남식·간하배, 「한국장로교 신학사상사 I」(서울: 베다니, 1997), 198 - 200.

고 나서 그들의 약점과 문제를 비판할 정도로 적극적인 자세로 성
경의 복음을 변호했다.

2. 초기 남장로회 선교사들의 신학사상

정준기 교수는 필자가 시무하는 「나주제일교회 100년사」를 기록
하면서 '호남선교와 나주'라는 제하의 글에서 초기 남장로회 선교
사들에 대해 다음과 같이 정리하였다.

> 1892년 미국 남장로교 해외선교부는 7인(William D. Reynolds, Patsy
> Bolling Reynolds, William McCleery Junkin, Mary Leyburn Junkin, Lewis
> Tate, Mattie Samuel Tate, Kinnie Davis)의 개척선교사들을 한국에 파송하
> 였다.
> 서울에 도착한 이들은 임시 숙소로 독일공사관의 사택을 사용하다가
> 서울주재 미공사관에 근무하는 알렌의 집을 구입하여 이사하였다. 이 집
> 은 찬바람을 막아줄 뿐만 아니라 통풍이 원활하여 모든 선교사들이 좋아
> 하여 미국 남부를 총칭하는 별명으로 '딕시(Dixie)'라 불렀다. 미국 남장
> 로교 선교부는 선발대에 이어 목사와 의료 팀을 후속선교사들로 한국에
> 파송하였다. 군산선교부에서 일할 드루(Alessandro Drew)가 1894년 3월에,
> 전남과 광주에서 크게 사용되는 유진 벨(Eugene Bell) 부부가 1895년 4월
> 에, 해리슨(William Harrison)이 1896년 2월에, 여의사 잉골드(Mattie
> Ingold)가 1897년 9월에, 그리고 남자의사 오기원(Clement Owen)이 1898
> 년 11월에 도착하였다.
> 호남 지역에 가장 먼저 발을 디딘 선교사는 1888년에 입국한 호주장
> 로교 소속의 데이비스(Henry Davis)였다. 그는 1889년 선교지인 부산에
> 가면서 충청도와 전라도를 경유하였다. 미국 남장로교 소속의 이눌서와
> 미국 북장로교 소속의 마펫도 1892년 성탄절 후 호남의 접경 지역인 충
> 남 공주까지 말을 타고 답사하였다. 그러나 호남 지역은 미국 남장로교
> 선교회로 최종 확정되었다.[55]

위의 글에서 광주·전남 지역의 선교 시발점이 1892년 남장로회 선교사들의 입국부터임을 알 수 있다. 1892년부터 입국한 남장로회 선교사들과 그들의 출신학교를 보면 맥코믹(Tate), 컬럼비아, 그리고 유니온 신학교(Reynolds, Junkin) 등이 있다.[56]

미국 남장로교 신학은 버지니아 주의 유니온 신학교와 조지아 주의 컬럼비아 신학교 등을 중심으로 전개되었다. 두 신학교의 대표적인 신학자로서는 돈웰(James Thornwell, 1812–62)과 답네(Robert Dabney, 1820–98)가 있다.[57] 그들의 신학사상은 북장로교의 대표적인 신학교인 프린스턴의 하지(Charles Hodge, 1797–1878) 교수와 유사했다. 두 신학교 교수들은 하나님의 절대주권과 예정, 섭리 등 칼빈주의 신학을 따르는 데 일치하였다. 또한 그들은 웨스트민스터 신앙고백서의 가르침을 철저히 지키고, 특히 성경의 영감과 적극적인 선교를 강조하였다. 특히 돈웰은 장로교회만이 유일한 성경적 교회관이라고 강력하게 주장하였다.

그러나 남장로교 신학자들은 교회의 선지자적 역할에 대해서는 북장로교의 하지보다 소극적이었다. 엄밀히 말하자면 19세기 미국 남장로교회의 대표적인 신학자들은 칼빈의 선지자적인 정치사상에서 한 걸음 물러나 있었다. 구체적인 예를 들어보자. 돈웰과 답네는 링컨의 노예해방에 반대하였다. 그들이 반대한 이유가 무엇인

---

55) 정준기, "호남선교와 나주" "나주제일교회 100년사", 2010년 3월 발간 예정.

56) 박용규, 「한국장로교회사상사」(서울: 총신대학출판부, 1994), 64.

57) Columbia Theological Seminary는 미국 South Carolina 주에서 시작하여 나중에 조지아 주로 옮겨간다. 남장로교 신학에 대해서는 M. H. Smith, *Studies in Southern Presbyterian Theology*를 보라. 데이빗 웰스편 「프린스톤신학」 및 「남부개혁주의 전통과 신정통신학」 (서울: 엠마오, 1992). Walter Elwell, ed., *Evangelical Dictionary of Theology* (Grand Rapids: Baker, 1984), 1093.

가? 첫째, 그들은 거시적인 미국의 연방국가관을 거부하고 자신들의 삶의 터전인 남부주(Southern State)를 옹호하였다. 남부의 성직자들은 대지주 등 지역의 '귀족'계급을 옹호하였는데 이는 돈웰과 답네 그리고 많은 남장로교 신학자 자신들도 남부의 학연, 지연, 혈연과 같은 질긴 끈으로 서로 연결되어 있었기 때문이었다. 이 끈들은 때로는 확연히 보이게, 때로는 보이지 않게 남부의 전통으로 자리매김을 하여 남부사회의 질서와 전통을 형성하였으며 이 질서가 파괴되면 남부의 평화와 번영은 사라진다고 믿었다. 따라서 그들의 지역 우선주의는 선지자가 마땅히 지녀야 할 자기초월이라는 성경의 고등윤리에 부합할 수 없었다.[58]

둘째, 그들의 경제관은 북부의 자본주의를 거부하였다. 남부는 대농장을 중심으로 담배, 설탕, 쌀, 목화 등을 생산하는 농업 중심이었고, 북부는 금융, 항만, 도로, 어업 등을 주로 하는 산업 중심이었다. 자연히 북부보다는 남부에 더 많은 노동력이 필요했다. 북부는 유럽 이민단으로 인하여 노동력이 풍부했으나 남부는 노예제도를 폐지하면 백인들이 직접 일을 해야 했다.

셋째, 잘못된 성경해석이다. 당시의 대부분의 남부교회들은 성경이 노예제도를 찬성하는 것으로 강하게 믿고 있었다.[59]

---

58) James Farmer, The Metaphysical Confederacy: James Henley Thornwell and the Synthesis of Southern Values(Macon: Mercer University Press, 1999), 160. Farmer argues that "With his theology shaped by this inward‒looking theme [rather than prophetic function regarding social justice], it was natural that Thornwell developed the pious, socially conservative outlook for which he is known‒natural also that he became the leading advocate for the doctrine of the spirituality of the church." *Ibid*.

59) Dabney wrote on January 15, 1851: "The proper way to argue this ethical [slavery] question is to put the Bible arguments······ Here is our policy, then, to push the Bible argument continually, to drive abolitionism to the wall, to compel it to assume an anti‒Christian position." Thomas Johnson, The Life and Letters of Robert Lewis

한국 초기 미국 남장로교 선교사들은 이들의 신학적 영향을 받았다. 그들은 성경관에 있어 철저한 칼빈주의 보수신학을 지켰으나 정치와 문화에 대해서는 소극적인 대응을 하였다.[60] 이 부분은 제4항에서 다시 자세히 다룰 것이다.

3. 네비우스(Nevius) 선교정책

1884년부터 내한하기 시작한 선교사들은 의료 활동을 비롯하여 성경을 읽을 수 있도록 한글을 가르치는 등 여러 가지 방법으로 한국에 선교 활동을 활발하게 진행했다. 그런 중에 20대 후반이 대부분인 이들 선교사들 사이에 선교방법 등의 의견 차이로 갈등도 표출되었다. 이러한 갈등의 원인의 핵심은 선교사들의 신앙과 신학 및 문화적 배경이 달랐기 때문으로 볼 수 있다. 하지만 이들은 이러한 갈등 속에서 계속 선교하는 것은 비효율적임을 인식하고 누군가가 보다 효과적인 선교정책을 말해 주기를 바라고 있었다. 바로 이러한 상황에서 중국 지푸에서 북장로회 선교사로 25년

Dqabney(Carlisle: Banner of Truth, 1977), 67 – 68.

60) Mark Noll argues, "In the South, with its more conservative social order, older of traditional theology survived with even more vigor than in the North. Thus, although Princeton was the best – known center of conservative Calvinism before the Civil War, such Southern Presbyterians as James Thornwell and Robert Dabney were also effective spokesman for a Calvinism undiluted by modern notions of self – determination……
[Thornwell's] Calvinism resembled that of Charles Hodge, with the difference that Thornwell argued more strenuously for the integrity of the church and its higher levels of jurisdiction as a spiritual principle." Noll, *A History of Christianity in the United States and Canada*(Grand Rapids: Eerdman, 1992), 236.

이상 활동하면서 선교정책에 관해 상하이의 「차이니스 레코더」(*Chinese Recorder*)에 글을 발표했던 네비우스(J. L. Nevius) 박사가 한국 선교회의 초청을 받고 1890년에 서울을 방문했다.

네비우스는 한국에 와서 2주 동안 한국에 있던 선교사들과 한국 선교의 문제점을 연구하고 여러 의문점에 대해 논의했다. 그는 '독립, 자립, 진취적인 토착 교회'(Independent, Self-Reliant, and Aggressive Native Church)라는 선교정책을 내놓으면서 특히 자립 교회를 강조하였다. 당시 함께 참여했던 모펫 박사는 네비우스 방문에 대해 다음과 같이 기록하고 있다. "그는 풍요로운 25년 동안의 체험에 입각하여 우리 젊은이들과 이야기를 나누었으며 우리의 가슴속에 주요 원리에 대한 사고의 씨를 심어주었다. 그로부터 우리의 사역에 두 개의 큰 원리가 도입되었다. 사경회제도와 재정적 자립이 그것이다…… 이 대화를 통해, 그리고 그의 저서 「선교사역 방법론」(*Methods of Mission Work*)을 통해 한국 선교는 측량할 수 없는 유익을 얻었다. 물론 이 사상을 발전시키면서, 지역적 조건으로 인해, 그리고 이 원리를 상이한 환경에 적용시키는 데서 발생하는 문제로 인해, 많은 수정이 있었지만 말이다."[61] 우리는 모펫의 증언을 통해 네비우스 선교방법이 당시 북장로회 선교사들에게 깊은 감명을 주었고, 감명을 받은 선교사들은 네비우스의 이론을 어떻게 한국 선교지에 적용할 것인지에 대해 신중히 검토하기 시작했음을 알 수 있다.

네비우스 선교정책의 중심 내용에 대해 1890년 네비우스의 선교정책을 함께 들었던 언더우드는 네비우스 선교정책을 다음과 같이

---

61) 곽안련, 「한국교회와 네비우스선교정책」, 98.

네 가지로 정리했다.

1) 각자가 '처음 부르심을 받았을 때의 형편에 거하게' 하며 각 개인이 그리스도의 사역자들이 되어 자기 이웃들 속에 살면서 스스로 생업을 꾸려 나가면서 그리스도인으로 살도록 가르친다.
2) 교회의 방법이나 조직을 토착 교회가 감당할 수 있는 수준에서 발전 시킨다.
3) 교회 스스로가 가능한 한 인력과 재정을 공급하게 하여 이웃 속에서 복음 사역을 하게 하되 좀 더 나은 자질이 발견된 사람은 별도로 둔다.
4) 본토인들로 자기네 교회당 건물을 마련하게 하되 그 건물은 토착적인 것이어야 하고 지역 교회가 능히 꾸밀 수 있는 그런 양식으로 지어야 한다.[62]

그러나 곽안련(Charles Allen Clark, 1902 - 1941)은 네비우스 선교정책을 열 가지로 요약하면서 "그의 원리는…… 성경을 강조한 점, 자립, 자력 전도에 대한 견해, 교회 조직에 대한 견해 등이 아마 그가 가르친 것 가운데 가장 현저한 부분일 것이다."고 했다.[63] 즉 곽안련은 네비우스 선교정책의 중심의 하나를 '성경의 강조'라고 한 것이다. 그는 계속해서 네비우스 선교정책에서 성경이 얼마나 중요한 위치를 차지하고 있는지를 다음과 같이 진술하고 있다.

필자는 여기에서 그 정책 가운데 하나를 특별히 강조하고 싶다. 이것은 지난번 책에서 그다지 강조되지 않았으나 이 정책은 많이 언급된 기타 정책, 즉 자립(경제적 자립), 자치, 자력 전도보다 훨씬 더 큰 성공의 비결이라고 필자는 굳게 믿는다. 그것은 다름 아니라 사역의 각 분야에서 성경을 보편적으로 사용하는 것이다. 한국교회는 성경 위에, 단순한 성경 본문 위에 건립되었다.[64]

---

62) H. G. Underwood, *Call of Korea*, (New York: Fleming H. Revell, 1908), 109 - 10.
63) 곽안련, *Ibid,*. 23.
64) *Ibid,*. 20.

네비우스 정책에는 많은 방법이 있다. 성경을 강조하는 이 방식이 그 중에서도 가장 핵심적인 것 가운데 하나이다.[65]

곽안련의 네비우스 선교정책에서의 성경의 중요성은 그의 책 「한국교회와 네비우스 선교정책」 결론에서도 다시 한 번 분명하게 강조되고 있다. 결론부분에서 그는 한국교회가 성장하게 된 동기로 전통 종교들, 한국인의 유순성, 이끌기가 용이함, 편안함에 대한 갈망, 국왕의 호의, 여성의 지위, 애국심, 무언가 새로운 것, 일반교육, 문자 해독력, 암흑의 시대, 물신 숭배의 효과, 그리고 평화에 대한 갈망 등을 예로 들고 "이 모든 요인들이 한국교회의 성장에 기여하였다."[66]고 하였으나 보다 근본적인 요인을 다음과 같이 말했다. "이 세 가지 요소(필자 주: 자립, 자전, 자치) 전부에 동력을 공급하는 또 하나의 네비우스 방식이 그것들의 배후에 존재한다고 믿게 되었다. 그것은 다름 아니라 '성경강조정책'이다."고 했다.[67]

그러면 네비우스 선교정책이 '성경강조정책'이라고 할 때 성경을 어떻게 믿고 있는가? 다시 말하자면, '성경은 하나님의 말씀이다.'로 믿는가 아니면 '성경은 하나님의 말씀을 포함하고 있다.'거나 '성경은 하나님의 말씀이 된다.'로 믿으면서 성경강조정책을 강조했느냐 하는 것을 살펴야 한다. 이와 관련하여 곽안련은 "한국교회는 성경을 하나님의 권위 있는 책, 인간들에게 직접 주신 하나님의 권능의 말씀으로 받아들인다."고 하면서 '네비우스 방식에 대한 전반적인 진술'이란 제하에서 다음과 같이 말하고 있다.

---

65) *Ibid,*. 21.

66) *Ibid,*. 304 – 317.

67) *Ibid,*. 320.

모든 가르침에서 성경 본문 자체에 큰 역점을 두라. 성경해독(문맹 퇴
치), 성경 암송, 성경 읽기, 자녀에게 성경 이야기 들려주기, 본문의 의미
를 배우고 전에 배운 내용을 복습하기. 이 성경모임(필자주: 사경회)에서
"주석과 기타 보조 책자들도 입수할 수 있는 대로 사용되었으나 주 교재
는 어디까지나 성경이었다. 모든 사역의 토대는 성경이다. 사람들이 마음
을 성경으로 가득 채워 성경으로 하여금 행동을 지배하도록 하는 데 목
표가 있다.[68]

이로보아 네비우스 선교정책을 받아들인 초기 한국선교사들은
'성경은 하나님의 말씀이다.'고 믿는 개혁주의 성경관을 가지고 있
었음을 다시 한 번 확인할 수 있다.

4. 초기 선교사들의 일본관

김승태는 "선교 초기 당시의 상황과 국제 정세, 선교부의 선교
정책, 일제의 선교사에 대한 정책의 변화와 관련하여 구조적이고
총체적으로 파악하려는 노력이 부족"하기 때문에 "일제와 선교사
와의 관계에 대한 역사적 평가에 있어서 객관성이 결여되었다."라
고 말한다.[69] 김승태의 주장은 일면 타당성을 가지고 있는 것 같
으나 사실 선교사들의 비정치적 관점에 관한 근원적인 핵심을 파
헤치지 못한 것으로 생각된다. 이미 우리가 서술한 바와 같이 선
교사들이 교육받은 남북장로교 신학교들은 정치문화에 대해 소극

---

68) *Ibid*,. 33 - 7.

69) 김승태, "한말 일제 침략기 일제와 선교사의 관계에 대한 연구(1894 - 1910)", 「한국
기독교와 역사」, 제6호, 66.

적 입장을 천명한 바 있다. 그러므로 선교사들의 대일본관은 소극적인 방법으로 나타날 수밖에 없었던 것이다.

선교사들은 한국에 입국할 때 일본을 경유하였다. 일본은 이미 기독교 선교가 활발하게 이어지고 있었으며, 요코하마는 마치 미국에 사는 것과 같은 서양분위기가 가득하였다. 선교사들은 일본에 머물면서 일본에 있는 한국인들에게 한국과 한국어에 대해서 배웠다. 이미 일본에서 이수정에 의해서 번역된 한글·번역 성경을 들고 선교사들이 한국에 입국할 정도였다. 선교사들은 일본에 머물면서 한국도 일본처럼 되기를 희망했고 그래서 초기 내한 선교사들이 일본에 관해서 우호적인 태도를 보인 것은 너무나 자연스럽고 당연했다.

일본에 우호적인 입장을 갖고 있었던 초기 내한 선교사들은 1895년 조선의 국모를 시해한 을미사변 이후 일본에 대해 상당히 비판적인 시각을 갖기 시작한다. 다음의 글은 선교사들이 일본에 관해 어떤 시각을 갖고 있었는지를 보여준다.

한편, 봉건적 착취와 외세의 침투에 항거하여 일어난 1894년의 동학농민봉기를 계기로 조선에 대한 독점적 지배권을 확립하기 위해서 일으킨 청일전쟁이 일본의 승리로 끝남으로써 일본의 조선에 대한 내정 간섭이 심해지고, 이에 걸림돌이 되던 명성왕후를 시해하는 만행까지 일본 공사관이 저지르게 되었다. 이 사건을 계기로 일제와 선교사들과의 관계가 대립 국면으로 접어들었다. 선교사들은 조선의 황실과 상당히 깊은 유대관계를 가지고 있었을 뿐만 아니라 일제의 억압과 비인도적인 만행에 대해서 비판적이었으며, 일부 선교사들과 미국 공사관은 조선 국왕을 보호하고 이런 위기에서 벗어나게 하려고 노력하였던 것이다. 그렇게 되자 일제는 그들의 외교 통로를 통하여 미국 정부에 선교사들이 정치에 간여한다고 무고, 항의하여 선교사들을 견제하고, 이를 계기로 비인도적인 만행에 대한 국제적인 비난에서 벗어나고자 하였다.[70]

내한 선교사들은 인도적인 관점에서 한국에서의 미국의 국익을 지키기 위해서라도 일제의 만행을 규탄하고 한국 황실을 도와야 한다는 내용의 보고를 본국에 보냈다. 그러나 미국 국무성 국무장관 올니(Olney)는 1895년 11월 11일자로 주한 미국공사 실(Sill)에게 일본에 대해서 비판적인 시각을 갖고 있는 자국 선교사들에게 "한국의 정치적 사건에 개입하는 것은 당신이 해야 할 일이 아니며, 외교 지시 64에 의하여 금지되어 있다."[71]라는 전문을 보낸다. 계속해서 11월 20일자에서도 "당신 자신을 미국 시민과 권익을 보호하는 데에만 엄격히 제한하라. 당신은 내정에는 아무런 관계가 없다. 다른 지시가 없는 한 당신의 행동을 다른 나라 외교관들과는 독자적으로 취하라."[72]고 하였다.

미국 국무성뿐만 아니라 내한 선교사를 파송한 미국 선교본부에서도 선교사들에게 일본을 자극하지 말 것을 권고하였다. 미국 북장로교 해외 선교부 총무로 1897년 한국을 방문한 바 있는 스피어(Robert E. Speer)는 그의 방문 보고서에서 다음과 같이 말한다.

현재 정치적 상황은 반동적이다. 기독교를 자유주의적이거나 진보적인 장치운동으로 잘못 인식시킨다면, 지금 우호적이지는 않지만 중립적인 관리들의 반감과 거부를 초래할 것이다. 그것은 '이웃 세력'의 불쾌감을 일으킬 것이며, 국왕이 말한 대로 그가 우호적인 관계를 발전시켜 왔는데 그들에게 무례하다면 누구에게나 현명하지 못한 것이다. 일본이 시작한 개혁은 무효로 될지 모른다. 모든 정치적 개혁도 그럴지 모른다. 우리는 아주 신중하게 결코 무효화시킬 수 없는 영적인 개혁들을 시작하자. 우리는 속으로든 겉으로든 모든 정치적 운동에 개입하는 것을 피하자. 우리는

---

70) 독립신문 1 – 59호(1896. 8. 20), 이만열, 「한국기독교와 민족운동」, 68에서 재인용.
71) *Ibid.*, 70.
72) *Ibid.*

아무도 거슬리지 말자.[73]

선교사들은 '미국 정부의 압력과 선교본부의 권고에도 불구하고 왕실과 한국인에 대한 친분관계와 애정'을 유지해야 했다.[74] 이 애정과 신뢰가 자신들의 피선교지에 대한 선교의 접촉점이요 선교의 필수 조건이라고 생각했기 때문이다. 따라서 그들은 1901년 공의회 이후 을사보호조약과 한일합방을 거치는 과정 속에서도 정치적 중립을 지키는 쪽으로 노선을 정했다. 정치적 중립은 바로 친일적인 입장으로 전환되었다. 미국정부 역시 이 노선을 지속적으로 지지하였다. 미국이 공사 알렌에게 보낸 전문을 보자.

> 미국(정부)과 그 외교관들은 절대적으로 중립적인 입장을 취해야 하며 이해관계 당사국 중 어느 한쪽 편의 입장을 지지하거나 어느 한쪽 편에 반대하는 것처럼 여겨질 수 있는 어떤 행동이나 말을 해서는 안 된다. 그처럼 불공정한 태도를 취하는 것은 그 자체가 부적절한 것일 뿐만 아니라 한국인들로 하여금 미국을 그들의 유일한 우방으로 생각게 하는 바람직하지 않은 결과를 가져올 수도 있다.[75]

미국의 중립주의는 국제 제국주의 정치의 이해관계로 인하여 점점 친일로 전환되었고, 러일전쟁이 발발하자 일본의 한국지배를 노골적으로 인정하였다. 그 이전에 미국은 이미 영일동맹체제에 공조함으로써 러시아의 한국지배를 거부하고 일본의 한국지배를 인정

---

73) Robert E. Speer, Report on *the Mission in Korea of the Presbyterian Board of foreign Mission,* 1897, 37.

74) 이만열, "한말 구미 제국에 대한 선교정책에 관한 연구: 선교사들의 한국정치상황에 대한 자세와 관련하여", 13 – 18을 참고하라.

75) Sherman to Allen, Nov, 19, Korea, Instructions, vol. 1, 24. 이만열, "한말 구미 제국의 대한 선교정책에 관한 연구", 24에서 재인용.

하기 시작했었다. 결국 청일전쟁 후의 미국의 한국정책은 '불간섭정책'과 '중립정책' 및 '통상우선정책' 등의 다양한 용어로 표현되고 있었지만, 남하정책을 추구하고 있는 러시아를 저지하기 위해 러일전쟁 전에 이미 친일정책으로 기울어졌음을 알 수 있다.[76]

미 정부는 러일전쟁의 촉발요인이던 용암포 사건 후에 일본 쪽으로 기울어져 있었는데, 막상 전쟁이 일본의 승리로 기울어지자 일본에 대해서도 견제의 표현이 필요했다. 그런 견제의 움직임이 바로 태프트 - 가쓰라 밀약(The Taft - Katsura Agreement, 1905, 7, 29)[77]이다. 이 협정에서 미국은 필리핀의 안전을 보장받는 조건으로 일본에게 대한자유행동권(對韓自由行動權)을 공식적으로 보장했다.

미국과 일본의 제국주의 정책에서 선교사들은 적극적으로 대처하지 않았다. 그들이 지도하는 한국의 성도들에게 제국주의에 대한 의식적인 저항뿐만 아니라 제도적이고 체계적인 교육도 시키지 않았다. 아니 시킬 능력이 없었다. 이는 그들이 배운 신학이 정치문화에 대한 소극적 대응을 전제하였기 때문이다. 클라크(A. Clark) 목사는 말한다. "당시 교회가 유일한 전국적 유기체였으니 만큼 항일의 핵심체로써 소임케 하려는 기운이 차 있었다. 그래서 선교사들은 당장 기독교인의 정치관여와 혼란의 위험을 인식하고 교회를 [정치]로부터 격리시키느라 모든 힘을 동원했다."[78]

---

76) 이만열, "한말 구미 제국의 대한 선교정책에 관한 연구: 선교사들의 한국정치상황에 대한 자세와 관련하여", 37.

77) ①일본은 필리핀에 대해 하등 침략적 의도를 가지고 있지 않으며, 미국의 지배를 확인한다.
②극동의 평화를 유지하기 위해 미·영·일 3국은 실질적인 동맹관계에 있어야 한다.
③일본의 한국에 대한 종주권(Suzerainty)을 인정한다.

78) A. Clark, History of the Korean Church: 심재원 역, 『한국교회사』(대한기독교서회, 1950), 129 - 30.

이미 신학적으로 정치문화에 소극적인 교육의 영향을 받은 데다 현실적으로 미국정부와 선교부의 엄한 정치적 중립지시를 받은 선교사들은 될 수 있는 대로 한국의 정치적인 일에 개입하지 않으려고 노력하였다. 그러나 극히 일부 선교사들 중에는 전쟁 중에 일어난 일본군의 만행을 폭로하고 감시하는 역할을 하여 한국인을 보호하기도 하였다. 「코리아리뷰」지를 발간하던 헐버트는 수시로 이러한 선교사들의 보고들을 이 잡지에 게재하여 일제의 만행을 폭로, 비판하고, 후에 그것을 발췌하여 책으로 발간 보급하기도 하였다.[79]

이러한 몇몇 선교사들을 제외한 대부분의 한국 주재 미국 선교사들은 '교회와 정부 사이의 교제할 몇 가지 조언'이라는 이름 아래 비정치화 선언을 하게 된다.[80] 1901년 9월 서울 정동에서 개최된 장로회 공의회에 미국 남북장로회와 캐나다 장로회 그리고 호주 장로회의 목사(의사포함) 29명이 참석하여 이 선언문을 작성하였다. 한국인 장로 조사 14명도 참석하였으나 그들은 결의안 작성에 관여하지 못하였다. 선언문을 살펴보자.

교회와 정부 사이에 교제할 몇 조건

대한예수교장로회 목사들은 공의회로 모여 각처에 있는 지교회와 교우에게 편지하노라. 예수교회와 나라가 서로 상관된 것과 또 교회가 나랏일 상관할 것을 자세히 알아야 될 터인데 성경에 있는 말씀을 찾아보기를 바라옵니다. 로마인서 십삼장 일절부터 칠절까지 디모데전서 이장 일절 이절 베드로전서 이장 십삼절부터 십칠절까지 마태복음 이십이장 십오절부터 이십일절까지 마태 십칠장이 십사절부터 이십칠절까지 요한복

<hr>

79) *Ibid.*

80) "교회와 정부 사이의 교제할 몇 가지 조건", (그리스도 신문, 5권 40호).

음 십팔장 삼십육절

一. 우리 목사들은 대한나라 일과 정부 일과 관원 일에 대하여 도무지 그 일에 간섭 아니 하기를 작정한 것이오.

二. 대한국과 우리 나라들과 서로 약조가 있는데 그 약조대로 정사를 다 받되 교회 일과 나랏일은 같은 일 아니라 또 우리가 교우를 가르치 기를 교회가 나랏일 보는 회가 아니요. 또한 나라 일은 간섭할 것도 아니요.

三. 대한백성들이 예수교회에 들어와서 교인이 될지라도 그전과 같이 대 한 백성인데 우리 가르치기를 하나님의 말씀을 거스름 없이 황제를 충성으로 섬기며 관원을 복종하여 나라 법을 다 순종할 것이오.

四. 교회가 교인이 사사로이 나랏일 편당에 참예하는 것을 시킬 것 아니 요 금할 것도 아니요 또 만일 교인이 나랏일에 실수하거나 범죄하거 나 그 가운데 당한 일은 교회가 담당할 것 아니요 가릴 것도 아니요.

五. 교회는 성신의 붙인 교회요 나랏일 보는 교회가 아닌데 예배당이나 회당 사랑이나 교회학당이나 교회 일을 위하여 쓸 집이요 나랏일의 논하는 집은 아니요 그 집에서 나랏일 공론하러 모일 것도 아니요 또한 누구든지 교인이 되어서 다른 데서 공론하지 못할 나랏일을 목 사의 사랑에서 더욱 못 할 것이오. 모든 교우 형제들은 이 권계하는 말씀대로 시행하기를 바라옵니다.[81]

선교사들은 일제의 불법적 침략과 만행을 잘 알고 있었으며 이 에 저항하는 한국인들에게 동정심을 가지고 있으면서도, 외적으로 는 일제의 회유와 선교부의 선교정책 및 본국 정부의 훈령에 따라, 내적으로는 유아기의 한국교회와 신도들을 보호하고 선교활동의 자유를 획득하기 위해 자의든 타의든 간에 점차 일제에 순응, 협 력하였던 것이다.[82] 이런 의미에서 스크랜턴(William Scranton)이 평가한 선교사들의 정치행동은 참으로 정당하다. "한국에 거주하는 외국인으로서, 일본이 한국에서 잘만 해 준다면, 일본이 한국에서 잘되기를 바라는 친일적이었다."[83]

---

81) *Ibid.*, 39에서 재인용.

82) 김승태, 「한말 일제침략기 일제와 선교사와의 관계에 대한 연구(1894~1910)」, 98.

요약하면 선교사들의 일본에 대한 시각은 마치 자신들의 신학교육 배경을 반영하듯이 한국 내 정치 문화에 소극적이었다. 그들은 한국 국민에게 매우 동정적이었지만 결국 정치적 중립표방이라는 이름하에 일본을 상대로 적극적인 저항운동을 펼치지 못했다. 그러다 보니 피선교국인 한국으로 하여금 일본의 식민지배 및 한국의 교회를 장악하려는 일본의 음모에 맞서 적극적인 저항을 권하지 않았다.

5. 독노회(1907), 총회(1912)와 신학사상

초기 선교사들과 교회의 보수주의적 개혁신학의 특징은 1907년에 조직된 독노회에서 그 결실을 맺기 시작하였다. 독노회가 조직될 때까지 그 결정 과정을 살펴보면, 먼저 1901년 선교사공의회는 호주 장로교 선교부의 건의에 의하여 5명의 한국장로회노회 설립방법 연구위원을 선정, 그 설립방법을 연구하여 보고케 하였다. 다음 해인 1902년 9월 17일 장로회 공의회는 연구위원의 보고를 받아 정식으로 장로회노회의 조직을 의논한 뒤 동 위원들이 건의한 노회 조직 방안을 그대로 채택하였다.[84]

선교사공의회는 한국에 파송되어 온 선교사들과 한국의 장로들로 노회를 조직할 수 있다고 판단하였다. 이때 공의회 추천으로

---

83) 차종순 역, 「한국 개신교 초기의 선교와 교회 성장」, 340 – 341.

84) Council of Presbyterian Missions Minutes 1902. 7.

신학을 공부하고 있는 신학생은 3명이었다. 선교사공의회는 본국 선교회 본부에 한국장로교회의 독립에 관한 노회 승인을 청원하였다.[85] 그러나 캐나다 외지선교부와 호주 외지선교부에서는 승인하였지만 미국 남·북장로교 외지 선교부에서는 한국에 아직 장립목사가 없는 상황에서 노회를 설립하여 독립하는 것은 아직 시기상조라고 하며 이를 거부하였다. 추후 상당수 한국인 목사와 장로들이 배출되어 한국인 회원의 수가 과반수를 유지하게 될 때에 노회를 조직하는 것이 더 좋겠다는 것이었다. 그러나 결국 1905년 초에 미국 남·북장로교 외지선교부 본부에서 현지 선교사들의 입장과 의견을 존중하여 노회 설립을 승인하였다.[86] 4선교회 본부로부터 노회 설립의 승인을 받은 장로회공의회는 그해인 1905년 가을 선교사 회의에서 1907년에 장로회노회를 정식으로 조직할 것을 결정하고 준비위원을 선정하여 이에 관한 모든 일을 위촉하였다. 1907년은 신학생 7명이 졸업하는 해이므로 조직노회에서 그들을 안수하여 목사로 임직할 것도 결정하였다.[87] 1907년 독노회는 성

---

85) *Ibid.*

86) *Ibid.*, 29 – 30.

87) 金良善, 「韓國基督敎史硏究」(서울: 기독교문사, 1971), 100 – 101.
독노회는 직전 합동공의회 제6회 회장이었던 배유지 목사의 사회로 1부 예배가 드려졌다. 배유지 목사는 본문 사도행전 1:8절 말씀을 통해 "우리 주 예수께서 마지막 분부하신대로 증인이라"고 강도한 후 배유지 목사의 집례로 성찬식을 거행했다(독노회 회의록, 4). 선교사 38명, 한국인 장로 40명(36개 처 조직교회 장로 총대)이었다(동 회의록, 5). 이때는 아직 한국인 목사 7인이 목사 안수받기 전이다. 이 회의 중에 7명에 대한 임직식이 있었다. 독노회를 조직하고 집계된 교세통계는 목사 46명, 조사 160, 선교사 58, 장로 47명, 조사 160명, 예배처소 785, 당회 687명 세례교인 18,061, 원입교인 19,791, 소속전교인 72,968, 학교 수 405, 학생 수 8,615, 연보신화 94,022이었다(동, 회의록, 42).
결의사항 7명의 한국인 목사를 임직하고 이기풍 목사를 제주도 선교사로 파송하도록하고 소속은 남전라대리위원으로 한다. 대한 장로회 신경과 정치를 1년간 채용하여 검사하기로 하다. 각지 교회에서 할 수 있는 대로 집사 장립을 하도록 하다.

경적 전통과 신앙을 계승하는 최초의 치리회가 되었다. 독노회 제1회 회의록 전문에 그 성격과 신학적 입장이 잘 나타나 있다.

5.1. 독노회 전문 – 성경적 전통과 신앙 계승

5.1.1. 서론88)

> "신령하고 크도다. 이 아름다운 노회여, 교회의 머리 되시는 주 예수 그리스도께서 일찍이 사도와 문도를 택정하여 세우사 천국의 복음을 천하에 전하여 만민의 영혼을 구원케 하였으니 주 예수께서 직분을 받은 사도와 문도들이 주께서 승천하실 때에 특별히 명령하심을 삼가 지켜 예루살렘 다락에 일제히 모여 마음을 같이하고 기도를 힘써 하나님의 허락하신 성신의 권능을 충만히 받은 후에 능히 각국 방언을 말하고 모든 이적을 베풀며 천하 각국에 헤어져 복음을 전할세 회개하고 주를 따르는 자에게 주의 이름으로 세례를 주어 문도를 삼으며 믿는 형제 중에 사람을 택하여 장로와 목사를 세워 교회를 치리케 하였으니 옛적에 안디옥에서 총대로 예루살렘에 올라간 바울과 바나바와 믿는 두어 형제가 예루살렘 본 교회에 여러 목사와 장로들과 한가지로 모여 교회에 마땅히 지킬 규모를 의논하여 작정하였으니 이것이 실로 노회의 시작이라."

서문의 첫 번째 내용은 대한국 예수교 장로회(독노회)가 성경에 기록된 초대교회의 역사적 전통과 사도적 신앙을 계승하는 것으로 노회의 방향을 설정하고 있다. 사도행전에 기록된 성령의 역사로 인하여 복음이 증거되고 그 복음이 전해지는 곳에 교회가 세워졌으며 교회가 세워지자 목사와 장로를 세웠으며 그 목사와 장로가 노회의 총대들이 된다고 제시하고 있다. 한국장로교회의 첫 노회의

---

88) 회록 서문은 중간 제목이 없다. 그러나 필자가 서문의 내용을 구분하여 중간제목을 잡아 보았다.

출발이 성경에 근거를 두고 있음을 명확히 함으로써 노회의 권위를 선언하고 있다. 노회의 권위는 사람에 의해서가 아니라 하나님의 말씀에 의해서 조직됨을 만천하에 공포한 것이다.

5.1.2. 삼위일체 하나님께 찬송

"만유의 주재 되는 하나님 아버지의 깊으신 사랑과 교회의 머리 되시는 주 예수 그리스도의 넓으신 은혜와 보혜사 성신의 크신 권능을 할렐루야 찬송하리로다."[89]

위 글은 독노회가 궁극적으로 바라보는 대상이 성부, 성자, 성령, 삼위일체 하나님임을 분명히 명시하고 있다. 이것은 초기 선교사들이 그토록 지키고 보존하기를 원했던 성경의 근본 진리였다. 독노회에서 채택된 12신조에 명시된 성경의 무오, 하나님의 절대성, 삼위일체, 천지를 창조하신 하나님, 인간의 창조와 인간의 타락, 그리스도의 속죄, 성령의 역사, 예정론, 성례, 신자의 본분, 부활과 심판이라는 칼빈주의적 근본 신앙을 독노회의 신학적 입장으로 회의록 서문에 명시하고 있다는 것은 독노회가 사도적 신앙의 전통에 서 있다는 것을 보여준다.

5.1.3. 선교사역에 대한 역사적 회고

"우리 대한 인민들이 하나님을 알지 못하고 사신과 우상을 섬기매 장차 하나님의 형벌을 피할 수 없더니 자비하신 하나님께서 우리나라 인민을 돌아보사 미국 남장로교회와 북장로교회와 영국 오스트레일리아 장로교회와 캐나다 장로교회의 주를 믿는 모든 형제자매들의 마음을 감동시

---

89) 조선예수교 장로회 독노회 회의록(1907), 1.

켜 이 네 곳 교회 총회로 선교사를 택정하여 이곳에 보내심에 하나님의
명령을 받은 선교사들이 갑신년에 이곳으로 나와 전한 지 23년 동안에
회개하고 주께로 돌아온 자가 근자 10여만 명이라 곳곳이 장로를 장립하
여 교회를 설립하여 영미 양국 선교사들과 한국 각처 장로들이 모여 교
회 일을 의논하나."[90]

1907년은 한국에 복음이 들어온 지 23주년이 된 해라고 명시하
고 있는데 이는 독노회가 한국 개신교 원년을 1884년 알렌의 활동
시점으로 잡고 있음을 보여준다. 23년 동안의 선교사역에 대한 역
사적 회고는 하나님의 주권과 복음의 선교를 통해서 하나님의 백
성을 부르시는 구원론적 섭리를 기술하고 나서 교회가 어떻게 형
성되었는지를 보여준다. 23년 동안 회개하고 돌아온 자가 10만여
명이라고 했는데 정확한 통계로 보면 학습인 99,300명, 세례교인이
18,964명이었다. 합계 128,264명이었다.[91]

5.1.4. 한국 장로교회(독노회)의 역사적 전통

"그러나 아직 한국 목사를 장립하지 못함으로 노회를 이루지 못하고
그 회 이름을 장로공의회라 칭하고 저간에 15차를 모이더니 하나님께서
은혜를 풍부히 주심으로 수년 전에 미국 남장로회교회와 북장로교회와
영국 오스트레일리아 장로교회와 캐나다 장로교회 이 네 곳 총회의 권을
얻어 한국 교회에 노회 되는 취지를 설명하시되 이 노회는 교회의 머리
되시는 주 예수 그리스도를 힘입어 십자가를 튼튼히 의지하고 견고하여
흔들리지 말고 세상사람 앞에 영화로운 빛이 되며 하나님 앞에 거룩하고
정결한 노회를 이루어야 하겠다 하시고"[92]

---

90) *Ibid.*, 2.

91) U. G. Underwood, *The Call of Korea*, New York, Fleming H. Revell, 1908, 146–48.

92) 조선예수교 장로회 독노회 회의록(1907), 2–3.

1893년부터 1900년까지 선교사 중심의 선교사 공의회(Council of Missions holding Presbyterian Form of Government)가 8번 모였고[93] 선교사와 한국인 조사 중심의 「합동공의회 – 조선예수교 장로회 공의회」(1901 – 1906)가 7번(1907년까지) 모였다.[94] 선교사를 파송한 네 선교부 본부의 허락을 얻어 처음으로 노회가 조직되었다. 노회는 목사와 장로로 구성된다. 그러나 한국에는 1907년 초까지 단 한 명의 목사도 없었는데 이는 한국인 중심의 노회가 아직 불가능하였음을 보여준다. 1907년 최초로 한국인 목사를 임직함과 동시에 이미 임직받은 장로와 함께 노회가 최초로 구성되었다. 전국 지경이 넓고 거리가 멀어서 노회를 자주 소집하기 곤란하였기에 종래의 소회(小會)를 대신한 경기(1893), 충청(1893), 평북(1907), 평남(1893), 함경(1902) 및 경상(1901), 전라도(1901) 지방 7개 대리회(代理會)[95]를 두어 노회의 위임사무를 처리하게 하였다.

5.1.5. 대한국 독립노회(독노회)

"주강생 1907년 9월 17일 오정에 한국 노회를 설립한 후에 대한에 신학교 졸업학사 일곱 사람을 목사로 장립하고[96] 대한국 예수교 장로회 노회라 하였으니 이는 실로 대한국 독립 노회로다."[97]

---

93) ① 제1회(1893년) ② 제2회(1894년) ③ 제3회(1895년) ④ 제4회(1896년) ⑤ 제5회(1897년) ⑥ 제6회(1898년) ⑦ 제7회(1899년) ⑧ 제8회(1900년)

94) ① 제1회(1901년) ② 제2회(1902년) ③ 제3회(1903년) ④ 제4회(1904년) ⑤ 제5회(1905년) ⑥ 제6회(1906년) ⑦ 제7회(1907년)

95) 대리회(代理會)란 노회를 대리(代理)해서 노회가 위임해 준 사항을 처리하는 회이다. 전국 지경이 광활하고 거리가 떨어져 노회 회집이 여러 번 모이는 것이 불가능했기 때문에 대리회를 조직하여 각 지역을 살피도록 했다. 오늘날로 보면 시찰회와 같은 성격이다.

96) 서경조(58), 방기창(58), 한석진(41), 길선주(40), 이기풍(40), 송인서(40), 양전백(39).

97) 조선예수교 장로회 독노회 회의록(1907), 3.

최초로 안수받은 일곱 명의 목사 중에 한 사람인 서경조 목사는 만주에서 세례를 받은 서상륜 씨의 아우로서 1888년에 소래에서 언더우드 목사에게 세례를 받은 사람이었다. 이기풍 목사는 그때까지 아직 복음이 전해지지 않았던 제주도에 선교사로 파송되었는데 제주도에서 가장 가까운 전라도 대리회의 회원으로 임명되었다. 제주도는 그때까지 복음이 전해지지 않았던 때였다. 한석진 목사[98]는 처음 예수를 믿는다고 해서 관가에서 그를 찾아 사형에 처하려고 사형장으로 데리고 가서 사형자가 칼을 갈고 있는 아슬아슬한 순간에 관가에서 놓아주라는 명령이 내려 사형을 면한 사람이었다. 길선주 목사는 장년기에 들어서는 거의 소경이 되어 세상을 보냈다. 예수를 믿기 전에 훌륭한 학자였는데 예수를 믿고 난 후에는 성경지식에 또한 풍부한 사람이 되었으며 훌륭한 설교가 였고 성경 교사였다. 그는 또한 독립선언서에 서명한 33인 중의 하나였으며 옥중 생활하는 동안은 계시록을 줄줄 외울 정도로 열심히 성경을 읽은 분이었다.

5.1.6. 영광송

할렐루야 찬송으로 성부, 성자, 성신님께 세세토록 영광 돌리세 아멘.[99]

독노회 조직은 한국장로교회에 있어서 몇 가지 교회사적 의의가 있다 할 것이다.[100] 첫째, 평양부흥운동과 평양 지역의 복음화에

---

98) 채필근, 한국기독교 개척자 한석진 목사와 그 시대(대한기독교서회, 1971)를 참고하라.

99) 「獨老會綠 및 第1會總會綠」, 1－3.

100) 박용규, "평양장로회신학교(1901－1910)", 「신학지남」, 267(2001. 6), 60.

앞장섰던 맥코믹 출신 선교사들이 중심이 되어 독노회가 결성되었다는 사실이다. 불행하게도 서울 지역 복음화에 주도적인 역할을 감당하고 한국장로교 선교의 개척자로 평가받고 있던 언더우드는 독노회가 조직된 그 현장에 참여하지 못하였다. 그는 건강이 약화되어 외국에서 휴양하고 있었다.[101] 언더우드는 불가피하게 참석하지 못했지만, 이길함, 배위량, 방위량, 윤산온, 소안론, 곽안련, 이눌서, 업아력 등 영향력 있는 거의 모든 선교사들이 교파를 초월하여 참석했다.[102] 이들은 맥코믹 출신 북장로교 선교사들로서 한국장로교회 독노회가 신학적으로 보수성향을 보여준 반증이라 할 수 있다.

둘째, 독노회의 조직과 더불어 한국장로교회가 부흥의 전기를 맞이하였다. 독노회가 조직되던 1907년 한국 장로교회는 놀라운 부흥이 일어났다.[103] 독노회가 조직되고 1912년 총회가 조직될 때까지의 독노회 기간에 설립된 교회만 737개 교회였다.[104]

---

101) 독노회 제1회 회의록 8페이지에 보면 "기일 씨가 금일은 대한 장로교회 되는 날이니 대한에 처음으로 나오신 언더우드 목사께 전보로 오늘에 대한 장로교 노회 됨을 전달하기로 동의하여 가로 결정하다."라고 결정한다. 병으로 요양 중에 있는 언더우드 목사에 대한 예의를 갖추고 있다고 볼 수 있다.

102) 참석 선교사 33인은 다음과 같다. 마삼열, 이길함, 배위량, 방위량, 편하설, 윤산온, 소안론, 위대모, 방혜법, 노세영, 피득, 한위렴, 군례빈, 황헐리, 곽안련, 이눌서, 기일, 사우업, 밀의두, 권일두, 하운림, 최의덕, 배유지, 오월번, 마노덕, 전위렴, 거영우, 안이와 심익순, 맹이와 업아력, 노아력, 민로아(대한국예수교장로회 독노회 회의록, 1907, 4 – 5).

103) 대부흥기의 교세 증가표(U. G. Underwood, *The Call of Korea*, New York, Fleming H. Revell, 1908, 146 – 48.)

연대	교회 수	전도소	세례교인	학습교인	헌금(원)
1905년	321	470	9,761	30,136	1,352,867
1907년	642	1,045	18,964	99,300	5,319,785
증가율(%)	200	222.3	194.2	329.5	393.2

104) 김광수, 안광국, 「장로회신학대학 70년사」(서울: 장로회신학대학교, 1971), 37 – 8.

셋째, 독노회와 더불어 2인으로 구성된 외지 선교부를 설치하여 처음으로 안수받은 이기풍 목사를 제주도 선교사로 파송하였으며, 새로 조선 장로교회가 설립된 것을 기념하기 위한 감사헌금을 전국 각 교회에서 행하기로 결정하였다.

넷째, 만국장로회 연합총회에 대한노회의 창립을 통지하고 동시에 입참(入參) 청원서를 제출하기로 가결한 일이다.[105] 이는 한국 장로교회의 세계교회를 향한 유대 모색의 첫 실현이라 할 수 있다.

5.2. 독노회 – 신조 채택과 신학사상

제1회 독노회에서 결정된 사항 중에 중요한 안건은 장로회 신조 (Coufession of Faith)로 알려진 장로교 신앙에 기초한 신앙고백의 채택이었다.[106] 이 신조는 12조로 되어 있으며 그 서문을 제외하고는 1904년에 영국장로교회가 인도 장로교회를 위해 채택한 것과 동일한데 이것을 한국장로교회의 신조로 채택했다. 또한 아시아의 대부분의 장로교회가 이를 채택하고 있었다.[107] 신경 서문은 다음과 같다.

"대한 장로회에서 이 아래 기록한 몇 가지 조목으로 신경을 삼아 목사 와 및 인허 강도인과 장로와 집사로 하여금 청종케 하는 것이 대한교회

---

105) "안이와 씨가 만국 장로교 연합 총회가 4년에 1차씩 모이니 대한 장로교회도 참석 할 청원서를 회장과 서기로 수송케 하기를 동의하여 가로 결정하다." 독노회 제1회 회의록, 21, "회장이 만일 금년에 만국 장로교 연합총회가 되면 미국으로 간 목사를 대한 장로회 위원으로 파송할 의향을 무르시매 회중이 가로 결정하다." 독노회 제1 회 회의록, 23.

106) H. A. Rhodes, ed., *History Korea Mission Presbyterian Church*, U. S. A., 1934.

107) 金光洙, 「韓國基督敎成長史」(서울: 기독교문사, 1979), 180.

를 설립한 본 교회의 가르친바 취지와 표준을 버림이 아니요, 오히려 찬
성함이니 특별히 웨스트민스터 신경과 성경 요리문답 대소 책자는 성경
을 밝히 해석한 책인즉 교회와 신학 학교에서 마땅히 가르칠 것으로 알
며 그중의 성경 요리문답 책을 더욱 교회 문답으로 삼느니라."[108]

　12신조는[109] 한국장로교회 신앙의 근본정신을 잘 반영하고 있다.
12개 신조를 분석하면 성경의 무오, 하나님의 절대 주권, 삼위일
체, 하나님의 창조, 인간의 피조, 인간의 타락, 그리스도의 속죄, 성
령의 역사, 예정론, 성례, 신자의 본분, 부활, 심판 등을 그 내용으
로 하여 엄격한 칼빈주의적 신앙을 반영하고 있다.[110] 12신조는
장로회공의회 신경위원인 레이놀즈 목사가 작성하고 노회에 보고
하여 임시 채택한 후[111] 한석진 목사 외 6명의 심사위원의 연구와
심사를 거쳐[112] 1908년 제2회 독노회 때에 완전히 채택되었다.

---

108) 조선예수교 장로회, 독노회(1907) 제1회 회의록 24.

109) 독노회에서 채택한 12신조의 골자는 다음과 같다.
　①성경이 정확무오한 하나님의 말씀 ②유일하신 하나님의 성품과 속성 ③삼위일체
　하나님 ④ 하나님의 창조사역 ⑤하나님의 형상대로 지음받은 인간 ⑥인간의 타락과
　원죄 ⑦그리스도의 속죄(사도신경에 나타난 기독론) ⑧성령과 구원의 적용 ⑨하나
　님의 예정과 구원 ⑩성례론 ⑪성도의 건전한 신앙생활의 의무 ⑫성도의 부활과 최
　후의 심판(김의환, 전집 3, 232 - 33)

110) 김광수, Ibid., 180. 그러나 백낙준 박사는 "신앙고백 자체는 칼빈주의 경향이 강하게
　표시된 12조의 신조"라고 평했지만, "여기에 담겨진 내용은 실제로 전통적인 장로교
　의 신앙이라기보다는 복음주의 신앙고백을 더 많이 반영하는 것이다."고 하였다.

111) "認可式. 내가 이 교회의 신경은 하나님의 말씀을 의지하야 세운 줄로 믿사오며 곧
　나의 신경으로 삼고 공포하노라.", 독노회 제1회 회의록, 30.

112) "공의회의 택한 대한 장로교회 신경위원 이눌서 씨가 보고하매 편하설 씨가 일 년
　만 채용하여 검사하기로 동의하여 가로 경정하다.", 독노회 제1회 회의록, 8.
　"하위렴 씨가 대한 장로교회 신경과 정치를 일 년 채용함에 대하여 조사할 위원 7
　인을 선정하여 명년 노회 시에 보고하게 하기로 동의하여 가로 결정하다.", 독노회
　제1회 회의록 11.
　"회장이 신경과 정치 조사 위원을 공천하기를 허하시매 회중이 이눌서, 마삼열, 방
　기창, 한석진 배위량, 양전백 7씨로 공천하여 선정하다.", 독노회 제1회 회의록, 12.

5.3. 독노회 - 대한예수교장로회 규칙 제정과 신학사상

1907년 독노회는 신경을 채택할 뿐만 아니라 규칙을 채택하였다. 규칙은 오늘날 장로회 헌법을 의미한다.

> "한위렴 씨가 대한 장로교회 신경과 정치를 일 년 채용함에 대하여 조사할 위원 7인을 선정하여 명년 노회 시에 보고하게 하기로 동의하여 가로 결정하다.
> 회장이 신경과 정치 조사 위원을 공천하기를 허하시매 회중이 이눌서, 마삼열, 기일, 방기창, 한석진, 배위량, 양전백 칠씨로 공천하여 선정하다.[113]

독노회 제1회에서 1년간 정치를 채용하기로 채택된 '대한예수교 장로회 규칙'은 4조로 구성되어 있다. 제1조 '교회', 제2조 '예배절차', 제3조 '직원', 제4조 '교회의 치리', 그리고 세칙으로 구성되어 있다. 제1조는 '교회'에 관한 규정인데 독노회가 시작하면서 교회에 대한 개념을 어떻게 정리하고 있는지를 살펴보면 다음과 같다.

> "1. 하나님께서 만국 가운데서 큰 무리를 택하사 그 무리로 영원토록 무한하신 은혜와 지혜를 나타내실 터이니 이 무리는 살아계신 하나님의 교회요, 예수의 몸이요 성신의 전이라. 전과 지금과 후에 만국의 성도이니 그 이름을 거룩한 공회라 교회에 두 가지 구별이 있으니 보이지 아니하는 교회와 보이는 교회라. 보이지 아니하는 교회의 교인은 하나님께만 아신 바 됨이요, 보이는 교회는 온 세상에 설립한 교회니 그 교인은 스스로 그리스도인이라 하고 성부, 성자, 성신 삼위일체 되신 하나님을 공경하는 자니라.
> 2. 예수교인 몇 사람이 합하여 한 규칙을 쫓아 한 모양으로 하나님을 섬기며 행위가 거룩하고 성경의 계명을 쫓으며 예수의 나라 넓히기를 힘쓰며 때를 정하여 함께 모여 예배하면 교회라고 칭하니라."[114]

---

113) 조선예수교 장로회, 독노회(1907) 제1회 회의록, 11-2.

하나님께서 택하신 무리의 모임을 교회로 보면서 이를 "살아계신 하나님의 교회요, 예수의 몸이요 성신의 전이라"고 말하고 있다. 독노회는 교회를 무형교회와 유형교회로 구분하면서 무형교회의 교인을 "보이지 아니하는 교회의 교인은 하나님께만 아신 바 됨이오."라고 하였으며, 유형교회의 교인은 "보이는 교회는 온 세상에 설립한 교회니 그 교인은 스스로 그리스도인이라 하고 성부, 성자, 성신 삼위일체 되신 하나님을 공경하는 자"라고 규정하였다. 구체적으로 이 지상의 유형교회의 특징을 다음과 같이 규정한다.

① 하나님을 섬기는 성도 몇이 있어야 한다. ② 하나님을 섬기는 성도들을 위해 규칙이 있어야 한다. ③ 하나님을 섬기는 성도는 거룩해야 한다. ④ 성경의 개명에 순종해야 한다. ⑤ 하나님 나라 확장을 위해 노력해야 한다. ⑥ 시간을 정하여 하나님께 예배를 드려야 한다.[115]

최초의 규칙에 포함하고 있는 교회관은 선교사들을 통해 전래된 보수신학에 기초한 교회관으로서 웨스트민스터 신앙고백에서 규정하고 있는 교회관을 대한예수교장로회 정치에 반영하고 있다는 것은 한국의 장로회가 보수신학을 근간으로 하여 조직되었음을 보여주고 있다.

지금까지 살펴본 대로 제1조는 '교회'에 대한 정의와 개념이었고 제2조는 제1조에서 명시한 유형교회의 특징 중에 "시간을 정하여 하나님께 예배를 드려야 한다."는 조항에 대한 세부 규정이라 할 수 있다. 제2조가 명시하고 있는 예배절차는 예배모범이다. 즉

---

114) *Ibid.*, 31 – 2.
115) *Ibid.*, 31 – 41.

어떤 절차와 순서에 의해 예배를 드려야 하는가에 대한 답변으로 서 그 내용은 다음과 같다.

> "주일에 모든 신도가 마땅히 모여서 하나님께 예배하는데 예배하는 절 차는 기도함과 찬미함과 성경을 보고 강도하는 것과 연보하는 것과 안수 기도 하는 것과 성례를 베푸는 것인데 성례는 세례와 성찬이니 이 두 가 지는 목사만 베푸느니라."[116]

예배순서는 '기도', '찬송', '성경봉독', '설교', '헌금', '성례', '축 도(안수기도)'로 구성되어 있다. 여기서 말하는 '안수기도'란 '축도'에 해당된다. 지금 현재 우리들이 사용하고 있는 합동 측 헌법에 규정된 예배모범 마지막 부분인 축도에 해당된 '축복'이다.[117] 이 축복은 "하나님을 대표하여 축복기도로 폐회함이 옳다."[118]고 했고, 목사의 직무에 "하나님을 대리하여 축복하고"[119]라고 규정하고 있는데 독노 회 규칙에서 말한 안수기도가 축도인 축복에 해당된다고 볼 수 있다.

제3조는[120] 교회의 직원에 관한 규정이다. 여기서 말하는 직원 이란 항존직을 의미하는데 교회에서 직원은 '장로와 집사'로 구분 하고 있다. 장로는 다시 두 가지로 구분되는데 '강도함과 치리하는 자를 겸한 자'인 목사와 '치리만 하는 자'인 장로를 말하고 있다. 목사와 장로는 어떤 자가 되는가? '성찬에 참여하는 남자야만' 한 다고 그 범위를 한정하고 있는데 성찬에 참여한다는 말은 세례를

---

116) *Ibid.*, 32.

117) 「대한예수교장로회 헌법」, 정치 제7장 11항(대한예수교장로회 총회, 2000).

118) 「대한예수교장로회 헌법」, 예배모범, 제6장 5항(대한예수교장로회 총회, 2000).

119) 「대한예수교장로회 헌법」, 정치 제4장 제3조 1항(대한예수교장로회 총회, 2000).

120) 대한예수교장로회 독노회(1907) 제1회 회의록, 32.

받아야 한다는 의미이며 '남자'로 제한한 것은 목사와 장로에 대한 여성안수를 금하는 규정이다. 세례를 받은 남자교인만이 목사와 장로가 될 수 있는 독노회의 규정은 여성안수에 대한 금지가 독노회에서부터 시작되고 있는 점이다.

제1회 독노회에서 목사와 장로와 집사에 대한 규정은 다음과 같다.

목사: ①목사는 강도함과 치리함을 겸한다. ②목사는 세례를 받은 남자여야 한다. ③목사는 노회에서 안수를 받아 임직한다. ④목사는 그리스도의 복음을 전하며 성례를 거행한다. ⑤목사는 지교회 목사와 전도목사로 구분하는데 지교 목사는 지교회나 여러 지교회를 총괄하는 자이고 전도목사는 노회의 결의에 의해 여러 지역을 다니며 전도하는 목사이다. ⑥목사는 장로임직을 행할 때 안수한다. ⑦목사는 장로와 함께 지교회를 다스린다(치리). ⑧목사는 집사를 임직할 때 안수한다. ⑨목사는 장로와 집사와 함께 구제와 헌금을 관리한다.[121]

장로: ①장로는 목사와 함께 교회를 치리한다. ②세례를 받은 남자교인이어야 한다. ③지교회 교인들의 택함을 받아야 한다. ④목사와 집사와 함께 구제와 헌금을 관리한다.

강도인(조사, 전도사): ①노회로부터 인허를 받아야 한다. ②노회의 관리하에 있다. ③목사를 돕는 사역이다.[122]

집사: ①집사는 지교회 교인의 택함을 받아야 한다. ②세례를 받은 남자교인이어야 한다. ③목사로부터 안수를 받아야 한다. ④목사와 장로와 함께 구제와 헌금을 관리한다.[123]

---

121) *Ibid.*, 32 – 7.

122) *Ibid.*

제4조는 '교회의 치리'에 관한 규정이다. 치리는 치리회를 중심으로 이루어지는데 치리회로서 '당회', '노회', '총회'로 규정하면서 '대회' 제도가 누락되어 있다. '당회의 회원은 목사와 장로'로 규정하여 목사가 당회원에 포함되느냐 포함 안 되느냐에 대한 논란을 잠재우게 한다. 목사도 당회 회원이라는 점이다. 당회의 직무로서 '지교회를 총괄'하며, 학습문답과 세례문답을 주관하며 교인의 입회와 퇴회를 결정하며, 목사가 없을 때 노회의 지시를 받아 목사를 청하여 강도하게 하며, 성례를 집행하며, 직원을 세우는 일과 노회가 모일 때 장로 총대를 파송하는 직무를 갖고 있다.

제4조 1항은 치리회의 구분을 말하고, 제2항은 '당회의 직무와 권리', 제3항은 '노회의 직무와 권리'이며, 제4항은 '총회의 직무와 권리', 제5항은 규칙개정과 세칙을 명시하고 있다.[124) 여기서 노회의 직무와 권리에 대한 치리회 중에 선교사에 대한 규정을 두고 있다는 점이 특징이다. 독노회 이전에는 선교사들의 치리문제는 선교회에 있었다. 그러나 독노회가 조직되면서부터 그 선교사들은 조선예수교 장로회에 소속된 회원으로서 마땅히 조선예수교 장로회 독노회가 치리권을 갖고 있음을 규정하고 있다. 다음을 보자.

> "안수함으로 세움을 받은 외국 목사가 대한 예수교회의 일을 맡았으면 노회와 총회 회원이 되지만 일 시키는 것과 징계를 받을 일에 대하여는 본 교회에서 주장할 것이니라. 외국 목사 중 삼분지 이가 대한 노회와 총회에 참여치 아니하기로 가결되면 물러 갈 수 있으나 그러나 대한 고등회가 그 형편을 따라 유익하도록 외국 목사와 어떻게 상관될 것을 결정할 것이니라."[125)

---

123) *Ibid.*
124) *Ibid.*, 33 – 4.

외국 선교사들이 대한예수교장로회 독노회 회원이 되었다면 일을 맡기는 것과 노회의 징계를 받을 일에 대해 '본 교회(조선예수교 장로회)'에서 주장한다고 규정하고 있다. 만약 회원으로 가입한 외국 선교사들이 노회와 총회에 참여치 않기로 가결되면 조선예수교 장로회의 치리를 거부할 수 있으며 또한 상회에 청원할 수 있음을 명시하여 선교사까지라도 한국교회 치리회의 치리 대상임을 정확히 명시하고 있다.

선교사들에 의해 복음이 전해지고 그 복음을 통해 한국에 교회가 세워지면서 자연스럽게 목사와 장로가 필요하게 되어 교회는 이런 직분자를 교육시켜서 목사와 장로로 임직하게 되었다. 한국 장로교회에 최초로 목사임직식이 있던 날 독노회가 조직되고 교회의 규칙이 제정되었는데 이것은 한국인 목사와 장로에 의해 교회가 운영되고 다스려진다는 의미에서 큰 의의가 있었다 할 것이다. 그리고 교회 직원을 세우는 규례와 치리회의 성격과 직무 등의 규칙이 제정되어 당회, 노회, 총회의 직무와 그 권한이 무엇인지를 규정하고 있다.

5.4. 독노회 – 한국장로교회 최초 7인 목사 임직

독노회가 조직된 그해 평양신학교를 졸업한 서경조, 방기창, 한석진, 양전백, 송린서, 길선주, 이기풍 등을 고시한 후 목사로 임직하였다. 시취(試取)위원 14명이 이들을 위해 시취하는 중, 레이놀즈(W. D. Reynolds, 李訥瑞) 목사는 조직신학을 묻고, 아담스(J. E.

---

125) *Ibid.*, 36–7.

Adams, 安義萬) 목사는 교회 정치를, 젠킨(W. M. Juukin, 全緯廉) 목사는 교회사를, 게일(J. S. Gale, 奇一) 목사는 성경상식을 각각 묻고 그 다음 설교를 심사한 후에 베어드(William W. Baird, 裴偉良) 목사가 동의하여 채택함으로 목사 장립에 관한 안건이 가결되었다.[126] 노회장인 마펫 목사는 목사로 장립받는 일곱 사람에게 장로회 정치를 승인할 것과 목사 되려는 마음이 일정한가를 확인한 후에 노회원 전원이 이들에게 안수함으로 식을 마쳤다. 안수를 받은 목사 중에 가장 나이가 많은 서경조 목사가 마지막 축도를 하였다.[127]

5.5. 총회 – 1912년 총회 조직과 전문

1907년에서 1911년까지 독노회가 5회 소집되었다. 이 독노회 안에는 7개 대리회가 있었는데[128] 이 대리회가 노회로 변경되어 1912년에 총회로 구성되었다. 1912년 9월 1일부터 4일까지 제1회 조선예수교 장로회 총회[129]가 평양부 경창리 여성경학원에서 개최되었

---

126) *Ibid.,* 8 – 9.

127) *Ibid.,* 10 – 11, 7인의 연령순은 다음과 같다. 서경조(58), 방기창(58), 한석진(41), 길선주(40), 이기풍(40), 송인서(40), 양전백(39).

128) 7대리회는 다음과 같다: ①경기충청대리회, ②북평안대리회, ③남평안대리회, ④황해대리회, ⑤전라대리회, ⑥함경대리회, ⑦경상대리회.

129) 제1회 총회록 전문: "주후 1912년 9월 1일 상오 10시 30분에 예수교장로회 조선 총회 제1회로 평안남도 평양 경창문안 여성학원에서 전회장 이눌서 씨가 히브리 12장에 「장자회」라는 문제로 강도함으로 개회한 후에 마포삼열 씨는 떡을 가지고 언더우드 씨는 포도즙을 가지고 축사함으로 성찬례를 거행하고 정회하였다가 하오 2시 30분에 계속하여 김석창 씨의 로마서 8장에 '나는 괴롭다'는 문제로 강도한 후에 김종섭 씨의 기도로 폐회하다. 서기 한석진."
"주후 1912년 9월 2일 상오 9시에 평양 서문밖신학교에서 회장 이눌서 씨가 박예현 씨의 미가 6장 8절에 강론과 기도로 개회하다. 회장이 총회 취지를 설명한 후에 서기가 회원의 천서를 검사하고 호명하는데 충청노회, ……전라노회."

다. 전라노회,130) 경충(경기·충청)노회,131) 황해노회,132) 경상노회,133) 남평안노회,134) 북평안노회,135) 함경노회136) 등 7개 노회의 총대, 즉 선교사를 포함한 목사 96명, 장로 125명 등 도합 221명이 모여137) 총회를 창립하였던 것이다.

전년도 독노회 노회장 레이놀즈(W. D. Reynolds) 선교사의 사회로 진행된 이날 창립총회에서는 초대 총회장에 서울의 언더우드(H. G. Underwood) 목사, 부총회장에 평양의 길선주 목사, 서기에 서울의 한석진 목사, 부서기에 군산의 김필수 목사 그리고 회계에 블레어(W.

---

130) 전라대리회는 다음과 같이 전라노회로 조직되었다: 1911년 10월 11일(수) 전주 서문밖교회당에서 회원 목사 13명, 장로 14명, 합 27명이 모인 가운데 회장, 김필수(배유지), 서기 이승두, 회계 최국현, 부회계 최의덕을 선출했다. 제1회 총회록 56쪽에 보면 15일로 기록되어 있는데 이날은 주일이다. 조선예수교 장로회 사기 하권 163쪽에 기록된 10월 11일로 기록되어 있다. 당시에는 주일에도 행사를 거행했다는 점으로 미루어 어느 기록이 맞는지는 더 확인해야 한다.

131) 경기충청대리회는 다음과 같이 경충(경기·충청)노회로 조직되었다: 1911년 12월 4일(월) 경성부 신문외예배당에서 회원 목사 11명, 장로 5명 합 16명이 모인 가운데 소집장 언더우드 선교사가 등단하여 창립예배를 드린 후 노회 설립의 취지를 설명하고 임원 선거에서 회장 민노아 선교사, 곽안련 선교사, 서기 김규식, 회계 김소를 각기 선출했다.

132) 황해대리회는 다음과 같이 황해노회로 조직되었다: 1911년 12월 8일(금) 봉산군 영산면 모동교회당에 회원 목사 13명, 장로 14명, 합 27명이 모여 회장 구례빈 선교사, 서기 이원민, 회계 김경률이 선출되었다.

133) 경상대리회는 다음과 같이 경상노회로 조직되었다: 1911년 12월 6일(수) 부산진교회당에서 목사 2인, 장로 5인 선교사 15인이 모인 가운데 창립노회를 열고 회장에 왕길지, 서기 겸 회계 홍승한이 선출되었다.

134) 남평안대리회는 다음과 같이 남평안노회를 조직했다: 1912년 1월 18일(목) 평양신학교 상층에 모여 창립회장 주공삼 목사의 인도로 창립예배를 드린 후 임원선거에서 회장 주공삼, 서기 사병순, 회계 박치록이 선출되었다.

135) 북평안대리회는 다음과 같이 북평안노회를 조직했다: 1912년 2월 15일(목) 선천읍 남예배당에서 회원은 선교사 5명, 목사 13명, 장로 11명 합 29명이 모여 임원을 선출하니, 회장 위대모 선교사, 서기 정기정, 회계 김석창이 선출되었다.

136) 함경대리회는 다음과 같이 함경노회로 조직되었다: 1912년 1월 29일(월) 원산 상리동예배당에서 창립노회가 개최되어 초대 노회장에 김영제, 서기 김종섭, 회계 전훈석 임원 모두가 내국인이었다.

137) 조선예수교 장로회 창립총회, 1912. 4.

N. Blair) 선교사, 부회계에 선천의 김석창 목사를 각각 선임하였다.

지방별 7개 노회가 연합하여 총회를 조직함으로써 임원 선정도 지역 안배가 고려되었다. 특히 이날 사용한 사회봉, 즉 고퇴(叩椎)의 모양이 7개 노회를 상징하는 일곱 가지 색깔로 무늬를 새겨 "일곱 노회가 하나의 연합된 몸을 이루고 고퇴가 완전히 제작되기 전에 증정된 것처럼 교회도 우리 주님의 재림 때까지는 미완성된 상태로 있을 것을 의미한다."고 한 점 등도 이때 결성된 총회가 7개 노회의 연합적 성격이었음을 잘 보여주고 있다.

본 장을 요약하자면 한국장로교, 특히 호남선교의 신학사상은 성경은 영감되어 계시된 하나님의 말씀임을 철저히 믿고 신앙과 생활의 유일한 규범으로 받아들임으로부터 시작되었다. 이러한 신학사상은 이미 살펴본 바와 같이 네비우스 선교정책에 구체적으로 나타났고, 독노회 규칙과 장로회 신조에도 잘 나타나 있다. 그러나 초기 선교사들의 대일본관에서 나타난 것처럼 그들의 정치적 문화관은 칼빈이나 베자, 스코틀랜드의 존 낙스, 영국의 올리버 크롬웰과 같은 청교도들의 신학사상을 따르기보다는 미국 남북 장로교회의 정치 문화관을 수용한 것으로 볼 수 있다. 정통보수 칼빈주의를 운운하면서 소극적으로 정치 문화에 대응하는 것은 칼빈 사상의 왜곡이므로 반드시 시정되어야 한다. 칼빈은 「기독교강요」 제4권 제20항에서 통치자가 도저히 개선될 희망이 없는 경우에는 최종적으로 법적 관리인 곧 신앙이 있는 오늘날의 국방장관이나 치안책임자가 군주의 사나운 방종에 항거를 허용하고 있기 때문이다.[138]

---

138) 정준기, 「복음운동사」(광주: 광신대학교출판부, 2002), 58.

제3장 남장로교 선교회와

호남선교(광주 · 전남)

선교사들의 선교 지역 분할 정책에 의거 호남 지역은 미국 남장
로교회 선교사들이 담당하는 지역이 되었다. 가장 먼저 호남의 땅을
밟은 선교사는 호주 장로회에서 파송을 받고 온 데이비스(J. Henry
Davis) 목사였다. 그는 1888년 8월에 입국하였다. 입국한 다음 해
인 1889년 서울에서 선교지인 부산으로 향해 가던 도중에 충청도와
전라도를 경유하였다. 또한 1892년 10월 18일에 입국한 미국 남장
로회 선교사인 레이놀즈와 1890년 1월 25일에 입국한 미국 북장
로교회 모펫이 1892년 말 성탄절이 지난 후에 선교 지역 책정 문
제를 앞에 두고 호남의 초입인 충남 공주 지방까지 말을 타고 답
사한 일이 있었다. 그 후 1893년 1월 28일 장로회 소속 선교사들
의 미션공의회에서는 선교 지역을 배정했는데 호남 지방인 전라도
와 충청도를 미국 남장로회 선교회의 선교 지역으로 지정했다.

미국 남장로회의 신학은 앞에서 이미 언급한 것처럼 성경은 영
감되어 계시된 하나님의 말씀임을 철저히 믿고 신앙과 생활의 유
일한 규범으로 받아들인 칼빈주의 정통신학이었다. 본 장에서는 이
러한 신학사상을 배경으로 한 미국 남장로회 선교사들이 호남 지
역에서 어떻게 선교 활동을 시작했는지 그 과정을 구체적으로 살
필 것이다.

1. 전남 지역의 선교 개시와 선교부 개설

전남 지역의 선교는 남장로회 선교회의 선교 지역이었고 그 남

장로회 선교회 회장으로 선교계획 수립과 선교정책에 대한 신학사 상을 구현하는 선교사는 이눌서(Mr. William D. Reynolds)였다.[139] 또한 유니온 신학교(1893년 5월)와 루이빌 신학교(Louisville Theological Seminary, 1894년 5월)를 각각 졸업한 배유지(Eugene Bell, 1868~1925) 선교사와 그의 활동은 호남 지역 선교에 빼놓을 수 없다.[140]

1.1. 목포 자유무역항 개항 연기와 나주선교부 개설(1886.12)

이눌서 선교사가 최초로 호남 지역(전남)을 탐사하여 선교계획을 수립했다면 호남선교 책임자는 배유지 선교사였다. 배유지 선교사는 1895년 4월 4일에 부산에 도착한 후 목포를 거쳐 4월 9일 서울에 도착하였다. 1896년 2월에는 하리슨(W. B. Harrison, 하위렴) 선교사가 입국하였다.

을미사변 이후 고종과 가까워진 남장로회 선교회는 목포에 자유무역항이 개항될 것이라는 소식을 접하고 장차 전남 지역 선교를

---

139) 이눌서는 본서 제2장에서 이미 언급한 바와 같이 버지니아 주의 유니온 신학교 출신이다. 이눌서는 신구약 성경을 하나님의 무오한 말씀으로 확실히 믿었다. 그의 말을 직접 들어보자. "성경의 문자나 절구를 고친다든지 그 정신을 덮어 놓든지 그 의미를 굽힌다든지, 그 원형을 그대로 보존하고 그 정신을 그대로 발휘하지 않으면 아니 된다." 대한예수교장로회총회 종교교육부, 선교 70주년 설교집, 중권: 역대총회장 설교집(서울: 총회교육부, 1955), 14-6.

140) 배유지는 미국 Kentucky 주(州)에서 출생하여 신학대를 졸업한 후 1895년 봄 28세의 나이로 입국하여 나주와 목포, 광주, 영광, 순천 등지에서 선교활동에 힘썼고, 목포 양동교회, 정명여학교, 영흥학교를 설립했으며, 광주에서는 북문안교회, 수피아여고, 숭일학교를, 그리고 영광대교회 등 전남 지역 곳곳에 50여 곳의 교회와 교육기관을 설립했다. 심지어 신안군 섬 지역(비금)에도 교회를 설립했고, 목포 부란취병원, 광주 제중병원, 순천 알렉산더 병원, 고흥 애양원 등의 설립에 기여했다. 그는 1925년 9월 28일 광주에서 세상을 떠나 양림동에 묻혔다. KBS 목포라디오, '서해안 인물열전 제18회', 2004년 6월 10일. 호남신학대학교 45주년 사료편찬위원회, 「양림동에 묻힌 22명의 미국인」(광주: 삼하문화사, 2000), 45-55.

위해 1895년 남장로회 선교회 연례회에서 목포에 땅을 구입하기로 결정함은 물론 전남 지역의 선교 책임자로 배유지 선교사를 내정하였다. 이와 같은 선교회 결정에 따라 이눌서와 배유지 선교사는 1896년 2월 11일에 제물포에서 배를 타고 목포에 도착하여 2,500평의 땅을 구입하였다.

저희들의 여행은 대체로 큰 어려움이 없었고 성공적이었습니다. 레이놀즈 씨는 많은 설교를 했으며, 저희들은 51달러(은)를 지불하고 약 2에이커(약 2,500평) 면적을 가진 새로운 집을 짓기 위한 좋은 땅을 매입했습니다.[141]

그러나 1896년 4월에 자유무역항으로 개항하려던 목포가 고종의 아관파천[142]으로 인해서 무기한 연기되자[143] 남장로회 선교회는 목포선교부 개설을 포기하였다. 배유지 선교사는 1897년 4월 26일자 편지에서 목포에는 아직 선교회 소속의 사람이 하나도 없음을

---

141) Mrs. Lottie Witherspoon Bell, *Letter to Mother*, January 1879.

142) 명성황후가 살해된 을미사변(乙未事變) 이후 신변에 위협을 느낀 고종과 왕세자가 1896년 2월 11일부터 약 1년간 왕궁을 버리고 러시아 공관에 옮겨 거처한 사건을 말한다. 을미사변은 1895년(고종 32년)에 일제가 명성황후를 살해하고 일본 세력의 강화를 꾀했던 정변으로 그 이후 친일 내각이 중심이 되어, 단발령을 포함한 급진적인 을미개혁을 실시하였다. 이로 인해 일본에 대한 국민들의 반감은 극에 달하게 되었고 전국 각지에서 의병항쟁이 일어났다. 그러자 친러파 세력은 자신들의 세력을 만회하기 위해 신변에 불안을 느끼는 고종을 러시아 공관으로 파천할 계획을 세워 1896년 2월 11일 새벽 극비리에 고종과 세자를 정동에 있던 러시아 공관으로 옮겼다. 고종은 러시아 공관에 도착한 직후 김홍집과 유길준 등 친일 내각의 중심세력들을 역적으로 규정하여 벌하였고 이후 이범진을 중심으로 한 친러파 정부가 구성되었다. 이를 계기로 러시아는 조선의 보호국을 자처하고 조선정부에 압력을 가하며 내정 간섭과 이권침탈을 계속했다. 결국 고종은 러시아의 영향에서 벗어나라는 내외의 압력에 따라 1897년 2월 25일 러시아 공관을 떠나 경운궁(현 덕수궁)으로 환궁하고 국호를 대한제국, 연호를 광무(光武)로 고치고 왕을 황제라 칭하여 중외에 독립 제국임을 선포하였다.

143) 목포 자유무역항은 1897년 10월 1일에 개항된다.

다음과 같이 밝히고 있다.

> "선교회는 그곳이 자유무역항(혹은 자유무역항이 될 것이라는 전제 아
> 래) 사전에 예비조치로서 토지를 가지고 있었지만, 지금으로서는 어느 누
> 구도 그곳에 파견해서 살게 할 계획은 없었다. 사실에 있어서 그곳과 그
> 곳 주변에는 한국인은 없고 일본인들이 마구 사들이는 형편이다."[144]

목포 개항이 연기되면서 목포선교를 계획했던 남장로회는 목포
선교를 곧바로 임할 수 없었다. 그리하여 목포 다음으로 계획하고
있는 도시가 바로 나주였다. 1896년 8월에는 전라도가 전라남도와
전라북도로 행정구역이 개편되었는데 전라남도의 행정중심지가 나
주였기 때문이다. 남장로회는 선교사들로 하여금 나주를 방문하여
정황을 살핀 후 나주선교부를 개설할 것인지의 여부를 결정하기로
하였다. 나주방문을 앞두고 배유지와 하위렴 선교사는 1896년 9월
에 좌수영(여수)을 선교 거점으로 삼을 목적으로 그곳을 먼저 방문
했으나 일본인들이 운항하는 정기 여객선 선박이 정박하지 않는
관계로 포기하였다.

배유지, 하위렴 선교사는 1896년 9월에는 여수를 방문하고 11월
에 나주를 방문한 후 그 결과를 남장로회 선교회에 보고하였다. 이
보고서를 기초로 남장로회 소속 선교사 전원이 1896년 12월에 나
주를 방문하여 전라남도 선교 거점도시로서 나주로 결정하고 나주
선교부를 개설하기로 하였다.[145] 배유지 선교사는 1897년 1월 6일

---

144) Eugene Bell, Letter to Mamma, April 26, 1897(차종순, 호남교회사 연구 제1권, 107).

145) L. T. Newland, "The City of Kwangju", "*The Korea Mission Field*", 3(1923): 39,
"1896년에 이 도시(광주)의 역사에서 가장 위대한 사건이 발생하였는데, 그것은 남
장로교선교회 소속의 전킨, 테이트, 해리슨, 배유지 그리고 이눌서 등이 새로운 선
교부 개설을 위한 후보지 결정을 위하여 탐색여행을 하다가 이곳을 통과한 사실이

여동생에게 보낸 편지에서 다음과 같이 말한다.

> 나는 얼마 전에 장기간의 시골여행에서 돌아왔다. 우리 선교회는 나를
> 나주로 보내기로 결정하였다. 나는 날씨가 따뜻해지는 대로 곧바로 내려
> 가서 살 집을 마련하려고 한다.[146]

1.2. 나주선교부 포기와 목포선교부 개설(1897. 11)

배유지 선교사는 전라남도 선교의 개척자로서, 그리고 책임자로
서 큰 포부와 책임감이 있었다. 특히 한국에 선교사로 파송받아 입
국한 후 첫 선교지라는 점에서 나주선교부에 대한 애착이 있었다.
나주 인근 야산을 사려고 했으나 나주 주민들이 허락하지 않았다.
1896년 초 나주부 관찰사는 조한근(趙漢根)이 임명되었고 부관사
에 해당하는 참서관은 안종수(安宗洙)가 부임하였다. 참서관 안종
수는 개화정책을 적극 추진하는 개화파 관료였다. 이에 반해 나주
는 보수적인 지역이었으므로 그들에 의한 개화정책의 추진이 용이
하지는 않았을 것이다. 단발령이 내려지자 참서관 안종수 등이 나
주부민들의 상투를 강제로 자르게 되었다. 그러자 나주 부민들이
일제히 항의 시위를 벌여 수성군이 출동하는 사건이 발행하였다.
안종수는 살해된다.

이러한 당시 정치적인 상황 속에서 나주 부민들은 개화의 상징

다. 이 당시에 남작 윤치호의 아버지가 이 지역의 관찰사로서 먼 이국에서 찾아온
이방인들에게 기대 이상의 환대를 베풀었으며, 심지어 사냥까지 함께 갔었다. 이러
한 환대는 나중에 광주에 선교부를 개설하는 데 커다란 도움이 되었다."(차종순, 『송
정제일교회 100년사』, 146에서 재인용.)

146) Eugene Bell, Letter to Sister(Marshall), January 6. 1897.

인 미국의 선교사를 쉽게 받아들일 수 없는 것은 당연했다. 그래서 나주에서 선교사들은 핍박을 받을 수밖에 없었다. 결국 1896년 12월부터 1897년 9월까지 나주선교부가 개설된 후 나주 지역의 핍박으로 나주선교부는 폐쇄되었다. 1897년 10월 28일부터 11월 1일까지 군산에서 열린 남장로교회 선교회 연례회에서 나주를 대신하여 1897년 10월 1일에 개항된 목포를 전라남도 선교의 거점도시로 결정하였다. 이 같은 결정에 따라 배유지 선교사는 1897년 11월 27일에 목포에 도착하여 복음을 전하기 시작했다. 남장로회 선교회가 나주를 포기하고 목포를 선택한 이유를 차종순 교수는 다음과 같이 평가한다.[147]

첫째, 나주에서 실패한 이래로 조그마한 소도시 광주보다는 자유무역항으로 개설된 목포가 더욱 매력적이었다. 둘째, 신변안전보장이었다. 나주의 예에서 보았듯이 아직까지는 내륙지방에는 외국인이 거주할 수 없었으며, 당시 조선의 소식통에 의하면 외국인은 모두 자유무역항에만 거주할 것이라는 정보가 있었기 때문이었다. 실제적으로 조선정부에서는 "미국 공사관에게 공문을 보내서 모든 선교사들을 자유무역항으로 철수하도록 요청할 것이라는 두려움이 있었다."[148] 셋째, 교통수단이었다. 선교사들이 이용할 수 있는 가장 중요한 교통수단은 선편이었는데, 목포는 제물포와 여러 지역으로 배로써 쉽게 여행할 수 있었다. 넷째, 목포에서는 광주에서보다도 서양문명에 쉽게 접할 수 있었기 때문이었다. 다섯째, 목포가 개항됨으로써 많은 인구가 목포로 유입될 것이라는 전망이었다.[149]

---

147) 2004년 6월 10일 KBS 목포라디오 '서해안 인물열전 제18회'에서는 나주선교의 실패 원인에 대해 이렇게 말했다. "나주에서의 선교는 생각보다 수월치가 못했습니다. 시도도 못 해 보고 실패를 하게 되는데 나주사람들의 극심한 반대에 부딪쳤습니다. 그만큼 나주는 전통성이 강한 양반 고을이었기 때문입니다. 나주는 동학농민군도 나주유생들의 벽에 막혀 진출을 못 했던 그런 보수성이 강한 고장이었죠."

148) Eugene Bell, *Letter to Mother,* November 9, 1897.

149) 차종순, 「호남교회사 연구」, 108.

정준기 교수는 차종순의 이러한 견해와 유사하면서 배유지 선교사가 나주에서 선교의 첫사랑을 접고 결국 변창연 부부만 남겨두고 1897년 9월 나주에서 철수한 주요 이유들을 아래와 같이 간추려 정리한다.[150]

첫째, 풍기문란에 대한 오해. 1897년 3월 18일 배유지는 그의 어머니에게 "외국인으로 부인도 없이 혼자서 왔다."란 사실이 그가 한국여인을 첩으로 들여 풍기 문란을 조장할 가능성 있는 인물로 취급되어 따가운 한국인의 눈을 의식한다고 쓰고 있다. 배유지는 부인과 함께 한국에 입국했지만 나주에서 선교가 정착될 때까지 부인을 서울에서 모셔오지 못한 이유로 이러한 오해를 받았던 것이다.

둘째, 나주 지역의 반외세적 성향. 같은 해 5월 19일 그는 해리슨(W. B. Harrison)과 같이 의논하여 가옥이 딸린 집터를 산 후 "이곳에 집을 짓기에는 약간의 반대를 무릅써야 할 것으로 보인다. 이곳 사람들은 우리가 사는 것을 반대하며, 그러한 감정을 우리에게 땅을 판 사람에게 나타낸다."고 보고하고 있다.[151]

셋째, 나병, 결핵 등 전염병의 위험. 당시 나병과 결핵은 치명적인 병이었다. 한국인 다수가 결핵에 감염되었고 선교사라고 안전할 수 없었다. 배유지는 의료동역자로 오기원(Clement Owen) 의사를 기다리고 있었으나 1897년 오기원의 도움이 요원하다고 증언한다.[152]

넷째, 신변보장의 문제. 나주 지역의 반외세적 성향은 누그러지지 않고 "지속되었으며 ……때리겠다는 혹은 죽이겠다는 위협이 있었다."[153]

이와 같이 배유지 선교사가 나주선교에 실패한 원인이 학자들의 관점과 자료에 대한 해석 등에 따라 다소 차이는 있지만 당시 나

---

150) 나주제일교회 100년사 출판위원회, 「나주제일교회 100년사」 "호남선교와 나주", 2008년 3월 발간 예정.

151) Eugene Bell, Letter to My Dear Mother, May 19, 1897.

152) Ibid., October 13, 1897.

153) "Thirty-seventh Annual Report of Ex. Com. of Foreign Mission of Presbyterian Church U. S." March 31, 1898.

주 지역의 유생들을 비롯한 반외세 문화가 공통적으로 그 중심에 들어 있다고 할 수 있다.

남장로회의 체스터 총무와 미국 남장로교 선교사들은 1897년 10월 27일부터 11월 1일까지 군산에 모여 중요한 결정을 내렸다. 그것은 배유지 선교사에게 나주 대신 목포에서 사역하라는 것이었다. 목포는 진남포와 더불어 개항지로 선택되었기 때문에 앞으로 많은 사람들이 몰리는 장소로 선교에 효과적이라고 생각되어 이러한 결정을 내렸던 것이다. 배유지는 1897년 11월 25일 제물포에서 배를 타 이틀 후인 11월 27일 목포에 도착하여 정원이 딸린 집터를 가계약하고 서울로 올라와 이듬해인 1898년 3월 다시 목포에 도착하여 대지에 건축하는 문제를 매듭짓고 임시거처가 마련되자 5월 15일에는 첫 예배를 드릴 수 있었다.[154]

나주와 목포에서 선교에 열중하던 배유지 선교사와 오기원 선교사가 1901년 안식년을 맞이하여 귀국길에 오르게 되자 때마침 안식년을 끝내고 돌아온 이눌서가 목포 선교부를 섬겼다. 그리고 이어서 합세한 마로덕(L. O. McCutchen) 선교사와 함께 이눌서는 목포 선교부를 이끌어 선교하였다.[155]

이눌서는 두 명의 성경번역자들이 매일 성경번역을 할 수 있도록 여름 동안을 목포에서 지내라고 초대하기도 했다. 게일(J. S. Gale)의 배는 제 시간에 도착했으나 아펜젤러는 며칠 지연되었는데 불행하게도 그의 배는 목포 앞바다에서 다른 배와 충돌하여 침몰하게 되었고 이때 아펜젤러 선교사는 조사 조한규(趙閑奎)와 함께

---

154) 나주제일교회 100년사 추진위원회, *Ibid.*
155) G. T. Brown, Mission to Korea, 50.

순직하였다(1902).[156] 이 사건은 성경번역자들이 선교회의 다른 일에서 벗어나 번역에 집중할 수 있도록 하는 계기가 되었고, 이눌서는 가족과 함께 서울로 거처를 옮기게 된 이후 8년간 성서공회의 지원을 받아 성경번역에 집중하게 되었다.

1906년 전킨의 사망 이후 성서번역국의 동의로 이눌서는 조수 2명과 함께 전주로 내려가야 했다. 전킨에 의해 설립된 전주 교회를 돌보며 성경번역을 병행하였다.

1.3. 광주선교부 개설

1917년 전라도 선교 25년사에 기록된 광주 선교부 설립에 대한 과정은 다음과 같다.

광주에 스테이션회가 설립되기 전에는 이 지방이 목포 스테이션회에 속한 동북 지방인데 교회 있는 데를 가려면 먼 데는 삼, 사일 길이 되었습니다. 이러함으로 이 지방을 순행하려면 몇 주일간 조선집에서 고생이 막심함으로 중앙에 스테이션회를 설립하는 것이 편리한 줄 알고 광주에 스테이션회를 설립하기로 작정하였습니다. 이같이 작정된 후에 배유지 목사(Bell, Eugene)와 오 목사(Owen) 두 집 식구가 다 광주에 이사하기로 하고 먼저 기지를 사서 사랑 두 채를 짓고 1904년 12월 19일에 두 집 식구가 목포에서 떠났습니다. 이때는 기차도 없고 광주로 가는 수로에 기선도 없고 다만 조선의 작은 배로 가는 것뿐인데 두 집 식구가 이 배를 타고 갈 때에 새로 건축한 집에 평안히 이르기를 희망하였더니 이 외에 풍랑을 만나 더러는 수질이 나서 고생을 많이 하였나이다. 그 다음 날에 영포에 하륙하여 교군을 타고 가는데 그때는 목포에서 광주까지 가려면 2일이나 고생하였더니 지금은 두 시간이면 갈 수 있습니다. 광주에 이르러

---

156) 유대영·옥성득·이만열, 「대한성서공회사」 제1권(서울: 대한성서공회, 1993), 266 –67.

그 저녁에 두 집 식구가 배 목사 집 사랑에서 저녁을 먹었는데 그 방은 여러 가지로 겸하여 침방과 사랑과 식당도 되고 주일 예배 보는 처소도 되었나니라. 그때에 광주에서 믿는 집이 하나밖에 없었으니 목포에서 이사한 김윤수 씨 집안이요 그때에 구경꾼이 많이 와서 구경도 하고 복음 말씀을 들음으로 몇 주일이 못 되어 그 사랑이 좁아 예배 보는 사람이 용납지 못하여 북문 안에 한 기지를 사서 예배당을 건축하였더니 얼마 못 되어 그 예배당을 갑절이나 늘이고 또 후에 갑절이나 더 늘이고 매 주일에 4백~5백 명이 회집하여 예배드리는 것을 본즉 참 하나님의 권능이신 줄 알고 주께 영광 돌리나이다.[157]

이렇게 광주 선교부 설립을 확정하고 빠르게 설립 추진을 하게 된 데에는 몇 가지 사건이 연루되어 있었다. 첫째는 1896년 행정 구역 분할로 인해 전라도가 전라남도와 전라북도로 개편되면서 광주가 전라남도의 행정수도가 된 것이다. 이렇게 되자 미국 남장로회는 1904년 2월 목포선교부에서 선교사연례회가 열린 자리에서 광주에 선교부를 설립하기로 결의한 것이다. 둘째는 광주선교부 개설을 맡았던 선교사들이 1904년 3월 18일 나주 지방과 광주 지방을 둘러보다가 광주에서 가까운 하나말교회와 영신교회를 들른 적이 있었다. 이들이 그곳에 방문하여 하나말교회의 핍박소식을 듣게 되었다. 하나말교회에서 예배드릴 때 깡패들이 들이닥쳐 교인들을 무차별하게 두들겨 팼고, 종교서적을 찢고, 교인들 집을 찾아가서 집을 점령하기도 했다는 것이 핍박의 내용이었다.[158] 이 사건은 광주선교부 설립을 가속화시키는 계기가 되었다. 셋째는 배유지, 오기원 등 목포에서 사역하던 선교사들이 빠르게 그곳 일들을 정리한 후 가족들과 함께 광주로 선교지를 옮긴 것이다.

---

157) 『전라선교 25년사』, 5.

158) J. F. Preston, *Letter to Mother*(PRSMK: April 2nd, 1904).

배유지와 오기원 두 선교사 가족이 광주로 이사 오자 이들의 소
문을 들은 많은 주민들이 호기심 어린 눈빛으로 그들 주변에 모여
들었다. 그리고 배유지 선교사 주택에서 첫 예배를 드림으로 광주
교회가 시작되었다.[159] 여기서 광주교회(Kwang－Ju Church)란 특
정한 지교회의 명칭이라기보다는 성경에서 '갈라디아교회', '고린
도교회', '데살로니아교회'와 같은 개념으로 받아들여진다.

1.4. 순천선교부 개설

1917년 전라도 선교 25년사에 기록된 순천 선교부 설립에 대한
과정은 다음과 같다.

> 순천에 처음으로 간 선교사는 이눌서 목사인데 갑오년(＝1894년) 봄에
> 유람차로 그곳을 지나갔으며 한 20년 전에 최 목사(＝Tate)가 그 지방에
> 순행하며 장터에서 전도하면서 전도지를 돌렸는데 지금 순천의 어느 주
> 막집에는 그때 받은 전도지가 도배되어 있는 것을 볼 수 있습니다.
> 광주 오 목사(Owen)가 수년 동안 이 지방에서 열심히 전도한 결과 몇
> 교회가 설립된 중 무만동 교인이 순천에 가서 전도하더니 1909년에 변요
> 한 목사와 배유지 목사가 순천에 가서 약 50명이 예배드리는 것을 보고
> 문답하여 몇 명을 원입교인으로 세웠고 동년 가을에는 변 목사(Preston)가
> 다시 순천에 가서 그 지방을 한 달 동안 순행하였으며 1910년 춘추에 두
> 번 문답하러 갔으며 미션회가 택한 시찰 위원 4인이 이 지방을 유람하면
> 서 스테이션 위치를 정할 때에 순천에 갔는데 이때 유서백(Nisbet) 목사
> 가 처음으로 세례를 베풀었나이다.
> 동년에 미션회의 지휘대로 기지를 사기 위해 김총순 장로를 순천에 보
> 냈고 1911년에는 기지를 샀나이다. 1912년에는 그 기지에 철책도 하고
> 길도 닦았으며 고 목사(Coit, R. T.)와 서 장로(Swinegart, M. L.)가 수차

---

159) 광주제일교회사연구소, 「광주제일교회100년사」(서울: 쿰란출판사, 2006), 213－14.

순천에 가서 기지를 닦으며 집지을 돌을 뜨는 일을 하였고 동년 10월부터는 건축을 시작하였나이다. 1913년 4월에는 고 목사와 변 목사가 그들의 가족을 데리고 이사하였더니 2주일 후에 고 목사의 어린 자녀 남매가 심한 이질에 걸려 죽었고 그의 부인은 이질로 죽을 뻔 하다가 겨우 살았나이다. 동년에 딤몬스 의사(Timmons, H L.)가 와서 모든 집의 건축을 간역하여 남녀 학교와 병원을 건축하며 환자 진찰하기를 시작하였나이다. 순천 스테이션에 있는 모든 가옥과 건물의 건축비용은 미국에 있는 왓츠 장로(Watts)가 독담하였는데 그는 기본금을 적립하고 작업이 어느 때에 끝나든지 간에 이 일을 영구히 담당하겠다고 하였습니다.

순천 교회를 말할진대 1910년 처음으로 세례식을 가졌는데 교회가 흥황함에 따라 예배당을 늘렸다가 그 후에는 새로 예배당을 건축하였으며 금년 가을엔 장로 2인이 피택되고 목사를 고빙할 경영이 있습니다. 순천 지방에서 처음으로 신학을 졸업한 자는 금년 졸업생 정태인 씨니 장립받은 후 5처 교회를 맡았습니다.

위 내용을 정리하면 순천선교부 설립은 다음과 같이 진행되었다. 순천에 복음이 처음으로 전해진 것은 1894년 미국 남장로회 소속 이눌서 선교사에 의해서이다. 다음으로는 오웬 선교사가 수년간 전도활동을 했으며, 이어서 1909년에는 변요한(John Fairman Preston) 선교사와 배유지 선교사가 교인들 중 몇 명을 문답하여 원입교인으로 세웠다. 순천 지역에 처음으로 세례교인이 생긴 것은 1910년이며 세례자는 유서백(Nisbet) 선교사였다. 1911년에 선교기지를 구입했고, 다음 해인 1912년에 고라복(Robert Thornwell Coit) 선교사와 서로득(Martin Luther Swinehart) 장로가 광주에서 순천으로 와서 집터를 정리하고 주택을 건축했다. 1913년에 고라복 선교사와 변요한 선교사 가족이 순천으로 이사했는데 안타깝게도 이사한 지 2주 만에 고라복 선교사 자녀 남매가 이질로 고생하다가 숨을 거두는 일이 발생했다. 이들의 죽음이 밑거름이 되어 그해에 김로라(Henry Loyala Timmons) 의사가 미국에 있는 왓츠(Watts) 장로의 도움으로 병원(알렉산더 병원)을 설립하고 진료하는 일이 매우 급속히 일어났다. 1910년에 순천에서 처음으로 신학교를 졸업한 사람이 있었는데 이 사람이 정태인이다. 이로써 순천 지역은 미국 남장로회의 신학사상이 서서히 뿌리내리게 되었다.

2. 호남 지역의 최초의 전라노회(1912 – 1916)

1911년 10월 15일 전라노회가 서문밖예배당에서 창립되었다. 이 창립은 전라노회 제1회라고 한다. 1912년 8월 25일 임피 궁말 예배당에서 소집되었는데 이 회의를 전라노회 제2회라고 한다.

전라노회 노회록 서문

주후 1911년 9월 18일 하오 2시에 경상북도 대구에서 모인 조선노회가 전국 안에 있는 아홉 대리회를 일곱 대리회로 배정하여 평양북노회와 남노회와 함경노회와 경기, 강원, 충청 합한 노회와 황해노회와 경상노회와 전라노회를 각각 조직하게 하고 조선노회는 내년부터 총회로 모이기로 작정하였으니⋯⋯ 대구에서 모였던 조선노회에서 전라노회 조직하라는 승인권을 가지고 전라남북 대리회 회원들이 잠시 대구에 모여서 어느 날 어느 곳으로 모여서 노회 조직할 것을 작정하였으니 그곳은 전주요, 그날은 10월 15일이라 이날 하오 2시에 전라남북 대리회원들이 전주 서문밖예배당에서 성찬례를 거행함으로 전라노회를 조직하고 2일 동안 계속하여 사무를 정리하였사오니⋯⋯

전국 일곱 노회 가운데 전라노회가 가장 먼저 조직되었다.

다음 글은 조선예수교 장로회 사기 하권에 기록된 전라노회 상황에 대해 그대로 싣는다.

노회의 설립: 호남은 토지가 비옥하고 기후가 온화하여 수륙의 물산이 풍부하고 인민의 생활이 요족하여 낙토라 가위할지라. 연이나 차세 인간에는 완전한 행복지가 무하느니라. 당시 탐관의 학정에 구축되는 궁부잔민이 요생을 부득하여 인정이 극도로 오오할 제에 구속의 복음이 선전되어 음애에서 신음하던 잔민을 소생하게 되었나니, 즉 1892년 십일월에 미국 남장로회 전도국에서 파송한 선교사 최의덕과 자매 최매리 양과 이눌서 부부와 하위렴 부부와 데비비스 양 등이 도래하여 장로공의회의 결의로 전라도에서 선교하게 되매 기익년부터 선교에 착수할 새 전주, 군산을 전도의 중심로 정하고 무한의 노력을 공한 결과 신자가 여귀하고 교회가 일흥하여 1907년에는 조선야소교 장로회 독립노회가 조직되고, 불과 5년인 1912년에는 총회를 조직하게 됨에 따라 전선장로회를 분하여 경기, 충청, 경상, 전라, 황해, 평남, 평북, 함경 등 8노회를 설립하게 되므로 1911년 10월 11일에 본 노회가 설립되니라.

노회의 의안: 본 노회 의안에 대하여 1911년 10월 11일에 조직 노회록과 제1회록을 구지부득하여 해의안은 세무내 누락하게 되니 역일한사이나 후일에 보유될 시기가 유할 줄로 인하노라.

1912년 8월 25일 제2회 전라노회가 임피 택촌예배당에서 개최하니 회원은 목사 13인, 장로 19인 합 32인이오, 회장에 마로덕, 부 이기풍, 서기에 이승두, 부서기 김규배, 회계에 김필수, 부회계 최국현이 피선되니라.

임실 삼길리, 도마치, 하천, 흥덕, 신촌, 함열고개, 한산, 완길, 래곡, 황하정, 구암, 보성, 무만동, 여수, 장천, 김제, 육당리, 만경, 송지동, 정읍, 천원, 부안, 관동, 전주 서문외, 목포, 전주 남문외, 제주읍, 순천읍 교회에서 장로 각 1인씩 택함을 허하다.

조사의 자격과 진실 여부를 해지방 목사가 매년 노회정사위원에게 보고하여 허락을 받은 후 학습문답 하는 것을 허하기로 결의하다. 신학졸업생 최대구는 강도사로 인허하여 마로덕과 시무하게 하고 신학생 황재삼, 최응수, 최상섭, 이창규, 김응규, 김성식, 김창국, 유내춘, 이경필, 이재언, 최경률, 이자익, 임성옥 등의 취학을 허하고 신학생 입학은 25세 이하는 중학졸업생 중 체질과 자격 있는 자로, 25세 이상은 중학졸업생이 아니라도 신심과 사역의 성적과 학문이 초우한 자를 해지방 목사가 천하여 입학 문답을 허하기로 결의하고 신학생 학비보조책에 대하여는 우선 1년간 세례인에게 1전식 수합하여 신학준시위원으로 평균 분배하게 하기로 결정하니라.

동년(1912) 9월 2일 평양신학교에서 개최한 임시 노회에서 당회 미조직교회에서는 서리집사만 택할 것과 태인매계 황운섭이 조합교회에 이거하였으므로 본장로회에서 제명하기로 결의하고, 제주전도사업은 본 노회에서 담당하기로 결의하니라.

동년(1912) 10월 9일 전주 서문외예배당에서 개최한 임시노회에서 강도사 최대구를 목사로 장립하여 금구, 밧정, 구봉리교회에 위임목사로, 평북노회 목사 김병례는 전주 서문외 교회에 위임목사로 임명하니라.

제6회 전라노회: 1916년(병진) 8월 25일 제6회 임시노회가 전주 동문외예배당에서 개최하니 회원은 목사 25인, 장로는 38인, 합 63인이오. 임원은 회장 김인전, 부회장 이기풍, 서기 홍종필, 부서기 곽우영, 회계에 남궁혁, 부회계 최의덕이 피선하다. 제주전도사업에 관한 토의회에서 연보한 금액이 39원이 되다.

동년 9월 2일 경성 승동예배당에서 개최한 임시노회에서 분립에 관한 유안건을 재론한 후 형편상 분립이 합당하므로 분립청원을 총회에 제출하기로 결의하고 제주전도사업은 분립되어도 1년간은 협동 진행하기로 결의하니라.

동월 4일 임시노회에서는 노회분립에 대하여 총회가 전라노회를 분립하여 전라북도는 전북노회, 전라남도는 전남노회라 칭할 것과 전북노회구역은 충남 각부를 포함하고 전남노회구역은 제주도를 포함할 것과 전북노회 조직회장은 이원필, 전남노회 조직회장은 유서백으로 재정을 반분하고 문부는 전북노회에 보존하게 하기로 승낙한 것을 회장이 공고하고 남북노회 조직일자 및 논취에 대하여는 전북노회는 10월 10일 하오 8시에 전주군 서문외예배당에서, 전남노회는 9월 20일 하오 1시에 목포 양동예배당에서 개최하기로 결의하니라.

전라노회(1907 - 1912) 전도, 환난, 교육 상황
1. 전도: 1913년(계축)에 전라노회가 제주도 전도사업을 총회에서 인수하여 목사 이기풍, 조사 이재순, 강병담을 제주에 의구파송하여 전도하였으며 기후 윤식명을 제주도 모슬포에 파송하여 전도하니라.

1915년(을묘) 제주 전도목사 이기풍은 신병으로 피로하게 되매 목사 최대진을 파송하여 1년간 전도하였고 1917년에는 김창국 목사를 전도목사로 제주도에 파송하여 제주서편 지방을 노회의 전도구역으로 확장하였고 동년 이후로 노회가 진흥부를 조직하여 교회가 없는 부안, 무주, 임실,

명산, 이리, 고부등지에 1주일씩 전도하여 교회가 설립된 처가 다하니라.

　2. 환난: 1913년(계축) 무안군 경암교회에서는 예배당 건축에 동민이 동회를 개하고 강익수를 초치하여 무수히 능욕하며 건물에 방화하고자 하여 일시 경색이 태히 위험하였으나 백절불굴로 더욱 복음을 역전하며 인내부동하니 점점 진정하였느니라.

　3. 교육: 1913년(계축) 광주군 송정리교회에서는 남선의숙을 설립하여 학령빈동에게 더욱 유익을 주니라.

　1915년(을묘) 전주군 삼리교회에서는 사립 영흥학교 교실을 증축하고 영신학교로 명칭을 변경하였고 백여 명 학도를 교육하는데 성적이 양호하니라.

　익산군 고현리교회는 여소학을 설립하여 50여 명의 생도를 교수하였고 대봉암교회는 부용학교를 설립하여 다수 생도를 교수하여 성적이 양호하므로 유지의 기부 천여 원을 부하여 교실을 신건하니라.

　1916년(병진) 광주군 봉선리교회와 장성군 소룡리교회에서 각기 소학교를 설립하여 다수한 학생을 교수하게 하니라.

　1917년(정사) 나주군 삼도리교회에서는 기독광명의숙을 설립하였고 당진군 서산교회에서는 교실 6칸을 신건하였고 동중서당 정관산림과 마당을 학교에 부속하니라.

　1912년은 조선예수교 장로회가 조직되면서 전라노회가 조직허락을 받아 1916년까지 전라노회는 전라남북도와 제주도까지를 관할하여 교회를 관리, 지도하며 다스렸다.

3. 전라노회에서 전남노회, 전북노회로 분립

　1917년이 되자 1916년까지 현재의 전라남북도가 전라노회가 전남노회와 전북노회로 분립하게 된다. 분립할 때 제주도는 전남노회에 포함했고, 충남 지역은 전북노회에 포함시켰다. 분립의 이유는 다음에 실은 전라노회 제1회 회의록 서문에서도 알 수 있는 것처럼 보다 효율적인 노회운영을 위한 것임이 분명하다. 그 외의 다른 이유는 없었다.

전라노회 제1회 회의록 서문: 지방은 광활하고 사무는 복잡한데 교통이 불편하여 집합이 곤란함을 인하여 사무 발전에 지장이 불소하고 경제 방면에도 손해도 다단한지라. 형편에 감하여 분리의 필요성을 심각하게 되어 노회의 남북 분립을 총회에 청구하매 승인된지라.

회장이 본 노회 분립 청원 건을 총회에 승인된 것을 공포하니,
1. 전라노회를 분립하야 전라북도는 전북노회라 칭하고 전라남도는 전남노회라 칭함.
2. 전북노회 지경은 충남 각 군을 포함하고 전남노회는 제주도를 포함함.
3. 전북노회 조직 회장은 이원필 씨로 전남노회 조직회장은 유서백 씨로 명함.
재정은 반분하고 문부는 전북노회에 치함.

남북노회 분립에 대하야 조직 노회 일자와 장소를 좌와 여히 결정하다.
1. 전북노회는 10월 10일 하오 8시 전주 서문밖예배당으로
2. 전남노회는 9월 20일 하오 1시에 목포양동예배당으로.

전라노회의 분립 이유가 회원 간의 갈등 때문이라거나 기득권 유지 등의 인간적인 것은 전혀 없는 순전히 노회운영을 보다 효율적으로 하여 복음 전파에 기여하고자 함에 있었다는 것은 전남노회와 전북노회의 조직 상황에 대한 「장로회 사기」의 기록을 보면 알 수 있다.

전남노회 조직 상황에 대한 「장로회 사기」의 기록

1. 노회설립: 개 본 지방은 남선이 중요 지점으로 옥야가 광개하고, 물산이 풍부하여 인문이 진보되고, 풍속이 순후하나 유교의 도덕으로 민성 수양에 토대가 되었으므로 타 종교를 신봉함에 대하여는 용이하지 못할 뿐만 아니라, 양이의 이단이라 하여 배척과 핍박이 태심하였으니 이조 말엽에 지하여는 불완전한 정치의 해독과 쇠퇴한 유교의 폐습이 인생 생활에 막대한 곤고를 감하게 될 제에 인류의 박애로 현세의 진생을 도하며 속죄구령으로 내세의 영복을 향하게 하는 기독교복음이 선전됨에 따라 갈자이음의 세로 귀주추도자 일가월중일세 미국 남장로파에 속한 선교사 배유지가 경성을 경유하여 남선에 도함을 시하여 하위렴 부부, 스트립퍼양, 오기원, 변요한, 포싸잇, 노라복, 배의만, 맹현리 부부가 계속 내도하여 각기 진심전력하여 선교에 종사할 새 혹은 교육 혹은 자선사업으로 다방활동한 결과 교회가 점흥하여 사무가 복잡하므로 전라노회가 설립된지 불과 5, 6재에 남북이 분립의 필요를 각하고 총회의 승인을 득하여 도계를 수하여 북은 전북노회, 남은 전남노회라 명하고 총회의 지시한 일시급 장소에 집회하여 일대노회를 조직하게 되니 차는 인위에 유함이 아니요 천은의 ○○인 고로 쌍수를 거하여 천부께 찬송과 영광을 귀하노라 아문.

2. 노회의 의안: 1917년(정사) 9월 17일에 조선예수교 장로회 전남노회 제1회 조직회로 목포부 양동예배당에 회집하니 임사회장 유서백의 인도로 개회하니 회원은 목사 10인, 장로 13인이요, 임원을 선택하니 회장에 유서백, 부회장에 윤식명, 서기에 김창국, 부서기에 김필선, 회계에 노라복, 부회계에 이득주이러라. 임사부 보고에 의하여 나주군 봉황면 신창리 쌍동, 반남동, 상촌 등 3교회에 강도사 유내춘을 나라복과 임시동사목사로 허하고, 문답한 후 목사로 임직하는 안수식을 행하다.

전라노회 제7회에 통과한 규칙을 1년간 임시채용하고 규칙위원에게 맡겨 교정하여 내노회에 보고하게 하다. 목포지방시찰이 보고하되 본위원등이 목사 임성옥이 시무하던 강진 지방 5교회에서 목사의 봉급을 지불하지 않는 사를 처리한다는 위탁을 받았으나 위원 반수 이상이 해사건에 관계가 있어서 처리하기 난함에 오태욱, 이기풍을 특별위원으로 선정하여 명백히 시찰 후 판결하게 하기로 결정하다. 임사위원의 보고에 의하여 해남군 초두리교회에 장로 1인 택함을 허하다. 명년 위시하여 각 당회록과 각항 보고는 노회에 직접 올리고 총계표만 각 지방시찰회가 수집하여 노회에 보고하게 하기로 결정하다.

1917년 9월 17일 유서백 목사를 임시회장으로 하여 목포 양동교회에서 소집되었다. 참석한 총대는 목사 10명, 장로 13명 합 23명이었다.

회장에는 유서백, 부회장에 윤식명, 서기에는 김창국, 부서기에 김필선, 회계에 노라복, 부회계에 이득주 등이 임원으로 선출되었다.

전북노회 조직 상황에 대한 「장로회 사기」의 기록

1917년(정사) 10월 10일 하오 8시에 전북노회가 설립되다.

전능하신 구주의 춘우와 성신의 계도에 뢰하여 복음의 파전이 교남전경에 보급됨을 따라 지방은 광활하고 사무는 복잡한데 교통이 불편하여 집합이 곤란함을 인하여 사무발전에 지장이 불소하고 경제 방면에도 손해가 다단한지라 형편에 감하여 분리의 필요를 심각하게 되어 노회의 남북분립을 총회에 청구하매 승인된지라. 예정한 일시에 전주 서문외예배당에 집합하여 전북노회를 조직하게 되니 당시 회원은 목사 15인, 총대 장로 20인, 합 35인이요, 임원을 선거하니 회장에 이원필, 부 강운림, 서기에 홍종필, 부 강평국, 회계에 김인전, 부 김필수가 피선되고 각부를 조직하여 위원을 선정하고 회무를 처리하니라.

헌의위원의 보고에 의하여 매년 2차 정기회로 회집하되 개회 전에 한 4간 특별수양회를 개최할 것과 각 교회를 진흥하게 하되 기방침은 선교사구역에서부터 시작하여 수차 진행하게 하고 갑의 구역에서 진흥회를 개할 시에는 을병정 등의 구역 각 교역자 일동 내회하여 공수동력으로 전도하고 기차에 을구와 병구에 차제로 실시하여 호성적을 기수하기로 결정하고 특별수양회에 대한 준비위원은 김필수, 이눌서, 김인전, 이원필, 홍종필로 진흥회에 대한 위원은 이눌서, 김인전, 마로덕, 하위렴, 최대진, 이원필, 홍종필로 선정하다.

규칙은 제7회 전라노회에 제정 통과한 규칙을 1년간 임시채용한 후 내정기회에서 결정하기로 하고 본 노회 정기회는 1년 2차식 회집하되 춘기 3월 제2주일 후 화요일로, 추기는 매춘기에서 정하기로 결의하니라.

주일학교 확장에 대하여는 목사와 조사가 주일학교 없는 곳을 돌아보아 설립하기를 힘쓰고 주일학교 있는 교회는 그 없는 곳을 도와 설립하게 하기로 결의하니라.

수양회는 매년 1차식 춘기노회 1주일 전에 4일간 회집하되 과정은 매일성경과 의회통용규칙과 의문해답(성경과 정치에 대한 의문)을 교수하고, 매일 특별강연회를 개하기로 결정하니라. 노회임원과 상비위원은 추기노회에서 택정하고 정기위원은 춘추정기회에서 택하기로 결정하다.

전라남북노회 경내에 있는 선교사의 25년 선교를 위하여 11월 4일에 각 교회가 일반적으로 기념하되 10월 28일 주일에는 각 교회 인도자가 대신 회소재예배당에 회집하여 그 지방선교사와 같이 기념식을 집행하기로 결정하고 해기념식에 본 노회는 대표 3인을 선정송하니라. 춘추정기회 사무처리는 동일하되 총계보고만 추기노회에 접수하기로 결정하니라.

총회의 허락을 받아 전남노회는 1917년 9월 20일에 조직하고 전북노회는 같은 해 10월 10일 서문외교회당에서 전북노회를 창립했다.

4. 호남 선교와 선교방법(사경회)

호남 지역에서 행해진 전도사업에 관해 1917년 전라선교 25년사는 다음과 같이 기록한다.

미션회에 속한 사람 중에서 전라도에 와서 처음 전도한 자는 서울의 믿는 형제이니 이눌서(Reynolds, W. D.)의 어학 선생 정해원이라. 1893년 여름에 이눌서 목사가 정해원 씨를 전주에 보내어 전도하니 선교사 있을 집을 미리 사라고 함이오. 은송리에 초가를 사서 하나님의 말씀을 전파하며 몇 사람을 사귀어 같이 예배 보기를 시작하였더니 갑오년 난리(＝동학혁명)에 다 흩어졌나이다. 전도 역사를 네 부분으로 나눌진대 (1) 파송시대 (2) 왕성시대 (3) 낙심시대 (4) 조직시대입니다.
(1) 파송시대(1893~1903): 선교사들과 조사들과 매서인들이 전라남북도 각처에 널리 전파한 결과로 예수의 말씀을 못 들은 사람이 별로 없게 되었으며 1903년에 전주, 국산, 목포 3스테이션에 부속한 예배 처소가 19처요 세례인 도합이 267인 이외다.
(2) 왕성시대(1903~1909): 이미 파종한 좋은 씨가 자라서 결실을 많이 하며 집 풀 같은 거짓 믿는 자도 권세를 얻을 줄 생각하고 많이 다니

며 어떤 촌 예배당에는 수 삼백 명씩 모이는 일이 있었으며 한번은 전주 남 대 사경회에 625명이 공부하였으며 1909년 2월에는 전주 서문외교회에서 52명이 한꺼번에 입교하고 56명이 학습이 되었나이다. 그해 총계를 보니 전라남북도에 예배 처소가 288이요 입교인이 4,592인이 되었나이다.

(3) 낙심시대(1910~1912): 믿음이 약한 자와 권세 얻으려 하던 자와 별 뜻이 있어서 다니던 자들은 물러가고 남은 신자도 낙심을 이기기 어렵게 된 형편이 많고 교회 안에 분쟁이 일어나서 다른 이름을 가진 교회로 가는 자도 있고, 가는 교회도 있을뿐더러 폐지한 교회도 여러 곳 있었나이다.

(4) 조직시대(1912~1917): 1912년에 전국 총회를 조직하고 7노회를 조직하였더니 금년 가을에 전라 남노회와 북노회를 분립하였으니 전북노회에 속한 조선 목사는 8인이요, 장로는 19인이요, 전남 노회의 목사는 6인이요, 장로는 30인이요, 조직한 교회가 15처요, 조직하지 못한 교회는 140인이요, 금년에 남북도에 새로 입교한 자는 792명이요, 입교인 도합이 7,812명이니 참으로 교회의 머리되신 구주께 영광을 돌립니다.

이눌서는 전라도 지역의 선교, 특히 전라북도, 전주, 군산에서 선교가 시작될 때 남장로교회 선교사들과 함께 깊숙이 선교에 참여한 자였고, 특히 전라남도 지역의 선교 계획을 수립하기 위하여 선교탐방을 실시하여 전남 지역의 선교에 대한 교두보를 놓는 데 개척자이다. 1901년에는 직접 남장로회 선교회 목포 선교부를 이끌며 선교사역과 성경번역 사역을 계속했다. 또한 이눌서는 신학자로서 전라도 지역의 선교를 시작하면서 성경연구와 훈련, 목회자 양성을 위한 신학훈련으로 호남 지역교회의 신학적 초석과 기반을 다지는 데 노력하였다. 1900년 이전 이눌서가 전주에서 수 주간 걸쳐 행한 사경회는 그 대표적인 예라고 할 수 있다. 이 사경회를 통하여 선교지 교회는 현지인들을 지도자로 훈련시켜 교회를 섬길 수 있도록 했다. 이눌서는 이런 선교 계획에 의거 한국인 지도자를 훈련시켜 선교에 참여하도록 하였다. 방대한 지역과 선교사들의 언어 소통상의 불편을 감안, 현지 한국인들을 훈련시켜 그들로 하여금 방대한 지역의 교회를 직접 돌볼 수 있도록 하여 효과적인 선교가 가능하도록 하였다. 그는 각 지역으로부터 14명의 남자 신도들을 추천받아 사경회 기간 공부할 수 있도록 했다. 이때의 교수는 이눌서와 전위렴 선교사가 맡았다. 이들의 수강 과목은 성경, 성경신학, 그리스도의 생애 등이었다. 공부를 하면서 전도훈련도 병행했는데 주일 오후마다 노방전도를 실시하였다. 과정이 끝나면 학생들은 필답고사와 구두시험으로 평가하였다.

1896년 이눌서 선교사에 의하여 제시된 '韓國牧師訓練要領'을 보면 다음과 같다: (1) 선교사가 어떤 한인에게 목사 공부시키려는 의도를 가졌다할지라도 그 당사자에게 그런 뜻을 알리지 말 것. (2) 될 수만 있으면 외국 돈으로 교역자를 사용하지 말 것. (3) 미국에 보내 교육시키지 말 것(적어도 선교 사업 초기에 있어서는). (4) 영적 경험의 높은 영역에 적용되도록 할 것. (5) 하나님의 말씀과 그리스도교의 기본적인 사실에 철저히 근거하도록 할 것. (6) 젊은 목사 후보생들로 하여금 예수 그리스도의 선한 군병으로서 고난에 참을 수 있도록 훈련할 것. (7) 한국 신자가 문화와 현대 문명이 전진함에 따라, 한국목사의 교육 정도를 높일 것. 그가 국민의 존경과 위신을 확보하기에 족한 정도로, 일반보다 높은 교육을 시킬 것. 결론으로 '한국교회를 위한 한국 목사'란 것이 우리의 표어여야 한다. 반외국식의, 죽도 밥도 아닌 설 먹은 목사를 만들어 낼 생각은 없다. 자립, 자치, 자력선전을 표식삼고 매진하는 한국교회에 자기희생적이고 자신 있는 자존심 가진 한국목사를 제공할 것이라.[160]

우리는 여기서 호남선교뿐만 아니라 한국교회에서 선교가 활발하게 진행될 수 있었던 요인이 무엇인가를 확인하는 것이 매우 중요하다. 한국에서 선교가 활발하게 이루어지고 교회가 부흥한 이유를 다양한 각도에서 설명하기도 한다. 선교 정책, 역사적, 사회적, 경제적, 지리적, 심리적 요소들을 들 수 있을 것이다. 그러나 무엇보다도 먼저 게일(James Gale) 선교사가 말한 것처럼 한국의 신자들에게 길을 열어 놓은 하나님의 특별하신 섭리라고 말할 수 있을 것이다.[161]

하나님의 섭리는 성경을 하나님의 말씀으로 믿는 신앙과 신학을 갖고 있었던 선교사들을 통해 한국에 복음이 전래되게 하셨고 그 복음의 핵심은 '오직 예수 그리스도'를 전하는 것이었다. 이에 대해 평양장로회신학교 설립자인 마포삼열 목사는 희년 기념 예배 석상에서 "내가 한국에 처음 왔을 때 복음전도를 개시하기 전에 하나님 앞에 기도하고 결심한 바가 있었다."라고 자신의 심경을 말하면서 "나는 사도 바울의 결심하였던 바와 마찬가지로 그리스도의 십자가의 복음 이외에는 다른 것은 전하지 않기로 결심하였으며, 만일 다른 것을 전하면 저주를 받으리라."[162]라고 함으로써 그들의 전도 방법은 오로지 성경을 통해서 예수 그리스도 십자가 복음을 전하는 것이었음을 역설하였다.

복음의 내용인 예수 그리스도만을 전하기 위해서는 성경계시가 가진 초자연적인 하나님의 말씀으로서의 신적권위를 양보할 수 없

---

160) Dr. L. George Paik, *The History of Protestant Missions in Korea, 1892 – 1910*, 204 – 05.
161) Korea in Transition, 33 – 155.
162) 김양선, 「韓國基督敎解放 十年史」, 176.

었다. 그래서 이 땅에 초기 복음의 전도자인 선교사들은 "기독교가 성경을 버리거나 성경을 믿지 아니하면 그때부터 기독교가 될 수 없는 것"이라고 강조하며 "성경의 문자나 절구(節句)를 고친다든지 그 정신에 덮어 놓는다든지 그 의미를 굽힌다든지 해서는 아니 된다."고 했다. "그 원형을 그대로 보존하고 그 정신을 그대로 발휘하지 아니하면 안 된다."163)는 사실을 끝까지 지켰다. 특히 1907년 한국인 목사, 장로 및 선교사들로 구성된 한국의 최초의 노회인 독노회는 이 사실을 확인하였다. "이 노회는 교회의 머리 되시는 주 예수 그리스도를 힘입어 십자가를 튼튼히 의지하고 견고하여 흔들리지 말고 세상사람 앞에 영화로운 빛이 되며 하나님 앞에 거룩하고 정결한 노회를 이루어야 하겠다."164)라고 그 취지를 설명하였다. 이런 하나님의 섭리는 성경을 하나님의 말씀으로 믿는 신앙으로부터 출발하였다. 하버트 블레어(Herbert Blair) 선교사는 '한국 선교는 항상 하나님의 말씀인 성경의 절대 권위의 원리에 기초'했으며 "교회 지도자들을 위한 성경학교 훈련과 전교회에 있는 특별 성경 사경회(Special Bible Conference)에 중점을 두었다."165)라고 말한다.

성경 중심의 신앙은 하나님의 무오한 말씀이 존중되고 그리스도인 생활의 중심에 놓여 있는 한국 장로교를 형성하는 데 지대한 공헌을 했다.166) 이 성경의 신적 권위에 대한 신앙과 신학으로 이루어진 성경연구는 네비우스 선교방법의 중심이었고 그 결과로 자립, 자치, 자선의 선교가 효과를 거두게 되었다. 의심할 바 없이

---

163) 차재명, 朝鮮예수教 長老會 史記(下)(경성: 조선기독교 창문사), 174.
164) 조선예수교 장로회 독노회 제1회 회의록, 전문.
165) Blair, "Fifty Years of Development of Korean Church", 142 - 43.
166) 박용규, 「한국장로교사상사」(서울: 총신대학출판부, 1992), 135.

'오직 성경만'의 사역 방향은 한국을 복음화시켰고 성경적 기독교를 육성하는데 있어서 가장 좋은 하나님의 도구였으며, 성경의 무오한 진리에 기초한 성경의 권위와 확신이야말로 기독교인의 삶의 중심에 깊숙이 차지하고 있었다[167]는 것이다. 그러나 성경의 권위를 주장하는 것으로만 전도와 교육이 이루어진 것이 아니라 그 성경의 무오성과 권위의 바탕 아래 복음인 예수 그리스도를 증거하는 선교적 사명과 교육적 사명이 이루어졌다. 그 예수 그리스도를 통해서 변화 받고 삶 속에 적용하는 방식의 전도훈련은 한국교회의 선교사들의 사역 방향인 동시에 한국교회 부흥과 성장의 요인이라 할 수 있다.

5. 전라도 선교 25년사(1917)

"경계자는 양력 11월 4일 주일에 전라선교 25년 기념 예식을 각 교회에서 일제히 거행할 터인데 그 예식 절차서를 보내오니 귀 교회에서도 그날에 이 절차대로 예식을 행하시기를 바라나이다."로 시작한 조선 예수교장로회 전라 남북노회 지경 선교 25년 기념식 순서는 다음과 같다.

    1. 찬송/제1장
    2. 기도/
    3. 취지설명/

---

167) *Ibid.,* 146.

4. 찬송 /제98장

5. 성경낭독/행 14장 21~28절, 마 28장 16~20절

6. 주일연보

7. 강연본문/행 14장 27절/선교 내력문 낭독

8. 기도/

9. 찬송/제232장

10. 찬송/제3장

11. 폐회

전라선교 25주년사에는 전라도의 최초 선교에 대한 내력을 다음과 같이 기록하고 있다.

> 1892년 11월 4일에 미국 남장로회 전도국이 파송한 선교대가 조선 경성에 도착하였는데 그 성명은 최의덕(Tate, L. B.), 최마태(Tate, Mattie S.), 전위렴 부부(Junkin, W. M.), 이눌서 부부(Reynolds, W. D.) 그리고 데이비스(Davis, L. F.) 여사이니 남자 3인 여자 4인 합 7인인데 데이비스 여사는 불행히 1903년에 열병으로 별세하고 전위렴 목사는 1908년에 폐렴으로 별세한 후 그 과택(＝과수택)과 오남매 자녀가 귀국한지라. 최초 선교대는 7인이었는데 25년 만에 80명이 되었으니 참으로 하나님께 감사합니다.

미국 남장로교 선교사들이 입국한 해를 전라 지역 선교의 시발점으로 기록하고 있다. 1892년에 미국 남장로교 선교사 7명이 최초로 입국하여 25년째인 1917년에는 80명의 선교사로 사역하게 되었다.

선교사들이 호남 지역에서 보다 효과적인 복음 전파를 위해 구체적으로 한 일은 무엇인가? 전라 선교 25년사를 살펴보면 당시에 호남 지역에 필요한 육체적 물질적 필요성들을 채워주려고 노력했음을 볼 수 있다. 이러한 전도 방법은 네비우스 정책이 더 효과적으로 적용될 수 있도록 하는 일종의 도구가 되었음을 알 수 있다.

그리고 이러한 일은 성경중심의 네비우스 정책과도 연결된다. 그 이유는 사도행전에 보면 초기 복음전파가 시작되었을 때 교회는 가난한 자들을 돌보는 일을 중단한 적이 없었기 때문이다. 가난한 자 돌보는 일은 유대인과 이방인에게 동일하게 적용되었다(갈2: 9 - 10). 그리고 그 일은 바로 하나님의 말씀에 순종하는 일이었다(약 1: 27).

그러면 선교사들이 호남 지역에 적용시킨 다양한 사역정책을 살펴보자.

5.1. 병원사업

전라 선교 25년사에는 다음과 같이 병원사업에 관한 내용을 기록하고 있다. 여기에 기록된 광주·전남 지역의 병원사업을 보면 목포, 광주, 순천으로 나누어져 있다.

5.1.1. 목포병원

목포병원은 오기원 의사에 의해 개원되었다. 1898년에 오기원 의사(Owen, C. C.)가 진찰소를 짓고 환자를 진찰하며 전도에 힘쓰기 시작한 것이 개원의 시작이었던 것이다. 오기원은 중간에 긴급한 일이 있어 본국에 돌아갔다가 온 이후부터는 별세할 때까지 특별히 촌으로 순행할 때 환자를 치료한 일 외에는 의사 일을 그만두고 전도하는 일에만 힘썼다. 오기원이 진찰할 시간도 없이 전도일에 힘쓸 때 마침 노란 의사(Nolan, J. W.)가 단(Daniel) 의사와 같이 미국에서 같은 배편으로 목포에 도착해서 오 의사가 설립한 진찰소에서 진료하였고 이 일은 목포 사역에 큰 힘이 되었을 것이 분명하다. 1904년에 광주 선교부가 설립되자 그들은 광주로 이사하였고, 그 후에는 버드만(Birdman) 의사가 목포에서 1년 동안 진찰하다가 전주로 이사하였다. 그 후에는 하딩 의사(Harding, M. C.)가 와서 일 년 동안 봉사한 후 본국으로 돌아갔다. 하딩의 후임으로 보 의사와 오긍선 의사가 수고했고, 1912년 한삼열 의사(Leadingham, R. S)가 오므로 오긍선 의사는 경성 세브란스 의학교 교수로 가서 시무했다.

이와 같이 목포 병원은 1898년 오기원에 의해 개원된 이래로 지속적인 진료 활동을 펼침으로써 복음 전파에 일익을 감당했다.

5.1.2. 광주병원

광주에는 일반인을 위한 광주병원과 문둥병자들을 위한 문둥병원이 개원되었다. 먼저 광주병원으로 말하면 목포에서 오기원 의사와 함께 목포병원에서 일했던 노란 의사(Nolan, J. W.)가 처음으로 진찰소를 건축하였다. 노란은 1년 반 동안 진찰하다가 사면하고 평안도의 금광으로 갔고, 그 후임으로 우일손 의사(Wilson, R. M.)가 1908년에 광주에 이르러 수년 동안 진찰했다. 그러던 중 1911년에 미국에 있는 길함(Graham) 장로가 자기의 죽은 여식(딸)을 기념하는 뜻으로 1만 원을 기부함으로 그 돈으로 엘렌 레빈 길함(Ella Lavine Graham) 병원을 건축하여 환자를 진찰했다.

둘째로 광주 나환자 병원으로 말하면 1909년에 오 목사(Owen)가 죽을병이 들며 보 의사가 그 병을 보러 가다가 중도에서 문둥병이 든 여자를 보고 민망히 여겨 자기가 타던 말에 태우고 광주에 가서 그 병자를 어딘가에 두고자 했으나 둘 데가 없자 벽돌 굽던 빈 굴에 두고 죽기까지 돌보아 준 일이 있었다. 그 일에 감동을 받은 선교사들이 자발적으로 특별 헌금을 하여 삼간집을 나환자 진료를 위해 건축하였다. 그런 다음 광주선교부가 서울 선교본부에 청원하여 나환자 병원을 건축하여 달라 하였으나 처음에는 거절하였다. 그러나 선교사들을 포기하지 않고 그 다음 서울 선교본부 연례회에 이 문제를 다시 제출하여 설명하자 약 45명을 수용할 수 있는 병원 건축을 허락받게 되었다. 나환자 병원이 개원되자 그동안 변변한 병원이 없어 진찰조차 받지 못하고 숨어서 외롭게 소외되어 살고 있던 많은 병자들이 몰려와 진료를 받게 되었다. 전라 선교 25년사에 보면 그 당시의 일을 이렇게 기록하고 있다.

병자가 사방에서 모여들자 그 병원을 늘려서 남녀 처소를 나눠 지금 300명을 입원시켰는데 그중 58명이 죽고 32명이 치료를 받아 퇴원하였으며 지금 남아 있는 자는 232명인데 그중에 세례받은 남자가 51명이요, 여자가 22명이요, 장로가 1명이요, 집사가 10명이요, 간사가 1인이외다. 병자들은 자기 집으로 알며 세상의 천당이라고 합니다. 병원비용을 담당하는 회는 서양 문둥병 전도국인데 시찰 위원 몇 명이 와서 병원을 시찰하고 나올 때 문 앞에 17명 문둥병자가 있어 입원시켜 달라고 애걸하나 '수용할 처소가 없으므로 후일에 오라'는 말을 시찰 위원이 듣고 눈물을 흘리며 한 사람이 말하기를 '내가 3인의 입원비를 담당하마.' 하고 다른 사람이 또 '200원을 담당하마.' 하니 17병자를 다 입원시켰고 그 다음에 모여 예배할 때 시찰 위원이 17인을 보았으나 어느 사람인지 몰랐습니다.

5.1.3. 순천병원

순천병원은 912년에 전주에서 조선어를 공부하던 딤몬스 의사

(Timmons, H. L.)가 1913년에 순천에 와서 작은 진찰소를 마련하여 환자를 돌보면서 시작되었다. 딤몬스는 당시의 조선에서는 제일 아름다운 병원을 건축하는 등 의료사역에 뜨겁게 헌신했다. 그러던 중 과로 탓이었는지 아니면 음식 등에 의해서인지는 분명하지 않으나 진찰 도중 속병이 발병하여 회복될 때까지 귀국하였다. 그리고 디몬스의 빈자리는 광주에서 진료활동을 하고 있던 우일손 의사(Wilson, R. M.)가 겸하여 맡아 주어 그의 아낌없는 수고로 순천 병원의 의료진의 공백은 없었다. 목포나 광주처럼 순천 선교도 의료사역이 미친 영향이 매우 컸다고 할 수 있다. 전라 25년사의 기록을 보면서 당시의 의료 사역을 생생하게 느껴보자.

> 1912년에 딤몬스 의사(Timmons, H. L.)가 와서 전주에서 조선어를 공부하다가 1913년에 순천에 가서 작은 진찰소에서 환자를 진찰하더니 그 후에 큰 병원을 건축하였으니 조선에서 제일 아름다운 병원이라. 거기서 얼마 동안 진찰하다가 속병으로 귀국해서 치료하여 낫게 됨으로 얼마 후에 돌아온다 하며 그동안은 광주의 우일손 의사(Wilson, R. M.)가 겸하여 돌보느라고 대단히 수고하나이다.

5.2. 주일학교 교육사업

호남 지역을 담당하던 선교사들은 어린아이들을 전도하여 교육하는 것이 어른을 전도하는 것보다 빠르고 효과적이라는 것을 인식하고 주일학교를 운영하기로 마음먹고 실천에 옮기기로 했다. 그 때까지만 해도 20년 전부터 어른을 중심한 주일학교를 진행해 오고 있었지만 청소년을 대상으로 하는 주일학교가 운영되지 못했던 때였다. 먼저 평양의 허대전 목사(Holdcroft, J. G.)와 광주 서로덕 장로(Swinehart, M. L.)가 주일학교 이사회를 구성했다. 그런 다음 18세 이전의 어린 아이들과 학생들에게 도덕으로 가르치기 위한 소아회를 여러 곳을 설립하고 주일학교 월보와 유년반 공과지를 인쇄하여 각 교회에 배포했다. 그러자 그전보다 주일학교가 더 진취하여 크게 유익하게 되었다. 선교사들이 지금의 한국교회가 진행하고 있는 유년주일학교와 중, 고등 주일학교를 시작한 셈이 된다. 초기 선교사들이 만들어 낸 18세 이하 어린아이 및 청소년들을 대상으로 하는 주일학교가 한국교회의 성장에 미친 영향은 지금까지도 지대하다고 볼 수 있다. 이러한 주일학교 운영의 시작과 관련한 전라 25년사의 기록을 살펴보자.

> 20여 년 전부터 각 교회가 예배당에서 주일마다 교인들이 성경 강론 회로 모여서 성경을 공부한 후 예배를 보더니 한 6년 전에 평양 허대전 목사(Holdcroft, J. G.)와 광주 서로덕 장로(Swinehart, M. L.) 양씨가 주일 학교 이사회를 조직하고 특별히 어린아이에게 도덕으로 가르치기 위하여 소아회 여러 곳을 설립하고 주일학교 월보와 유년 반 공과지를 인쇄하여 각 교회에 돌림으로 전보다 주일학교가 더 진취하여 크게 유익하게 되었고 서양의 뜻이 있는 목사나 주일 학교 교장들이 분명히 알기는 한 어른을 주 앞에 인도하는 것보다 열 아이를 주 앞에 인도하는 것이 쉬운 바라. 교회에 유익한 것으로 말하면 10세에 믿는 아이가 60세에 믿는 노인보다 유익하리로다. 여러 나라 통계표를 살펴보니 사람보다 12세부터 18세까지는 그 심지를 선악 간에 작정하는 때니 유년 주일학교의 유익이 얼마나 크다 하리오. 금년 전라노회 통계표를 보니 5 스테이션 지방 내에 예배 처소는 315처인데 주일학교는 252처이니 아직 주일학교를 설립하지 않은 곳이 63처이외다. 간절히 원하기는 각 교회에서 주일학교 하나씩 세우되 특별히 유년 주일 학교를 요긴한 처소에 세워 믿지 않는 아이를 가르쳐 주께로 인도하기를 바라나이다.

5.3. 서적 번역사업

오덕교 교수는 한국의 선교는 두 가지 면에서 특이한 점이 있다면서, 그 첫째는 선교사보다 성경이 먼저 들어왔다는 것이라고 했다.[168] 그는 이어서 말하기를 한국교회는 외국 선교사에 의하여 세워진 것이 아니라 한국인에 의해 세워졌다면서 그 배경을 만주에서 성경 번역에 참여했던 서상륜이 성경을 파는 매서인으로 국내에 들어와 복음을 전함으로써 1883년에 한국 최초로 소래교회가 시작되었다고 말한다.[169] 오덕교의 말을 달리 해석해 보면 결국 성경 번역이라는 일종의 서적사업이 복음 전파에 큰 힘을 발휘했다고 말할 수 있다.

그러나 이러한 번역된 성경이 국내에 들어와 있음에도 불구하고 초기 한국에서 활동하던 대부분의 선교사들의 고충이었겠지만 호남의 선교사들 역시 번역된 신학서적과 교육에 필요한 문답책 및 공과책이 부족함을 점점 더 절실하게 깨달았다. 특히, 제대로 번역된 성경책은 한국교회 과제였다.

사실 위의 사실처럼 로즈와 맥켄타이어가 한국인 이성하, 백홍준, 서상륜의 도움으로 1887년 신약 전체를 번역하여 국내에 전파하는 등 많은 진척이 있었으나 번역의 정확성 면과 표준어 사용 등에 문제가 있어서 한국 실정에 맞는 성경이 필요했던 것이다. 당시 장로회 공의회는 상이성서실행위원회를 결성하여 번역 사업을 착수했는데 호남선교를 담당한 남장로회 선교사 중에는 이눌서 선교

---

168) 오덕교, 『장로교회사』(서울: 합동신학교출판부, 1995), 254.
169) *Ibid.*, 255.

사가 위원이 되었다. 그리고 전라노회 자체적으로는 최 부인이 어린아이 문답책을, 배유지는 로마인서 공부를, 이눌서는 개인 전도와 신학, 인학, 구학과 공과 등의 서적을 각각 번역 출판하였다. 이에 대해서 전라 25년사의 기록을 보자.

> 전라도 선교사들이 사경과를 많이 예비하였으나 인쇄한 책이 많지 아니하니 그 제목과 번역한 자의 이름은 이러함: 어린아이 문답책(최 부인: Tate, L. B.), 리 씨의 행적책(최마태: Tate, M. S.), 로마인서 공부(배유지: Bell, Eugene), 개인 전도와 신학, 인학, 구학과 공과(이눌서: Reynolds, W. D.).
> 서적 중에 제일 요긴한 책은 신구약 성서인데 1895년 이눌서 씨가 성경 번역 위원으로 피선되어 언더우드(Underwood)와 게일(Gale, J. S.)과 아펜셀라(Appenzeller, H. G.) 목사와 더불어 신약전서를 번역하여 1900년에 인쇄하고 또 구약 창세기와 시편을 번역한 후에 다른 회원들이 연고가 있어 참예치 못함으로 이눌서, 이승두, 김정삼 삼씨가 남은 구약책을 번역하여 1910년 4월에 마쳤는데 예레미야는 언더우드 목사가 번역한 것이니라.

5.4. 학교 교육사업

초기 선교사들은 선교사가 교회를 세우고 병원을 설립해도 사람을 키우는 일, 즉 교육을 하지 않으면 평생 힘쓴 일이 무효가 된다는 것을 알고 있었다. 그래서 전라남북도에 있는 5처 선교부(광주, 목포, 순천, 전주, 군산)에 우선 중학교까지 설립하고 그 다음에 일반대학교와 신학교 및 의과대학을 설립할 계획을 세웠다.

그러나 재정 등 여러 여건을 감안하여 전라노회에는 우선 고등 남녀학교와 초등학교를 설립운영하기로 하고 신학교와 대학교 및 의과대학은 다른 지역의 선교부와 연합하여 설립하기로 했다. 이러한 합의 원칙에 의해 전라노회는 경성 세브란스 의학교와 평양대학교와 신학교에 사람을 파송하여 교육 등을 담당했다. 이 일의 추진에 대한 전라 25년사의 기록은 다음과 같다.

> 선교 사업 중에서 제일 큰 것이 세 가지가 있으니 전도 사업과 교육 사업과 병원 사업입니다. 먼저 두 가지 사업을 확실하게 하려면 교육이 필요하니 선교사가 교회를 세우고 병원을 설립하나 교육에 주의치 않으면 그가 이 세상을 떠난 후 평생 힘쓴 사업이 무효가 되겠나이다. 이러므로 전라남북도에 있는 5처 스테이션회에서 남녀 학교를 설립하여 중학교까지를 가르치며 또 대학교까지 설립할 경영이 있었으나 대학교와 신학교와 의학교는 다른 미션회와 더불어 협력하여 비용과 교사를 미션회의 대소(大小)에 따라 담당하더라. 또 촌 교회가 학교를 설립할 때 미션회가 그 교사 월급의 절반을 담당하는 규례가 있으며 미션회 학교에서 가난한 학생을 위하여 여러 가지의 실업으로써 학생을 가르치며 노동도 시키더라. 적은 재정으로 설립하여 차차 발달되는 학교를 건축하며 교사를 많이 초빙하였는데 지금 전라 미션회의 고등 남녀 학교가 8개요 촌 교회의 소학교가 79개인데 학도의 합이 2,022명이외다. 또 경성 세브란스 의학교와 평양대학교와 신학교에 금년 각각 두 교사씩을 우리 미션회에서 파송하여 담당하더라.

6. 광주 · 전남 지역 교회 설립

1932년 전라 선교 40년사에 기록된 통계표에 의하면 7인으로 시작이 된 선교 회원이 1902년에는 18인이 되었고 1917년에는 80명이 되었고 1932년에는 역시 80명이었다. 이제 40년 사업의 결과를 본다면 선교 시작한 지 25년 만에 두 개의 노회가 설립되었고 40년 만에 세 개의 노회가 설립되었다.

이를 연도별로 구분하여 보면 다음과 같다.

  1892년 – 1903년 동안: 예배 처소가 13이요, 세례인이 267인이요, 교인 수가 1,100명이요, 당년 세례 문답인이 84인이요.
  1903년 – 1917년 동안: 예배 처소가 483이요, 세례인이 7,882인이요, 교인 수가 12,753인이요, 당년 세례인이 792인이요, 목사가 2인이요, 조직된 교회가 37처요, 남학생 수가 1,561명이요, 여학생이 455명이요.
  1917년 – 1932년 동안: 예배 처소가 698처요, 당년 세례인이 1,677인이요, 목사가 45명이요, 조직된 교회 수가 147처요, 교역자가 199명이요, 남학생이 5,667명이요, 여학생이 2,748명이었다.

또한 호남초대교회들의 목록(1893 – 1917) 중에 선교사 공의회시대로 구분되는 1893부터 1900년까지 설립된 교회는 다음과 같다.[170]

첫째, 1896년도에 전주군 서문외교회가 설립하였고 그 내용은 아래와 같다.

  先是(선시)에 선교사 최의덕이 당지에 내주(來住)하여 전도한 지 수년에 신자 30여 인을 자택에 회집 예배할 새 김창국(金昶國) 김내윤(金乃允)과 부인 3명이 최선(最善)으로 세례를 받고 그 후(其後) 선교사 전위렴(全緯廉)이 시무에 와제(瓦製) 30간 예배당을 신축하니라.

둘째, 1897년도에 김제군 송지동(松枝洞) 교회가 설립하였고 그 내용은 아래와 같다.

  先是(선시)에 선교사 전위렴이 당지에 래도(來到)하여 전도함으로 송원성 강문상 등이 시신(始信)하고 신자가 점차 증가한지라. 지시(至是)하여 예배당을 신축하니 교회가 완성하니라.

---

170) 장로회 사기 참고.

셋째, 1989년도에 목포부 양동교회가 설립하였고 그 내용은 아래와 같다.

先是(선시)에 선교사 배유지(裵裕址)와 매서 변창연이 당지에 래(來)하야 양동에 장막을 포진(布陣)하고 선교를 시작하여 열심 전도함으로 어학구(魚學九), 김만실, 김현수(金顯洙), 임성옥, 지원근, 마서규(馬瑞奎), 김치도(金致道) 등 20여 인이 신종(信從)하여 교회가 수성(遂成)되고 의사 오기원이 적래(適來)하여 의약과 복음으로 예수의 자애를 실현하니 신도가 축일(逐日)증가 하더라.

넷째, 1899년도에 나주군 삼도리 교회가 설립하였고 그 내용은 아래와 같다.

초(初)에 정원삼, 이문오, 윤상삼 등이 믿고 광주 우산교회로 다니며 예배하더니 이문오는 주업(酒業)을 폐기하고 그 여막(旅幕)을 예배 처소로 사용할 새 선교사 배유지의 지방에 속하여 전도인 마서규가 인도하였으며 그 후(其後)에 영광군 하라리(河羅里)와 광주 구소(九巢) 양처(兩處)로 교회가 분립되니라. 시년(是年)에 북미 선교사 부선리(富鮮理)와 나금주(羅禁柱) 부부와 의사 사약수(謝藥秀) 부부와 남미 선교사 부위렴 부부가 계래(繼來)하다.

다섯째, 1900년도에는 다섯 개의 교회가 각각 설립했다. 그 내용은 아래와 같다.

1) 옥구군 지경리교회 설립
先是(선시)에 선교사 전위렴과 당지인 최홍서가 협력 전도하여 신자가 초진(稍進)함으로 예배당을 신축하였고 그 후(其後)에 최홍서를 장로로 장립하여 당회를 조직하였고 김옥녀(金玉女), 고성모가 장로로 계속 시무하니라.

2) 옥구군 구암리교회 설립

先是(선시)에 선교사 전위렴, 의사 유대모, 전도인 장인택이 당지에 래주(來住)하여 열심 전도함으로 신자가 점기(漸起)하여 예배당을 신축하고 그 후(其後)에 오인묵을 장로로 장립하여 당회를 조직하였고 목사 김필수, 선교사 부위렴, 장로 양응칠, 김성삼, 박연세, 고석주, 유제남, 이창규, 조사 이수현 등이 상계 시무(相繼視務)하니라.

3) 목포부 양동교회 설립

是年에 목포부 양동교회가 연와제 14년간 예배당을 신축하니 신도가 100여 인에 달하였고 수년 후에는 예배당 14간을 증축하였나니라.

4) 나주군 삼도리교회 설립

是年에 나주군 삼도리 교회가 가옥을 매수하여 예배당으로 사용하다가 수년 후에는 12칸을 증축하였고 교회가 점왕(漸旺)하야 함평군 성정(咸平郡 星亭), 마암(馬岩), 방동(方洞) 등에 교회를 분립하니라.

5) 함평군 문장리교회 설립

是年에 함평군 문장리(文場理)교회가 성립하다. 先是(선시)에 박찬익(朴贊益), 임봉춘(林俸春), 정기선(鄭基先) 등이 영광 하라리교회에 왕래하다가 신자가 점가(漸加)하여 교회를 분립하고 선교사 배유지, 남대리, 조사 변창연, 마서규, 정순모, 이계수, 허원삼 등이 계속 시무하니라.

7. 1938 – 1954 전남노회(광주 · 전남) 현황

일제의 신사참배 강압에 의한 총회의 결의를 지속적으로 반대하던 선교들은 일제의 신사참배 강요와 강압이 계속되자 1940년 10월 주경 미영사(駐京美領事) 마쉬(G. Marsh)의 완전 철수 명령으로 9분의 5에 해당하는 선교사 219명이 그해 11월 6일 본국으로 귀환당하게 되었다. 다음 해인 1941년 일제는 평양에서 개최된 '반전 기도일' 시행이 중일전쟁의 성전을 모독했다는 이유로 15명의 선교사를 체포하고 그해 9월 필리핀과 미국으로 퇴거하도록 조치했고, 1942년 6월 1일에는 99명의 선교사들이 조선을 떠나야 했다. 이렇게 총회는 신사참배를 가결하고, 선교사들이 추방되는 사건이 발생하자 이것은 자연스럽게 전국 교회에 부정적인 영향을 주었다. 그리고 전남노회 역시 그 영향을 받게 되는데 그것은 교회의 숫자와 교인 수의 증감을 통해 알 수 있다.

당시 전남노회에서는 순천노회가 1922년에 전남노회에서 분립한 후 1930년에는 여수노회가 분립되었다. 이것은 앞에서 살핀 것처럼 어떤 인간적인 요소가 개입된 것이 아니라 보다 효과적으로 복음이 전파되도록 노회가 돕는 일을 더 잘해 보자는 취지에서였다. 그리고 1947년 목포노회가 분립되기 전까지 다른 광주·전남 지역의 대부분은 전남노회에 그대로 소속되어 있었다. 그러면 순천노회와 여수노회가 분립하여 나간 후에 전남노회의 교세는 어떠했을까? 이에 대해 당시의 전남노회 회의록을 근거로 살펴보자.

1941년과 1942년 사이의 이 지역 교회 수는 197개소였고 이 교회를 섬기고 있는 교회 직원(목사, 장로, 안수집사, 서리집사, 전도사, 전도인, 영수 포함)은 795명이었다. 당시 통계에서 볼 수 있는 것은 교회 직분으로 권사의 통계가 없다는 것이다. 또한 교회 수가 197개인 데 비해서 목회자는 겨우 16명에 불과했다. 그리고 197교회 중에 당회가 조직되어 있는 조직교회는 45교회에 불과했다. 그 45교회 중에서도 당회는 조직되어 있는 데 목사가 없는 당회는 31개나 되었기 때문에 목사를 모시고 있는 조직교회는 겨우 14개뿐이었다. 조직교회인 45개 교회를 제외하고 나머지인 152개

교회는 미조직교회였다. 이런 미조직교회들은 목사가 없기 때문에 장로나 영수가 교회를 맡아 섬기는 그런 상황이었다. 이 시기의 교인 수는 7,056명으로 아직 1만 명의 신자에 이르지 못한 시기였다. 이런 상황 속에서 일제의 신사참배와 혹독한 암흑의 역사를 거치면서 교회는 많은 핍박을 받았고 광복과 함께 핍박은 사라졌지만 앞에서 언급한 바처럼 교회 내부적인 문제가 일어났다. 그러면 그 와중에서 정통보수신학을 지키기 위해 각고의 노력을 다한 전남노회 교회는 수적으로 어떤 변화가 있었는지 1938년부터 1954년까지를 한정하여 살펴보자.

7.1. 연도별 통계

7.1.1. 1938년(1937년 6월 – 1938년 5월까지) 통계

1938년 교회 직원 통계[171]

직원 총수	선교사	목사	장로 수	장립 집사	서리 집사	전도사	전도인	영수 수	강도사	목사후 보생
907	8(남) 15(여)	19(시무) 3(무임)	93	76	344(남) 220(여)	44(남) 8(여)	20(남) 27(여)	20	2	9

조선예수교 장로회 총회에서 신사참배가 아직 결의되기 전의 전남노회(광주・전남 지역)에 전년도에 비해 목사의 수가 7명이 증가되었으며, 직원총수는 전년도인 1937년인 903명에 비해 큰 차이는 없었다. 그러나 미국 남장로회 선교사는 무려 23명이나 사역하고

---

171) 조선예수교 장로회 제27회 총회 회의록(1938년), 175 – 76.

있었다. 그러나 23명의 통계를 마지막으로 1939년에는 전원 전남 노회를 떠나게 되었다.

1938년 교회 및 교인 총수[172]

교회 총수	당회 수	미조직(준당회)	예배당 수 (예배처소포함)	신건축예배당수	교인 총수
241	15(목사 있는) 40(목사 없는)	181	276	4	14,919

1938년도에 전남노회에 소속된 교회는 241개 교회였다. 전라북 도인 전북노회의 286개 교회에 비해 약 16% 정도 뒤져 있었다. 교인 역시 21,712명이었던 전북노회의 약 69% 수준에 불과했다. 당시 전남노회 상황은 다음과 같다.

一. 감사할 것
1. 과거 1년간 하나님의 은혜 중 노회 경내 284 교회가 어려운 중에서라 도 무사히 지냈사오며.
2. 교인 중의 신앙은 일시 우려 중에 잠겼었으나 안정되어 점점 자라는 중이오며.

二. 교회 형편
1. 교인은 증가됨이 없고 통계상으로 903명 감소되었사오며
2. 기도는 개인, 인밀, 가족, 특별, 연합, 구역회 등으로 열심 기도하는 중 이오며
3. 성경공부는 개인, 통신과, 남녀 사경회, 성경학교 주일학교로 하오며
4. 전조는 노회, 각 교회, 부인조력회, 개인으로 하오며
5. 강도사 이순영 씨와 금춘 신학 졸업생 박석현 씨를 목사로 임직하였 삽고 전도사 3인을 시취하여 허락하였사오며 직원 목사 19인, 장로 93인, 선교사 남녀 15인이오며.

---

172) *Ibid.,* 176 – 77.

三. 교육, 유치원, 사당, 야학을 전과 같이 계속하여 가오나 선교사 경영의 남녀 중 초등학교 4교는 거년 9월에 폐교되어 실로 유감이요, 애석히 여기는 바이오며.

四. 장내경영 – 각 교회의 영적 향상과 진흥에 노력하고 교세충실에 계속하여 전력하려 하오며.

五. 특별사항은 금춘 정기 노회에 오랫동안 문제로 되어 오던 참배 문제에 대하여 당국의 지시대로 신사는 종교가 아니요 참배는 국민정신 통일을 위한 국가의식임을 인식하고 본 노회로서도 참배함이 국민의 당연한 의무인 동시에 교회지도상 선명한 태도인 줄 알고 이를 결의 실행하는 동시에 관내 각 교회에 통지하여 일반 교인으로 취할 길을 보였사오며.

六. 총계는 별지와 같습니다.[173]

제30회 전남노회(1938년 5월 6일)가 목포양동교회에서 소집되어 노회장 박연세 목사의 사회로 진행된 회의는 신사참배를 결의하게 되었다. 노회가 신사참배를 결의하자 선교사들이 운영하는 광주에 있는 기독교 학교, 남녀 중 초등학교 4교는 1938년 9월에 폐교되는 아픔을 겪게 되었는데 이것은 이미 1937년에 예견되어 있었다.

1937년 2월 남장로회 미국 선교회 본부에서 총무가 오고 광주, 목포, 순천, 군산, 전주 등 각 학교 대표가 전주에서 모였다. 우리는 전주회의에서 사태의 심각함에 대해 오랜 시간 논의가 있었다. 특히 학교 폐교문제는 가장 큰 문제로 얘기가 오고 갔다. 그러나 확실한 사항들이 결정되었다. 가장 큰 것은 교육을 받고 있는 믿는 사람에게 신사참배란 있을 수 없다는 결정이었다. 그래서 첫째 3월 31일까지 수업은 끝마치고, 둘째 남아 있는 1, 2, 3학년은 무슨 방법을 써서라도 교육을 마칠 수 있도록 하며, 셋째 입학생은 받지 않는다는 내용이었다. 또 만약에 하지 않기로 결정된 사항엔 신사참배를 일본인들이 계속 강요, 억지로 하도록 했을 때는

173) *Ibid.*, 121.

폐교할 것을 결의사항으로 했다. 이 같은 결정 사항들은 영문으로 인쇄되어 회의에 모인 교장들에게 배부됐다. 나는 결의사항이 인쇄된 서류뭉치를 들고 광주에 왔다. 내가 학교에 도착했을 때 온통 학교는 술렁술렁했다. 교장실에 들어섰을 때 '학생들이 강당에 모여 기다리고 있습니다.' 하고 어떤 선생이 알려 주었다. 학생들은 이미 내가 그때쯤 해서 돌아올 줄 알고 나를 기다린 것이다. 내게 전주회의의 내용을 보고해 줄 것을 요구하고 있다는 것이다. 하오 6시까지 번역을 마쳤다. ……드디어 김 선생(당시 교감)의 결정사항 낭독이 끝났다. 끝나자마자 금방 분위기는 곧 함성이라도 터질듯 한 팽팽함이 감돌고 있었다. 김 교감이 교단에서 내려오자 나는 강당을 나가기 위해 일어섰다. 그때 학생들의 눈은 모두 일어선 내게 집중됐다. 모두들 눈동자가 날카롭게 움직이고 있었다. 웅성거리던 학생들이 내가 가는 길을 막고 섰다. 처음 몇몇 학생이 길을 막았으나 금방 모든 학생들이 나와 김 교감을 둘러싸 버렸다. 학생들 속에서 금방 "그 결정은 따를 수 없다. 죽어도 그 결정에 반대해야 한다."라는 함성이 들려왔다. 나는 털썩 의자에 주저앉고 말았다. 174)

신사참배로 인해 기독교 학교와 교회는 많은 핍박을 받았다.

7.1.2. 1939년(1938년 6월 – 1939년 5월까지) 통계

1939년 교회 직원 통계175)

직원 총수	선교사	목사	장로 수	장립 집사	서리 집사	전도사	전도인	영수 수	강도사	목사후 보생
838	.	16(시무) 2(무임)	92	21	374(남) 227(여)	48(남) 6(여)	10(남) 11(여)	30	1	.

1939년 조선예수교 장로회 총회에서 신사참배를 결의하고 평양 장로회신학교는 총회의 신사참배 결의로 인하여 스스로 학교 문을 닫았으며, 일제의 선교사 추방령에 의해 일부 선교사들이 한국을

---

174) 유화례, "수피아와 나" 3 – 7, 전남매일신문(1975. 5), 수피아 90년사 편찬위원회, 「수피아 90년사」(광주: 광주수피아여자중고등학교, 1998), 321 – 22에서 재인용.

175) 조선예수교 장로회 제28회 총회 회의록(1939년), 227.

떠났지만 1939년에 아직 국내에 남아 있는 선교사는 평양에 30명을 비롯하여 국내에서 144명이 사역하고 있었다. 그러나 전남노회에는 남장로회 선교사들이 단 한 명도 존재하지 않았다.

조선예수교 장로회 총회 산하 지교회 전체 직원 24,629명 중에 전남노회는 838명으로 전체 3.4%에 해당되었다.[176] 목사의 수는 총회 내 580명 중에 18명으로 겨우 3.1%에 해당된 수치였고 경남의 5.8%에 비해서도 낮은 비율을 나타내고 있었다. 선교사는 전년도인 1938년에 23명이던 것이 1938년 후반기부터 1939년 5월까지 단 한 명의 선교사도 없었다.

1939년 교회 및 교인 총수[177]

교회 총수	당회 수	미조직(준당회)	예배당 수 (예배처소포함)	신건축예배당 수	교인 총수
243	25(목사 있는) 28(목사 없는)	190	284	4	10,393

전남노회 교인 총수는 10,393명으로 전년도인 1938년보다 14,919명에[178] 비해 30% 정도가 감소하였다. 교회는 전년도인 1938년에 비해 2개 교회 정도가 더 설립되는 수준에 불과했다.

총회 내 전체 교인 수 역시 1938년도에 362,077명이었는데 1939년의 통계에서도 전년도와 비슷한 360,838명에 머물렀다. 오히려 감소추세를 보였다. 교회 수 역시 1938년도의 통계에는 3,121개 교회였으나 1939년에는 3,316개로서 겨우 195개의 교회가 더 세워졌다.

---

176) *Ibid.*

177) *Ibid.*, 228.

178) 조선예수교 장로회 제27회 총회 회의록(1938년), 176.

一. 감사할 것
　난국 중에도 과거 1년간 각 교회가 신앙의 단련을 받아 무사히 지냈사오며

二. 교회 형편
　교회 수와 교인 수는 통계상으로 감소되었사오나 각종 기도생활의 은혜 받는 교인이 많사오며 성경공부는 개인과 단체로 각 기관을 통하여 하는 중이오며 전도는 개인과 교회로는 물론 노회로서 진력하고 부인 조력회에도 이 사업에 힘쓰오며 금춘 신학 졸업생 이남규 원창권 양씨는 목사로 임직하였사오며

三. 교육 형편
　유치원, 야학, 서당, 학교 등으로 하오나 심히 영성하오며

四. 특별사항
　선교사 담임구역을 전부 인수하여 전도 목사를 증취하고 전도사로 이를 도와 노회가 전책임을 지고 수습에 노력하옵는 중 미종류의 한재로 염려됨이 많사오나 주의 능력을 의지하오며

五. 장래경영
　전도 사업과 기성 교회 수습에 주력하고 교세충실에 노력하려 하오며.

六. 통계는 별지와 같습니다.[179]

　신사참배 문제로 선교사들이 광주의 기독교 학교를 폐쇄하고 선교사들이 떠나자 그 자리를 전남노회가 인수하여 관리하게 되었다. 선교사 없는 광주·전남 지역이 된 것이다.

전남노회 31회(1939년)

노회장소	노회일시	노회장	부노회장	서기	부서기	회계	부회계
광주양림	1939. 5. 9	최영준	박연세	주흥옥	이순영	박종철	조일환

---

179) 조선예수교 장로회 제28회 총회 회의록(1939년), 124 - 25.

7.1.3. 1940년(1939년 4월 – 1940년 3월까지) 통계

1940년 교회 직원 통계[180]

직원 총수	선교사	목사	장로 수	장립 집사	서리 집사	전도사	전도인	영수 수	강도사	목사후 보생
926	.	17(시무) 1(무임)	105	28	391(남) 295(여)	30(남) 12(여)	1(남) 2(여)	26	1	17

1940년 교회 및 교인 총수[181]

교회 총수	당회수	미조직(준당회)	예배당 수 (예배처소포함)	신건축예배당 수	교인 총수
201	16(목사 있는) 41(목사 없는)	144	208	2	11,320

1940년의 총회 전국 교회 교인 수는 전년도인 360,838명보다 적은 328,648명으로 9% 정도 감소되었다. 전남노회는 전년도 10,393명에 비해 11,320명으로 927명 정도 성장하였다. 1939년에는 예배처소까지 포함해서 284개 교회였으나 1940년에는 208개로 무려 76개 교회가 줄어든 것을 볼 수 있다. 이는 당시 핍박이 얼마나 심했는지를 알게 해 준다.

  一. 감사할 것
  본 노회 지경 내 각 교회가 과거 1년 동안 극심한 한재 중에도 하나님의 은혜로 무사히 지내었사오며

  二. 교회 형편
  교회 수는 통계상으로 작년보다 감소되었으나 실교인 수는 156인이 증가되었사오며 각 기관을 통하여 개인과 단체로 성경공부를 하오며 전

---

180) 조선예수교 장로회 제29회 총회 회의록(1940년), 120 – 21.

181) *Ibid.*, 121 – 22.

도 사업은 개인으로 단체로 또는 교회적으로, 노회적으로 각각 진력하오며 중 내에 전도 목사로 시무하던 목사 6인을 금년에 각각 위임 목사로 세웠으며, 교회당도 2처를 신건축하였사오나 섭섭한 것은 지난 7월 회간에 폭풍우로 인하여 반괴 혹은 전괴된 교회당이 6, 7처나 되는 일이오며

三. 교육 형편
유치원 야학, 사당, 사립학교 등을 경영하오며.

四. 특별사항
중 내에 3,200여 원의 경비로 전도목사와 전도사를 보조하던 일을 끊고 금년부터는 이 사업을 각 지방 6시찰회에서 경영하던 것을 금년부터는 사경회와 성경학 전부를 노회에서 경영하기로 하오며.

五. 장래경영
기성교회에 교역자를 배치하는 일과, 교회 진흥 사업에 주력하여 교세를 확장케 하려 하오며.

六. 통계는 별지와 같습니다.[182]

7.1.4. 1941년(1940년 4월 – 1941년 3월까지) 통계

1941년 교회 직원 통계[183]

직원 총수	선교사	목사	장로 수	장립 집사	서리 집사	전도사	전도인	영수 수	강도사	목사후 보생
931	.	18(시무) 2(무임)	99	29	396(남) 315(여)	26(남) 14(여)	4(남) 4(여)	25	.	23

1941년 교회 및 교인 총수[184]

교회 총수	당회 수	미조직(준당회)	예배당 수 (예배처소포함)	신건축예배당 수	교인 총수
218	18(목사 있는) 38(목사 없는)	160	220	.	10,178

---

182) *Ibid.*, 108.

183) *Ibid.*, 120 - 21.

7.1.5. 1942년(1941년 4월 – 1942년 3월까지) 통계

1942년 교회 직원 통계[185]

직원 총수	선교사	목사	장로 수	장립 집사	서리 집사	전도사	전도인	영수 수	강도사	목사후 보생
795	.	14(시무) 2(무임)	93	27	328(남) 268(여)	25(남) 7(여)	5(남) 8(여)	20	.	1

1942년 교회 및 교인 총수[186]

교회 총수	당회 수	미조직(준당회)	예배당 수 (예배처소포함)	신건축예배당 수	교인 총수
197	14(목사 있는) 39(목사 없는)	152	207	.	7,056

1942년 10월 16일 오후 7시 30분에 소집되어 20일까지 조선예수교 장로회 제31회 총회가 평양서문밖교회에서 진행되었다. 총회장은 김응순 목사가 당선되었다. 개회 전에 대동아 공영권 건설을 지지하는 선언문이 채택되었다. 경기, 경성노회는 합병키로 하였으며 1942년 9월 20일에 해군에 헌납한 전투기 이름을 '조선 장로회'로 결의하기도 했다. 제31회 총회록은 일본어로 기록되기도 했는데 이 해는 외국 선교사 전원이 출국하는 해이기도 했다.

일제는 제31회 조선예수교 장로회 총회(1942년)를 폐쇄하고 대신 일본기독교조선장로교단을 만들어 한국교회를 장악했다. 이 해는 전남노회의 제34회 정기노회가 소집되는 해였다. "1942년 5월 4일 오후 8시 30분에 본회가 정기회로 목포양동예배당 내에 회집

---

184) *Ibid.*, 121 – 22.

185) *Ibid.*, 전남노회 제34회 회의록(1942), 부록.

186) *Ibid.*, 121 – 22.

하여 회장 우전종사(宇田宗司) 목사 사회로 국민의례를 거행하고 찬송가 제8장과 성경 로마 12장을 봉독한 후 '선후신자의 의무'(銑後信者의 義務)란 제목을 설교하고 신촌연세(新村淵世) 목사가 기도하고 조선예수교 장로회 전남노회 제34회가 개회"되었다.[187]

제34회 전남노회 정기회는 목사회원 15명, 장로 29명, 방청전도사 4명이었다. 제34회 회원 명단에 의하면 김창국, 이남규, 김윤식 목사 등은 창씨개명을 했던 것으로 기록되지만 당시 무임목사였던 최흥종 목사는 창씨개명을 하지 않은 것으로 기록되고 있다.[188] 또한 박문규 장로 등 역시 창씨개명이 없는 것으로 기록된다.[189]

이날 임원선거에서 회장에 김윤식 목사, 부회장에 원전순영, 서기에 향천홍옥, 부서기에 산본남규, 회계에 김본태호, 부회계에 우전종사가 당선되었다.[190] 노회 서기는 제33회 회의록을 300부를 출간하여 배부하였음을 보고하였다.[191] 무려 300부나 인쇄하여 배부했지만 이때 배부된 전남노회 제33회 인쇄본 회의록은 아직까지 발견되지 않았다.[192]

제34회 전남노회 본회에서 '목표양동교회 여자부에서 휘장을 제정하매 감사하게 받게 되었으며 본 교회에 감사장을 발송하기로 결의'하였다. 당시 상비부는 임사부, 규칙부, 재정부, 전도부, 종교교육부, 신학부, 학무부, 재단부, 목사가족부, 구제부 등으로 구성되었다.

---

187) 전남노회 제34회 회의록, 1942. 1.

188) *Ibid.*, 2 - 3.

189) *Ibid.*, 3.

190) *Ibid.*

191) *Ibid.*

192) 필자가 보기로 당시에 이처럼 노회 회의록을 인쇄하여 배부하였음을 확인하였다.

7.2. 전남교구 및 전남노회 현황

7.2.1. 1943년 – 1945년 일본기독교장로교단 전남교구 상황

소화 18년(1943년) 2월 17일에 제31회 총회(1942년)에서 각 노회장들로 구성된 상치위원회(常置委員會), 중앙위원회, 교파합동위원회 및 헌법개정위원회를 소집하여 '일본기독교'를 결성하는 초안을 통과시키려고 하였지만 일부 위원들은 본래 장로회 헌법에 위배되기 때문에 강력히 반대의 주장을 해왔다. 한편 김응순 총회장은 규칙 초안이 이미 총독부 보안과의 검인을 맡은 것이라면서 강력히 주장하였지만 그 다음 날 '장로'라는 두 글자를 포함시켜 첨가하기로 하고 '일본기독교조선장로교단'이란 규칙이 통과되었다.

이러한 역사적 상황 속에서 1943년 5월 6일 오후 2시에 전남노회 제35회 정기회가 양림청 전남노회관에서 부회장 원전순명 목사의 사회로 국민의례의 시작으로 개회되었다.[193] 목사회원 30명, 장로총대 24명, 원로목사 2명, 방청전도사 9명, 총 51명이 참석하였다.

제35회 전남노회에서는 전남지방 기독교회 기구개혁이 이루어진다. 일제에 의해 전남노회가 폐쇄되고 전남교구로 기구개혁이 이루어지는데 제15조로 구성된 전남교구가 조직되어 통과되었다.[194]

전남교구 임원이 결정되었다. 전남교구 임원은 교구장에 광주부에 소속된 도전일청(島田一淸: 시다말) 목사, 부교구장에 우전종사(김종인), 원전순영(이순영), 의장에 김천윤식(김윤식) 목사, 부의장에

---

193) 전남노회 제35회 회의록, 1943. 1.

194) *Ibid.*, 11 – 27.

김본태호, 서기에 향천홍 장로, 광원창권 목사로 결정되었다.[195]

전남교구 제2회 정기회가 1944년 5월 3일 오전 8시 30분에 '본회 교구장 도전일청(시다말) 목사의 사회와 국민의례를 행한 후 찬미가 제5번을 합창'[196]으로 시작하였다. 출석회원은 목사 14명, 장로 9명 계 23명이 참석하였다. 1부 예배와 성찬식이 끝난 직후인 오전 9시 30분에 회원일동과 방청자를 포함해서 총 50명이 광주신사를 참배하였다.[197] 전남교구 제2회 정기회에서 장로교시 합격자 26명이 보고되었다.

제3회 전남교구회가 1945년 4월 17일 오전 9시 30분 광주교회 금정수련도장에서 교구장 우전종사 목사의 사회로 진행되었다.[198] 목사회원 16명, 장로 총대 6명이 참석하였다. 긴급동의안으로 출정 황군장병에 대한 감사 결의문안이 낭독되어 전원 박수로 받았으며, 제1부 예배가 끝난 다음에 신사참배가 있었다. 제3회 새 교구장에 조춘승기 목사의 교구장 취임식이 있었다.

---

195) *Ibid.*, 28.
196) 전남교구 제2회 회의록, 1944. 1.
197) *Ibid.*, 3.
198) 전남교구 제3회 회의록, 1945. 1.

7.2.2. 1946 – 1954년 전남노회 상황

1947년 교회 통계(전남노회 지교회 교인 수)

주소 및 교회	교인 수	주소 및 교회	교인 수
광주부 양림	115	동북면 한천	6
중앙	115	원천	5
금정	100	독면 월곡	7
구강정	60	주도	3
동부	20	둔동	3
광산군 지산면 일곡	18	북면 수리	6
송정읍	40	보성군 북내면 복내	10
효지면 향암	5	겸백면 운림	4
대촌면 월성	10	율어면 창동	6
서방면 중흥	11	장원	4
사방면 신안	30	겸백면 남양	3
지산면 월산	17	미력면 화방	2
장성군 남면 월정	11	나주읍	60
황룡면 신호	15	나주군 영산포읍	70
삼계면 사창	1	나주군 반남면 상촌	20
삼계면 수해	3	대안	20
장성읍	25	봉황면 덕림	20
장성군 삼서면 보생	15	덕곡	7
소룡	40	세지면 내정	8
영신	3	삼도면 내산	25
영광읍	35	남평면 대교	50
영광군 법성면 법성포	28	산포면 등정	25
남면 옥실리	27	초동	15
군남면 백양리	10	다도면 방산리	25
신천	8	산포면 내기	5
담양읍	60	금천면 광암	15
담양군 대전면 대치	21	가송	3
봉산면 양지	8	나주면 토게	15
창평면 창평	10	문명면 국동	20
해곡	8	담양군 군무정면 봉안	10
수북면 주평	10	광산군 극락면 내방	16
개동	8	임곡면 임곡	20
화순읍	32	곡성군 옥괴면	8
화순군 능주면	5	영광군 백수면 대전	15
동면 마신	20	염산면 야월	16
원화	7	나주군 동촌	10
이서면 보월	7		
동북면 칠정리	6		

출처: 전남노회 제37회 회의록, 1947. 3.

1946년은 38선 이남 남한만의 교회들이 서울 승동교회에 모여 남부대회(6월 11 - 14일)가 소집된 해이다. 배은희 목사가 회장이 되어 38선이 철폐되면 남북이 통일한 총회를 조직하기로 하되, 일단 이남 12개 노회가 총회를 조직하고 회의를 진행했다. 1938년 제27회 총회 시 가결한 신사참배는 전국 교회의 신앙 부족으로 일제의 강압에 의하여 저지른 잘못으로 알고 회개하며 이를 취소하는 결의를 했다. 조선신학교를 총회가 직영하기로 하였으며 제2회 남부대회는 1942년 제31회 총회에 이어 제32회로 명명하기로 하였다.

전남노회는 1945년 11월 7일 일제에 의해 폐쇄된 노회를 재건한 후 1946년 5월 7일 재건한 후 두 번째로 목포양동교회에서 제36회 노회를 소집하였다. 노회록 전문은 다음과 같이 기록하고 있다.

> "주후 1946년 5월 7일 하오 8시에 조선예수교 장로회 전남노회 제36회 정기회가 목포양동예배당에 회집하여 회장 김창국 목사 사회로 찬송가 149장을 합창하고 정순모 목사와 김홍순 장로로 기도케 하고 회장이 성경 마태복음 25장 14 - 21절까지 봉독한 후 「그리스도의 충복」이란 제목으로 설교하고 이어서 기도하고 개회됨을 선언하다."[199]

목사 18명, 장로 28명 합계 46명이 참석한 가운데 임원 투표에서 회장에 정순모, 부회장에 이남규, 서기에 김병두, 부서기에 성갑식, 회계에 이문겸, 부회계에 서한권 장로였다.

본 노회에서는 1944년 일제 학정으로 대구옥에서 별세하신 고 박연세 목사와, 같은 해 목포 자택에서 별세한 고 김창옥 장로의 추도식을 전순모 목사의 사회로 진행하였다. 기도는 김방호 목사,

---

199) 전남노회 제36회 회의록, 1946. 1.

김창국 목사는 성경 묵시 21장 1-8절까지 봉독하고 "먼저 가신 두 분은 지금 영광의 하늘나라에서 무한한 복락을 누리고 계시니 우리에게 위로가 된다."라는 뜻으로 설교하였다. 원창권 목사로 두 분의 약력을 낭독게 하고 김재선 목사의 추도사가 있은 후 두 분 유족에게 위로의 예물을 승정하고 회장의 축도로 마쳤다.[200]

긴급동의안으로 "우리 조선에 공적이 막대한 이순신 충무공의 기념비석 복구사업비용에 협력하여 헌금하자는 김창국 목사의 긴급동의에 일치가결하고 밤 시간에 당석헌금하기로" 결의하기로 했다.[201] "노회를 탈퇴하고 자유로 나갔던 나주남평교회가 본 노회에 귀속청원한 건은 허락하고 박석현 목사로 치하케 하심"을 결의하기도 했다. 제2회 남부대회 상황에 대해 보고를 받은 후 조선신학원 유지회의 보고를 광고로 받기도 했다.

1946년 11월 15일 오후 2시에 조선예수교 장로회 전남노회 제3회 임시회가 광주 중앙교회당에 회집하였다. 회장의 사회로 찬송가 67장을 합창하고 성경 빌립보 1장 12-26절까지 봉독한 다음에 '내 몸으로 그리스도를 존귀케 하자'라는 제목으로 설교한 후 이문겸 장로로 기도하고 개회되었다.[202] 이날 중요 안건은 전남노회 분립(목포노회)건이었다. 다음과 같이 분립하기로 결의한다.

> "목포노회분립건에 대하여 장시간 토의하다가 기왕 분립할 바에는 평화적으로 분립하는 것이 가하다는 동의와 재청이 있고 노회 분립은 중대한 사건이니 내정기노회 시까지 유안하자는 개의가 있어서 거수로 물으

---

200) *Ibid.*

201) *Ibid.*

202) 전남노회 제36회 제3차 임시회의록, 1946. 1.

니 유안하자는 개의가 11명, 동의가 15명으로 가부를 물으니 분립의 가
편이 14명, 부편이 7명이어서 분립하기로 가결하다."[203]

이날 임시회에서는 일로지방교회의 서성일 목사 청빙 건은 38선
의 장벽으로 인하여 이명증서를 접수하지 못하였지만 특수한 사정
을 고려하여 본 노회 회원으로 받기로 결의하였다.

1947년 5월 6일 전남노회 제37회가 소집되었다.

> 1947년 5월 6일 하오 8시에 조선예수교 장로회 제37회 전남노회가 나
> 주군 영산포읍예배당에서 회집하여 회장 정순모 목사의 사회로 찬송가
> 36장을 합창하고 문철 목사가 기도하고 회장이 성경 에베소서 4장 1 - 16
> 절까지 봉독하고 "우리를 부르심은 그리스도의 몸을 세우려하심이라"는
> 제목으로 설교하고 회장이 기도하고 서기가 회순을 낭독한 후 전남노회
> 제37회가 개회됨을 선언하다.[204]

이날 참석회원은 목사회원 11명, 장로 18명, 합계 29명이었다. 선
출된 임원은 회장에 정순모 목사, 부회장 박석현 목사, 서기에 주
형옥 장로였다.

1948년 제38회 전남노회가 나주읍예배당에서 소집되었다.

> 1948년 5월 4일 하오 8시에 조선예수교 장로회 전남노회 제38회가 나
> 주읍예배당에 회집하여 회장 정순모 목사의 사회로 찬송 36장을 합창하
> 고 박찬목 목사 편진옥 장로로 기도케 하고 회장이 성경 딤후 4장 5절로
> 8절까지 봉고하고 "전도인의 직책을 다하자"란 제목으로 설교하고 기도한
> 후 조선예수교 장로회 전남노회 제38회 정기회가 개회됨을 선언하다.[205]

---

203) *Ibid.*

204) 전남노회 제37회 회의록, 1947. 1.

205) 전남노회 제38회 회의록, 1948. 1.

1948년 제38회부터, 1년에 정기회를 봄에만 소집한 것을 '임시 노회를 폐하고 9월 둘째 주 주일 후 화요일을 개회일로 삼으며 여비는 자담하고 그 노회에서는 일반 사건만 처리하고 임원 개선은 하지 않기로 가결'하였다.[206] 임원선거에서 회장에 박석현 목사, 부회장에 김창국 목사, 서기 주형옥 장로, 부서기 김윤식 장로, 회계 이교한 장로, 부회계에 김금용 장로가 선출되었다.

청빙수속 중에 있던 황해노회의 김재석 목사를 본 노회원으로 받아 환영하였고, 이명이 허락된 김무봉, 홍관, 박찬목, 조남기 네 분의 목사를 회장이 소개한 후 '과거 평양신학교에서와 외지에서 수고하신 박형룡 박사가 임석하셨음으로 회중이 환영하고 동 박사가 인사'하기도 했다. 박찬목 목사가 전남노회로 이명해 옴으로 이제 그의 시대가 박형룡 박사와 함께 펼쳐지게 되었다. 광주금동교회가 광주남부교회로, 광주 구강동교회가 광주서부교회로 교회 명칭변경이 허락되었다.

1949년 9월 13일 제41회 전남노회가 광주전방교회당에서 회집되었다. 회장 김재석 목사의 사회로 진행된 이날 정기회는 목사 23명, 장로 29명 선교사 2명이 참석한 가운데 진행됐다. 나주읍교회 정순모 목사의 성역 건속 30주년 기념식과 이경필 목사의 공로목사 추대식이 있었다.[207]

전남노회 제42회 정기회는 한국동란이 일어나기 3개월 전인 1950년 3월 14일에 회집되었다.

---

206) *Ibid.*, 19.

207) 전남노회 제40회 회의록, 1949. 8.

> 1950년 3월 14일 오후 7시 30분에 본 노회가 나주군 영산포읍 교회 예배당에 회집하여 회장 김재석 목사의 사회로 찬송 390장을 박찬목 목사로 인도 합창하고 정순모 목사로 기도케 하고 회장이 성경 마태 24장 32절과 51절을 봉독하고 영산포읍교회 성가대의 찬양이 있은 후 "맡을 만한 사람"이란 제목으로 설교하고 허상 장로로 기도하고 찬송 217장을 합창한 후 주기도로 개회 예배를 필하다.[208]

이날 참석회원은 목사 27명, 장로 32명, 선교사 1명 합계 60명이 참석하였다. 임원은 회장에 김재석 목사와 부회장에 정순모 목사, 서기 박찬목 목사였다. 총재정 수입 790,050원, 총지출 790,050원의 회계보고를 받았다. 6 · 25 전쟁으로 가을노회는 회집하지 못했다.

전남노회 제43회 정기회가 6 · 25 기간 중인 1951년 3월 13일에 소집되었다.

> 1951년 3월 13일 하오 3시에 본 노회 제43회가 광주중앙교회예배당에 회집하여 회장 김재석 목사의 사회로 찬송가 267장을 합창하고 홍익제 목사로 기도하고 회장이 사도행전 1장 4-8절을 봉독하고 중앙교회 성가대의 찬양이 있은 후 "참된 의인"이란 제목으로 설교하고 정순모 목사로 기도하고 찬송 1장을 합창하고 회장의 축도로 개회예배를 필하다.[209]

목사 23명, 장로 29명, 합계 52명이 참석하였고 임원 전원이 재선되었다. 회장에 김재석 목사, 부회장에 정순모 목사, 서기에 박찬목 목사, 부서기에 도상욱 목사, 회계에 손연환 목사, 부회계에 김금용 장로였다. 또한 6 · 25전쟁 때 순교한 신자들에 대한 추도 예배가 노회 3일째 되는 날인 15일 오후 3시에 드려졌다. 순교자

---

208) 전남노회 제42회 회의록, 1950. 1.
209) 전남노회 제43회 회의록, 1951. 1.

는 '김창국 목사, 김방호 목사, 김종인 목사, 원창권 목사, 박석현 목사, 김병엽 목사, 허상 장로, 김용선 장로, 김용택 전도사, 김재택 전도사, 김현, 박초진 목회자 후보생'으로 이들에 대한 추도식은 회장의 사회로 진행하였다. 정순모 목사가 마태복음 10장 16-33절 말씀을 통해 '순교의 기쁨이란'이란 제목으로 설교한 다음 노회장 김재석 목사의 축도로 마쳤다.[210] 전쟁으로 예배당 전소 14개, 파손 7개소이며, 인명피해는 목사 5명, 장로 3명, 전도사 2명, 목사후보생 2명, 집사 22명, 평신도 130명, 합계 164명이 피해를 입었다.[211]

1951년 9월 11일 하오 7시에 개회된 전남노회 제44회는 나주군 영산포읍교회 예배당에서 회집하였다. 목사회원이 25명 참석하였고, 장로총대는 30명, 합계 55명이 참석하여 회무를 진행했다. 1951년 12월 20일에 소집된 제44회 제1차 임시회에서는 유화례 선교사 선교 25주년 기념식을 거행하기로 결의하고 1952년 3월 11일에 소집된 제45회 정기회에서 기념식을 갖도록 하였다.

1952년 9월 16일에 소집된 전남노회 제46회는 광주 남부교회예배당에서 목사회원 30명, 장로 36명, 합계 36명이 참석하여 회무를 진행했다.[212] 김아열 선교사에게 회원권이 허락되었으며, 광주 남부교회가 광주제일교회로, 광주산수동교회가 계림교회로 명칭이 변경되었다. 나주읍교회에서 별도로 예배를 드린 성도들은 나주읍교회에서 분립된 나주남문교회 승인 청원건은 '대표도 참석지 않

---

210) *Ibid.*, 12.

211) '대한예수교장로회 총회 제36회 회의록', p.145.

212) 전남노회 제46회 회의록, 1953, p.1.

고 현재 형편상 금번 노회는 처리키 불능하와 유안함이 가한 줄 아오며'라고 결의하였다.[213]

1953년 3월 10일 하오 7시에 본회가 광주중앙교회에서 소집되었다. 김재석 목사의 사회로 진행된 이날 정기회 참석자는 목사회원 32명, 장로 총대 35명, 선교사 1명(김아열), 합계 68명이었다. 임원을 투표로 선정하여 회장에 박찬목 목사, 부회장에 정순모 목사, 서기에 계화삼 목사, 부서기에 주형옥, 회계에 김금용 장로, 부회계에 오이색 장로가 선출되었다.

나주읍교회 문제 해결을 위한 별위원의 보고를 받았다. 내용은 다음과 같다.

> 나주 별위원장 여운원 목사가 여하히 보고하니 임사부에 맡기기로 하다. 본위원은 나주 남문교회가 제46회 임시노회에 무조건 가입을 원하였으나 나주읍교회와 여러 가지 관계로 허락지 못하고 유안하였던 것인데 秋期 노회에 유안 건을 제출하였으나 남문교회 대표가 통지서를 받지 못한 관계로 불참하여 다시 별위원을 선정하고 무조건 가입을 권고하라는 명령을 받고 위원들이 가서 해교회 대표들과 문답을 하다.
> 1문: 지금은 전남노회에 가입할 마음이 있습니까?
> 답: 있습니다.
> 2문: 다른 말씀은 없습니까?
> 답: 전남노회에 가입할 마음은 있으나 나주읍교회 재산 중 풍금, 포도원 창고 일동(一棟)을 양도해 주어야 가입할 수 있다고 하였음을 보고하오니 선처하여 주시기를 바라나이다.[214]

이 같은 별위원의 보고가 있는 후 임사부는 '나주남문교회는 승인하고 당회장은 김덕수 목사로 함이 가한 줄 아오며'라고 결의하

213) *Ibid.*, 11.
214) 전남노회 제47회, 회의록, 1953. 6.

였다.[215]

1953년 6월 16일 전남노회 제47회 임시노회에서 양림교회 김재석 목사의 해교회 무총회 무노회 선언에 관한 건과 양림교회 장로 집사 교인 등의 해당회 불신임 및 교회 수습청원은 김재석 목사의 양림교회 목사 시무를 해직하고 본 노회는 김재석 목사를 노회 명부에서 제명하였다. 대신 양림교회 임시당회장은 정순모 목사로 결정되었다. 숭일중고등학교 교목으로 김준곤 목사가 청빙결정이 되었다.

요약하자면, 선교사공의회 시대는 남장로교 선교사들이 입국하기 시작한 1892년 바로 뒤 해인 1893년부터 약 8년간이다. 위에 기록한 것처럼 이 기간 동안 호남을 담당했던 남장로회 선교사들이 네비우스 정책과 더불어 의료사역, 문서 사역 및 학교사역을 통한 선교 활동이 헛수고가 아니었음을 알 수 있다. 또한 초기 선교사들은 교회 건물을 먼저 지은 것이 아니라 병원이나 학교를 먼저 세워서 호남인들의 필요를 채워주었다. 틀림없이 선교사들의 이러한 활동은 호남인들에게 '우리와 피부색이나 언어나 풍습이 다르지만 저들이 전하는 예수를 믿으면 우리도 저들처럼 될 수 있겠다.'는 어떤 확신을 심어 주었을 것이다.

선교사들의 순수한 헌신과 전도는 호남 지역에 하나님 나라를 확장하게 했다. 사람들이 점점 증가했다. 그렇게 되자 비로소 필요에 의해서 교회건물을 짓기 시작했다.

전라노회가 전남노회와 전북노회로 나누어진 것도 어떤 기득권

---

215) *Ibid.*, 16.

이나 노회에서의 위치 선점과 같은 매우 부정적이고 인간적인 동기는 전혀 없었다. 지역적인 이질감 때문도 아니었다. 오직 보다 효율적인 노회를 운영하여 더 효과적으로 복음을 전파하고, 이를 위한 행정적인 일들이 원활하게 지원되게 하는 데 그 목적이 있었다.

특히 이번 장에서 주의 깊게 볼 것은 남장로회 선교사들이 성경 중심의 교회사역을 했다는 것이다. 그 예가 '호남 선교와 선교방법(사경회)'에서 잘 드러나고 있다. 또한 호남 선교의 중심 역할을 감당했던, 당시 보수신학의 요람이었던 유니온 신학교 출신의 이눌서가 남장로회 대표로 성경번역 위원회에 회원자격으로 참석했다는 것을 들 수 있다. 비록 일제강점기였지만 호남 지역 교회는 날마다 성장했다. 하지만 다음 장에서 다룰 위기가 찾아왔다.

제4장 일제강점기 광주·전남

지역 사역의 수난과 투쟁

한국보다 먼저 개신교가 전파되었지만, 여전히 일본은 신도 등 자신들의 민족정신에 맞는 종교정책을 철저하게 시행했다. 일본의 종교정책에 개신교라고 예외가 될 수 없었다. 이렇게 되자 일본 내 개신교 교회들은 일본 정부의 조정을 받지 않을 수 없게 되었고 급기야 1938년에 일본이 한국에 대해 신사참배를 강요했을 때 당시 일본 기독교대회 의장이었던 도미다(富田滿) 목사는 1907년 대부흥의 중심지인 평양을 방문하여 신사참배는 국민의식에 불과함을 역설했다.

일본의 황민화 정책에 의한 한국교회에 대한 신사참배 강요는 한국의 모든 지역에 강요되었다. 한국교회 여러 교단 중에서 일본의 신사참배 강요에 가장 오랫동안 저항했던 교단은 당시 가장 큰 교단이었던 장로교회였다. 그러나 조선예수교 장로회 역시 1938년 9월 9일에 열린 제27회 총회에서 신사참배를 가결함으로써 일제의 총칼 앞에 무릎을 꿇고 말았다.

조선예수교 장로회를 마지막으로 한국교회의 모든 교파들이 신사참배를 결의했으나 평북, 평남, 경남, 전남, 만주 등에서 개교회의 목사, 신학생 등 신실한 성도들이 신사불참배 운동을 벌였다.216) 즉 전국적인 저항운동이 조직적으로 또는 개인적으로 일어났던 것이다. 이러한 저항 운동에 대해 성경은 무오한 하나님의 말씀임을 믿는 성경관을 가진 미국 남장로회로부터 복음을 듣고 성장한 호남 지역 역시 신사참배가 우상숭배라는 것을 확실히 믿었기에 적극적으로 저항했다.

---

216) 최훈, "신사참배와 한국재건교회의 역사적 연구", 연세대교육대학원 석사학위논문, 1972, 한국기독교와 신사참배문제, 한국기독교역사연구소, 116.

본 장은 조선예수교 장로회 총회가 신사참배를 가결하게 된 과정을 간단하게 다룬 후 호남 지역에서의 신사참배 저항운동과 수난에 대해 나주 지역과 순천 지역에 그 범위를 국한하여 다룰 것이다. 동시에 호남 지역의 교회들이 미국 남장로회 선교사들로부터 받았던 바른 성경관에 의한 바른 신앙이 무엇인지를 알아볼 것이다.

1. 일본의 조선에 대한 신사참배 강요 과정

조선은 일본과의 '을사보호조약' 이후 다시 '한일합방'이라는 어두운 그림자를 보게 되었다. 대원군이 섭정의 자리에서 물러난 지 3년 후, 1876년 조선은 일본과 수교를 하고 처음으로 외국에 문호를 개방하였다. 1392년 이성계가 건국한 이래 518년이 지났으며, 일본과 수교한 지 34년 만인 1910년 8월 22일 오후 5시 서울 남산에 있는 통감부(統監府)에서 대한제국의 총리대신 이완용(李完用)과 일본제국의 조선주재 통감 데라우치는 22만 평방킬로미터의 한반도 조선 영토와 1천3백만 명의 조선 인민을 일본제국에 양도하는 '한일합방'에 서명 조인했다. 이로 인하여 조선의 영토는 일본에 편입되고 조선의 인민은 일본제국의 신민이 되었다. 나라를 일본에 양도한 마지막 황제 순종은 조약 체결에 즈음하여 망국의 교지를 다음과 같이 내렸다.

"짐이 덕이 없는 사람으로서 황제가 된 이후, 오늘까지 정사혁신에 애

쓰지 않는 것은 아니다. 그런데 허약한 것이 고질이 되고, 영락이 극도에
이르러, 짧은 시일 안에 회복시킬 대책을 세울 가망이 없게 되었다. 짐이
결연히 반성하고 결단을 내려 한국의 통치권을 이전부터 친근하게 믿고
의지해 오던 대일본 황제폐하에게 넘겨, 밖으로는 동양평화를 공고히 하
고, 안으로는 8도의 백성을 보전하게 하는 바이다. 너희들 높고 낮은 관
리들과 백성들은 나라의 형세와 현재의 조건을 깊이 살펴 소란을 일으키
지 말고, 자기 직업에 안착하여, 일본제국의 문명한 새 정치에 복종하여
행복을 함께 받도록 하라. 오늘의 조치는 너희들 민중을 잊어서가 아니
라, 민중을 구원하려는 지극한 뜻에서 나온 것이니 관리와 백성들은 나의
이러한 뜻을 몸으로 느낄 것이다."[217]

이렇게 하여 국을 강압적으로 합병하여 식민지로 삼은 일본은
한국 교회까지 지배하려고 온갖 박해를 가해 왔다. 그들의 잔인한
박해는 신사(神社) 참배 강요에서 그 절정에 이르렀다.[218] 1930년
대에 들어서면서 일본 군국주의의 대두와 함께 신사참배가 정책적
차원에서 다시 본격적으로 강요되기 시작했다. 일제는 1931년 만
주사변을 일으켜 대륙침략을 재개하면서 신사참배를 강요했다. 옛
천황(天皇)이나 무사들의 영을 섬기는 신사에 전 국민을 참배하게 함
으로써 충성을 시험했고 군국주의의 정신적 단합을 도모하려 했다.

1936년 7대 총독 미나미가 부임하면서(1936년 8월 - 1942년 5
월) 신사참배 강요가 본격화되기 시작했다. 그는 군국주의의 지상
과제를 가지고 우리나라 백성을 철저히 황국 신민화하려 했다. 황
민화 정책의 특징은 '천황신앙'의 강제를 축으로 하여 정체성을 빼
앗아 민족성의 말살을 단기적으로 달성하려는 것이었다. 이 목적을
위해 일제는 신사참배와 동방요배의 강요, 황국신민의 서사의 제

---

217) 이덕주, 조선은 왜 일본의 식민지가 되었는가?(에디터, 2002), 18 - 9.

218) 손정묵, "조선총독부의 신사 보급, 신사참배 강요 정책 연구", (한국사연구 58, 1987),
138.

창, 창씨개명, 일본어 사용을 강요하였다.[219)

신사참배가 절정에 이르렀던 1938년 2월 조선 총독부는 이른바 '기독교에 대한 지도대책'이라는 것을 마련하였는데, 이는 기독교에 대한 정책이 어떤 것이었는가를 잘 보여주고 있다. 그 내용은 다음과 같다.[220)

1) 시국인식 철저를 위하여 야소교 교역자 좌담회를 개최하고 지도계몽에 노력하여, 이를 통하여 일반교도에 계몽을 담당하게 할 것.
2) 시국인식의 철저를 위한 지도 및 시설
① 교회당에 국기 게양 탑을 건설할 것
② 야소교의 국기에 대한 경례, 동방요배, 국가봉창, 황국신민의 선사 제창 등을 실시힐 깃.
③ 일반 신도의 신사참배에 대한 바른 이해와 여행(勵行)에 힘쓸 것
④ 서력 연호의 사용을 삼갈 것
3) 외국 선교사에 대하여는 이상 각 항의 실시는 선교사의 자각을 기다릴 것.
4) 찬송가, 기도문, 설교에 있어 내용이 불온한 것은 엄중 단속할 것.
5) 당국의 지도에 따르지 않는 신자는 법적 조치를 취할 것.
6) 국체에 맞는 야소교의 신건설운동은 이를 적극 원조할 것.

일제는 신사참배라는 기독교 교리와 정면으로 대립되는 행위를 가지고 우리나라 기독교와 기독교 학교에 압력을 가했다. 그 압력을 가하는 형태에는 두 가지 특징이 있다.[221) 첫째, 신사참배를 노골적으로 강요하기 시작한 지역이 서울이 아닌 한국의 예루살렘이라고 할 수 있는 평양을 중심으로 한 평안남도와 평양북도[222)에서 시작되었

---

219) 동아일보, 1935. 12. 1일자.

220) 朝鮮總督府警務局, 「最近에 있어서 朝鮮治安狀況」, 1938, 390 - 1, 한국기독교사연구회, 한국기독교의 역사 II, (기독교문사, 1990), 285.

221) 한규원, "일제말기 기독교 학교에 대한 신사참배에 관한 연구", 한국교육학회 교육사연구회, 한국교육사학, 제11집, 1989, 139.

222) 1938년 2월 9일 전국에서 가장 강한 교세를 자랑하던 평북노회가 신사참배를 가결하였다

다.[223] 그 이유는 한국의 기독교가 이 지역을 중심으로 활발하게 선교 활동이 전개되었고, 나아가서는 한국인에게 민족정신을 고취하는 활동이 어느 지역보다도 더 활발하게 전개되었기 때문에 이것을 좌절시키기 위한 것이었다. 다시 말하면, 이 지역의 기독교를 굴복시키면 다른 지방은 문제가 되지 않을 것이라는 계산을 가지고 있었던 것이다. 둘째, 교회가 아닌 학교에 대하여 먼저 신사참배를 강요하였다는 점이다. 이것은 선교사가 직접 관여하고 있는 학교를 굴복시키면 한국인 교회는 쉽게 그들의 시책에 복종하리라는 계산이 숨어 있었던 것이다. 왜냐하면 한국교회는 어떠한 형태로든 선교사의 영향하에 있었기 때문에 선교사를 먼저 굴복시키면 교회는 자연히 선교사의 방침에 따르리라는 의도가 숨어 있었기 때문이다.

일제는 그들의 신사참배 강요를 합리화하고 신사가 종교가 아니라 국가적 행사라는 것을 억지로 변명하기 위하여 학무국 종교과의 관할에서 내무국 지방과로 이관하면서까지 참배를 강요하였다. 이러한 일제의 기만적인 신사참배 정책에 대해 선교사, 교파, 학교, 교회가 취한 태도는 그들의 이해관계에 따라 서로 달랐다. 그들이 취한 태도는 크게 두 가지, 즉 신사참배 거부와 신사참배로 나누어 볼 수 있으며 이를 세분하면 다음의 4가지로 분류할 수 있다.[224]

첫째, 신사참배가 제신에 제사하는 종교의식이므로 기독교의 유일신앙과 정면 대립되는 것으로써 신사참배에 응할 수 없다는 태도를 취한 경우. 둘째, 신사참배가 종교행위인 줄 알면서도 종교가

---

223) 총회장소를 신의주제이교회당(제26회 총회록, 80 - 의산노회장 김취곤 청원)에서 연다는 지난 총회의 결의를 무시하고 평양에서 열되 신학교에 가까운 서문외교회당을 택하도록 강요하여 택하게 되었다.

224) 한규원, *Ibid.*, 138.

아니고 다만 국가의식이라고 일제가 선전하는 대로 믿고 참배할 경우. 셋째, 신사참배가 종교행위인 줄 알면서도 소위 국민 된 자로서 애국심을 발휘하기 위한 수단으로 여기에 적극 참여하는 태도를 취한 경우. 넷째, 신사가 종교행위인 줄 알면서도 학교의 유지나 교육사업을 계속하기 위해서는 어쩔 수 없이 참배를 해야 한다고 한 경우. 결국 일제의 신사참배 강요에 대한 태도는 신사참배거부(첫째)와 신사참배(둘째, 셋째, 넷째)의 두 가지로 대별되는 것이다.

일제는 기독교 학교가 어느 정도 신사참배에 굴복한 이후 다음 단계로의 치밀한 계획 아래 교회에 대한 신사참배 강요를 시도하였다. 이런 일제의 강압과 음모 속에서 조선예수교 장로회 27회 총회(1938년 9월 9일)가 평양 서문밖교회에서 열렸고 경찰의 삼엄한 감시와 통제 하에서 총회는 신사참배를 결의하여 일제의 신사참배 강요에 굴복하고 말았다. 김양선은 신사참배를 "신앙의 자유를 박탈당하고 신앙양심을 유린당하는 본격적인 종교박해였고, 교회 전체가 당한 대 박해였다."[225]고 기록하고 있다. 왜냐하면 신사참배는 신앙의 본질의 문제와 연결되는 것이었기 때문이다.

2. 대한예수교장로회 신사참배 결의 과정(1938년)

1938년 9월(9 - 16일) 오후 8시에 평양서문외예배당에서 제27회

---

225) 김양선, 「한국기독교와 신사참배 문제」, "신사참배 강요와 박해"(서울: 한국기독교역
　　사연구소, 1991), 19.

총회가 개회되었다.[226] 제1부 경건예배를 마치고 정회한 후 2일째 되는 날 새벽 6시에 임종순 목사가 요한복음 16:25 - 33절 말씀을 읽고 "그리스도를 힘입어 안심함을 얻음"이라는 제목의 설교를 했다.[227] 오전 9시 30분에 속회되어 새 총회장으로 선출된 홍택기 목사가 히브리서 10:5 - 7절, 요한복음 4:34절 말씀을 통해 '하나님의 뜻대로'라는 제목을 설교한 후 10시 40분에 안건 심의에 들어갔다. 공천부장인 함태영 목사의 보고를 별지로 받고 곧바로 신사참배 안건 심의에 들어갔다. 제27회 총회가 경건예배를 마치자마자 곧바로 신사참배 문제를 거론하여 결의를 했다는 것은 이미 신사참배의 가결을 몇 달 전부터 계획하고 있었다는 것을 말해 주고 있고[228] 제27회 총회는 이를 실행에 옮기는 총회가 되었다.[229]

총회가 소집되는 날 서문회교회당 안팎에는 수백 명의 사복 경찰관들이 둘러싸고, 강대상 아래는 평남경찰부장 등 수십 명의 고위 경찰들이 칼을 찬 채 자리를 차지하고 있었다. 총대들 사이에는 각기 그 지방에서 올라온 경관 2명이 끼어 앉아 있고 총대석 좌우와 후면에도 무술경관 100명이 삼엄하게 둘러싼 채 총회가 시

---

226) "소화 13년(1938년) 9월 9일 오후 8시에 조선 예수교 장로회 총회 제27회가 평양서문외예배당에 회집하여 회장 이문주 씨가 승석한 후 풍금주악으로 예배회를 개회하고 찬송가 제137장을 권태회 씨로 인도 합창하고 홍택기 씨로 기도하고 김길창 씨가 고전 13장을 봉독하고 찬송가 155장을 합창하고 회장 이문주 씨가 '신앙생활의 삼대 요소'라는 문제로 설교하고 이승길 씨로 기도한 후 산동 선교사 박상준 씨의 가정 합창을 듣고 예배회를 필하다. 서기가 회원을 점검하니 목사 86인 장로 85인 선교사 22인 합 193인 이러라 회장이 조선예수교 장로회 총회 제27회가 개회됨을 선언하다."(조선예수교 장로회 총회 제27회(1938년) 회의록, 1.)

227) 조선예수교 장로회 총회 제27회(1938년) 회의록, 8.

228) 1938년 봄 노회부터 친일의 앞잡이를 이용하여 신사참배 안건으로 올려 결의하는데 총력을 기울여 국내 24개 노회 중 17개 노회가 찬성하는 쪽으로 대세를 굳혀 놓았다. 김요나, 「총신 90년사」, 1991, 254.

229) 김요나, 「총신 90년사」, 246.

작되었다. 먼저 평남도지사의 축사를 시작으로 경건회에 이어 공천부 보고는 별지로 받기로 한 후 신사참배 안건을 상정했다. 전국 27개 노회(만주 4노회 포함) 목사 회원 86명, 장로 총대 85명, 선교사 22명, 합계 193명이 참석한 가운데 동 안건을 가결에 붙이자 떨리는 목소리로 가(可)만 묻고 부(否)는 묻지 않은 채 신사참배가 만장일치로 가결되었음을 선언했다. 이때 자리 사이에 끼어 앉아 있던 경찰이 일제히 일어나 경계태세에 들어갔는데 선교사 20여 명이 일어나 "불법이오.", "항의합니다."며 고함을 질렀으나 아무 소용이 없었다. 총회의 신사참배 결의는 다음과 같다.

> "평양, 평서, 안주 삼노회 연합대표 박응률 씨의 신사참배 결의 급 성명서 발표의 제안건은 채용하기로 가결하다."

> 성명서
> 아등은 신사는 종교가 아니요. 기독교의 교리에 위반하지 않는 본의를 이해하고 신사참배가 애국적 국가의식임을 자각하며 또 이에 신사참배를 솔선 여행하고 추히 국민정신 총동원에 참가하여 비상시국하에서 총후 황국시민으로서 적성을 다하기로 기함.
> 소화 13년 9월 10일. 조선예수장로회 총회장 홍택기[230]

이상과 같은 결의 후 총회는 곧바로 '부총회장과(임원대표) 각 노회장으로(회원대표) 본 총회를 대표하여 즉시 신사참배를 실행하기로 가결'하였다.[231] 신사참배를 가결하고 난 시간이 12시였다. 오후 2시에 속회할 때까지 점심시간을 이용하여 부총회장 김길창 목사의 안내에 따라 평양 신사로 가서 절하고 돌아왔다. 이와 같

---

230) 조선예수교 장로회 총회 제27회(1938년) 회의록, 9.
231) *Ibid*.

은 신사참배를 하고 난 이후 속회된 회의에서 '신사참배 결의안을 조선 총독, 총감, 경무국장, 학무국장, 조선군사령관, 총회대신, 척무대신, 제 각하에게 전보를 발송하기로 가결'[232]하게 되는 비운을 겪게 되었다.

선교사들은 같은 날(10일) 오후 1시에 따로 모임을 갖고 신사참배 가결을 무효화시키기 위하여 "신사참배 가결은 하나님 말씀의 위반이요, 장로회 헌법과 규칙을 위반함이요, 일본 국법인 종교자유헌장에 위반이요, 이번 처사는 보통회의법의 위반"이라는 항의서를 총회에 긴급 동의안으로 제출했다.[233] 총회 12일에는 권찬영 외 25명도 연서날인으로 "이번 총회의 결의는 하나님의 계율과 조선예수교 장로회 헌법에 위배될 뿐만 아니라 우리들에게 발언을 허하지 않고 강제로 회의를 진행한 것은 일본 헌법에 부여한 종교자유의 정신에도 어긋난다."라는 항의서를 총회에 제출했다.[234] 그러나 총회는 경찰의 강압에 못 이겨 이들 항의서를 토론에 붙일 기회마저 주지 않고 무조건 기각시켜 버렸다.

총회가 파회(罷會)[235]되고 석 달 후, 신사참배 결의가 가져온 비극적인 일들이 총회 산하 전국 교회에 하달되었다. 총회장 홍택기 목사는 회장으로 신사참배를 가결시킨 것도 부족해서 각 교회에서 신사참배에 반대하는 행위를 한 사람에 대해 처벌할 것을 내용으

---

232) *Ibid.*, 10.

233) 김요나, 「총신 90년사」(서울: 도서출판 목양, 1991), 252.

234) *Ibid.*, 252.

235) 총회는 폐회(閉會)라고 하지 않고 파회(罷會)라고 한다. 폐회란 닫았던 문을 다시 열면 된다. 회의를 폐회하면 다시 임시노회로 소집할 수 있다. 그러나 파회란 폐회처럼 다시 문을 열 수 없는 용어이다. 총회를 파회라고 말하는데 총회가 파회되면 임시총회라는 것이 없다. 다시 소집할 수 없는 회의를 파회라고 한다.

로 하는 총회장 명의의 서한을 보내게 되었다. 그 내용 중 일부는
다음과 같다:

> "총회의 결의를 경멸하는 행동일 뿐만 아니라 주님의 뜻에 위배되는
> 유감천만의 행동이다. 이런 비상 시국하에서 만일에 아직도 옛 습관으로
> 해서 이를 보류하거나, 주저하는 자가 있다면, 저들은 결코 신민으로 인
> 정될 수 없으며, 교인으로도 인정될 수 없을 뿐 아니라, 교회의 입장으로
> 볼 때도 이러한 반대하는 무리나 요소는 마땅히 처벌되어야 한다."[236]

총회는 신사참배의 결의된 내용을 총독부에 다음과 같이 보고하
였다.

> "신사참배 결의안을 조선 총독 총감, 경무국장, 학무국장, 조선군사령
> 관, 총리대신, 척무대신, 제 각하에게 전보를 발송하기로 가결하다."[237]

일제는 1937년 중일전쟁을 일으키고 그 후 한국교회로 하여금
신사참배를 하도록 강요하였던 것이다. 일본 정부의 의도대로 한국
의 모든 교단의 총회에서 신사참배가 가결되자 일본 경찰은 즉시
친일적인 목회자를 만드는 데 앞장섰다.

3. 노회들의 신사참배 결의와 총회 헌의

상기한 바처럼 조선예수교 장로회 총회는 1938년 9월에 신사참

---

236) 간하배, 한국장로교신학사상, 개혁주의신행협회, 97.
237) *Ibid.*

배를 가결했다. 하지만 전국의 많은 노회들은 총회 전에 이미 신사참배를 결의하였을 뿐만 아니라 총회가 신사참배를 가결하도록 헌의했다. 신사참배가 결의된 1938년 제27회 대한예수교장로회 총회의 해인 1938년 2월 9일에는 평북노회가 신사참배를 결의하고 총회에 신사참배를 헌의하였고,[238] 그해 4월 정기회에서 제주노회와 순천노회가, 그리고 5월에는 전남노회가 신사참배를 결의하였다.

전남노회가 1938년 정기노회에서 신사참배를 가결하고 총회에 보고한 내용은 다음과 같다.

> <전남노회 보고>: 특별사항은 금춘 정기 노회에 오랫동안 문제로 되어 오던 참배문제에 대하여 당국의 지시대로 신사는 종교가 아니요 참배는 국민정신 통일을 위한 국가의식임을 인식하고 본 노회로서는 참배함이 국민의 당연한 의무인 동시에 교회지도상 선명한 태도인 줄 알고 이를 결의 실행하는 동시에 관내 각 교회에 통지하여 일반 교인으로 취할 길을 보였사오며[239]

이렇게 하여 1938년 봄 노회는 전국에 있는 27개 노회 중 17개 노회가 신사참배를 결의하였다. 이것은 각 지방의 경찰서가 총독부의 지시에 따라 각 노회의 총대들을 협박하고 설득하여 얻어낸 결과였다. 그중에 거부한 총대들을 검속하기도 하였고 평양에서는 5월에 평양, 평서, 안주 3곳의 노회장들을 비롯한 중진목사 이승길, 장운경 등을 일본으로 데리고 가서 관광을 시키고 갖은 대접을 다하여 그들의 환심을 사도록 했다.

238) 3·1운동 때 헌병 보조원으로 있었던 김일선 목사가 노회 서기로 있었지만 부노회장 호프만 선교사를 제치고 그를 노회장으로 끌어올리고 김 목사로 하여금 신사참배 결의를 하도록 작전을 세웠다. 일은 쉽게 해결이 났다. 신사참배안이 총회산하 노회로는 최초로 통과되었다.

239) 조선예수교 장로회 총회 제27회(1938년) 회의록, 10.

그러나 이러한 가운데서도 신사참배에 대한 결의 청원서와 노회의 신사참배 결정에 불복하여 상회인 총회에 소원하는 소원 건이 각 노회로부터 헌의 및 청원되었다. 이것은 총회 회의록에 기록된 다음과 같은 내용이 그 사실을 증거하고 있다.

> "신사참배에 대하여 제출한 제주노회장 이도종 씨의 결의서와 전북노회장 김세열 씨의 건의서와, 순천노회장 오석주 씨의 상신서와 전북노회원 마노덕 씨의 소원 건은 이미 결정된 사실이므로 반려함이 가하오며."[240]

여기에 보면 호남 지역에 속한 제주노회, 전북노회, 순천노회 등에서 신사참배에 반대하는 헌의안을 총회에 제출한 것이 분명히 드러나 있다. 다음 항에서 나주 지역과 순천 지역을 중심으로 이 부분을 중점적으로 살필 것이다.

4. 교회의 저항

4.1. 나주 지역 교회들의 저항

조선예수교 장로회 총회가 일제의 억압에 굴복하여 신사참배를 가결한 것은 1938년 9월이었지만 나주 지역이 가입되어 있던 전남노회는 제27회 총회가 열린 그해 5월에 제30회 봄노회를 개최하고 신사참배를 가결했다. 그 후 1942년부터는 1945년 11월 7일 재건

---

240) *Ibid.*, 11.

할 때까지 일본기독교조선장로교단에 통폐합되는 역경을 겪었다.

전남노회의 신사참배 가결에 이어 선교사들의 항의에도 불구하고 총회가 신사참배를 가결하자 일본은 전남노회에 소속된 모든 신자들, 설교자들, 그리고 장로들에게 지속적인 압박을 가하여 신사에 가서 참배하도록 했다. 하지만 어떤 사람들은 항복하기를 거절했다.[241] 그 거절한 무리 중에 나주 남평교회가 들어 있다.

전남노회에 소속되어 있던 대부분의 나주 지역 교회들은 신사참배 가결에 찬성하고 협조했지만 나주 남평교회는 신사참배의 압박을 견디어 냈다. 남평교회가 그러한 핍박을 견딜 수 있었던 힘은 어디에 있었을까? 그것은 남평교회를 남대리 선교사와 함께 방문했던 강태욱 박사의 증언이 잘 말해 주고 있다. 그는 남대리 선교사와 함께 선교 지역을 다니면서 복음을 전했고, 성경과 신학을 가르치던 중 한번은 남대리 선교사와 함께 남평교회를 방문하였다. 그리고 복음을 증거하면서 기독신자들은 신사에 참배해서는 안 된다고 역설했다. 김태욱의 증언을 직접 들어보자.

> 일본 사람들은 일본 사람과 우리 민족의 정신을 통일하기 위하여 서울의 남산을 비롯하여 곳곳마다 높은 언덕 위에다 신사를 짓고 모든 국민으로 하여금 신사에 가서 참배하라고 하였다. 불신자들에게는 이것이 아무것도 아니었지만 기독자들에게는 할 수 없는 일이었다. 그래서 우리들은 이것을 반대하고 아침마다 신사참배를 거부하기 위하여 기도한 것이다. 우리의 기도회는 해를 거듭하였다.
>
> 1937년 2월 말경이었다. 나는 남대리 선교사와 함께 지방순회를 갔다가 돌아와 본즉 바로 어젯밤에 우리 기도회원들이 모두 검거되었고 나만 빠졌었다. 물론 나를 체포하기 위하여 우리 집에도 왔었다고 한다.[242]

---

241) James I. Paisley, "Dear Friends", 17 October, 1938.

242) 강태욱, 「나의 증언」, 성광문화사, 1988, 72 - 3.

이처럼 남평교회는 선교사들과 순회 목회자들 및 사역자들을 통해 신사에 참배하는 것은 성경의 가르침에 벗어난 우상숭배 행위임을 철저하게 교육받았고, 이를 위해 기도한 것이 신사참배 강요를 거부하는 아름답고 후세에 본이 되는 신앙의 모습을 보여줄 수 있었던 것이다.

남평교회의 신사참배 거부운동은 일제에 의해 전남노회가 강제 해산되고 1942년 전남교구로 통폐합되었을 때 전남교구를 탈퇴함으로써 그들의 믿음을 분명히 보여주었다. 이후 한국이 일본으로부터 해방되고 일제에 의해 강제 해산되어 전라노회로 통폐합되었던 전남노회는 1945년 11월 7일 광주 금정교회에서 제35회 노회가 개최되면서 다시 복구되었다. 전남노회가 복구되자 그동안 전라노회를 탈퇴했던 남평교회는 이듬해 1946년 5월 제36회 전남노회에 귀속 청원을 했다. 남평교회의 귀속 청원을 받은 전남노회는 남평교회의 노회 탈퇴 사유가 노회와의 어떤 갈등에 의한 것이 아닌 신앙의 순수성을 지키고자 함에 있었기에 기쁜 마음으로 귀속을 환영했다. 당시 전남노회가 남평교회를 다시 받아들인다는 노회 회의록의 기록은 다음과 같다.

> "7. 노회를 탈퇴하고 자유로 나갔던 나주남평교회가 본 노회에 귀속청원한 건은 허락하고 박석현 목사로 치하케 하심을 바라오며."[243]

위의 회의록 내용을 보면 "박석현 목사로 치하케 하심을 바라오며."란 말이 있다. 박석현은 당시 나주읍교회 담임목사였는데 노회

---

243) 제36회 전남노회 회의록.

는 박 목사로 하여금 남평교회의 전남노회 귀속을 축하하도록 결정한 것이다. 이는 "단순히 탈퇴했던 교회가 귀속했기 때문이 아니라 신사참배를 찬성할 수 없어서 탈퇴하여 다시 귀속했기 때문에 치하했던 것이다."[244] 또한 남평교회는 자신의 순수한 신앙을 지키기 위해 전라노회를 탈퇴했으나 신사참배의 압박을 이기지 못하고 굴복했던 노회원들을 향해 '우리는 너희들보다 더 거룩하다.'는 신앙의 교만을 버리고 진정한 예수 그리스도의 용서와 화해의 본을 신앙의 용기로 실천했던 것이다.

4.2. 순천 지역 교회들의 저항

앞에서 언급한 것처럼 순천에 복음이 처음으로 전해진 것은 1894년 미국 남장로회 소속 이눌서 선교사에 의해서이다. 이눌서 선교사를 이어서 오웬, 변요한(John Fairman Preston), 배유지, 유서백(Nisbet) 선교사 등이 순천 지역 복음화를 위해 수고했다. 바야흐로 순천 지역은 칼빈주의 정통보수 신학을 지향하고 있던 미국 남장로회의 신학사상으로 서서히 물들기 시작했던 것이다.

순천 지역은 초기에는 전남노회에 소속되어 있었으나 1913년에 순천 선교부가 설립되고, 교회가 성장하여 그 세가 확장되자 전남노회에서 관할하는 것이 비효율적이라는 인식이 일게 되었다. 그래서 전남 지방의 교회 대표들이 솔선하여 순천노회를 분립해야 한

---

244) 남평교회 103년사 편찬위원회, 「남평교회 103년사(1900 – 2003): 섭리의 역사와 교훈」, (서울: 도서출판 말씀사역, 2004), 326.

다는 헌의를 총회에 제출했고 총회는 이를 허락하였다. 총회의 허락을 득한 전남노회는 1922년 10월 2일에 순천노회를 설립했다.[245]

이렇게 시작된 순천노회는 어려움 속에서도 지속적으로 성장했다. 하지만 일제의 신사참배 강요라는 벽에 부딪혔다. 당시 전국의 거의 모든 노회가 신사참배를 가결했듯이 순천노회 역시 일본의 위협 앞에 무릎을 꿇고 1938년 4월에 신사참배를 가결했다. 그렇기 때문에 필자는 본 항의 제목을 '순천노회의 저항'이라 표현해도 무방하겠지만 그 명칭을 사용하지 못하고 '순천 지역 교회들의 저항'이라 했다.[246]

순천노회라는 제도에서는 신사참배를 가결했으나 선교사들을 비롯한 많은 수의 목사, 전도사, 장로 등 성경을 하나님의 말씀으로 확실하게 믿었던 신실한 성도들이 제도권 내에서 현재의 교회를 인정하면서 신사참배 불참 운동을 전개했다. 조선총독부는 순천 지역에서 일어나고 있는 신사참배 불복종 운동을 좌시하고 있지 않았다. 여러 가지 경로를 통하여 정보를 입수한 후 1940년 9월 20일부터 '조선기독교도 불온분자 일제검거령'을 발표하고 전국에 있는 목회자들을 대상으로 예비검속을 시작하면서 순천노회 소속 목사들도 일제히 검거되고 말았다. 일제가 내린 '조선기독교도 불온분자 일제검거령'에는 다음과 같은 내용이 포함되어 있다.

---

245) 백낙준 편, 「대한예수교장로회 사기 하권」, 400.

246) 순천노회가 신사참배를 가결하기는 했으나 그 후의 행보를 보면 내심으로는 죄책감을 느끼고 있었고, 그것이 잘 드러난 사건이 순천노회가 총회의 총대권을 포기한 데서 나타난다. 김수진 · 주명진, 「일제의 종교탄압과 한국교회의 저항」(서울: 쿰란출판사, 1996), 74.

소위 비혁신분자들은 비밀리에 불온운동을 전개하고 현재의 사회를 악마가 조직한 사회라고 저주하며 수년 후에는 예수가 재림하여 지상천국을 건설할 것이니 여기에 동참하는 길은 예수의 계명을 충실히 지키는 일이라 선전하고 있기에 이들 기독교도 중 반국가적 불온자들을 뿌리 뽑기 위해 고등법원, 검사장, 총독부의 법무국장이 협의하여 치안유지법과 기타 법령에 의하여 처벌키로 하고 9월 20일 미명을 기하여 각도에서 일제히 검거를 단행하였는데 검거인원이 193명이다.[247]

1940년 9월 20일에 갑자기 들이닥친 일경에 의해 피할 사이도 없이 일제히 검거된 순천노회 이기풍 목사를 비롯한 전도사 및 장로들은 잠시 풀려난 후 11월 15일 다시 구속되었다. 조선총독부가 순천노회 목회자들을 구속한 협의내용은 이들이 자신들이 목회하던 교회에서 설교한 내용으로 다음과 같다.

박용희(순천중앙교회): 재림천년왕국, 선재련(광양교회): 그리스도의 재림과 지상천년왕국, 김형모(벌교읍교회): 대환란과 기독제의 새로운 사회, 김상두(대전교회): 천국 및 말세와 재림고대, 라덕환(승주교회): 재림과 심판 그리고 그리스도의 통치, 오석주(녹동교회): 칭의와 재림 및 천국, 김정복(고흥읍교회): 재림과 말세현상 및 천년왕국과 심판의 준비, 신춘근(축두리교회): 재림과 지상천국, 박창규(조성리교회): 재림 및 천년왕국 준비, 김순배(여수읍교회): 말세와 재림임박 및 준비, 임원석(명천교회): 재림과 심판 및 신앙, 양용근(길두교회): 재림과 심판 및 천년왕국, 김형재(두고리교회, 마윤리교회, 이미교회, 월곡리교회): 재림대망, 강병담(상삼리교회): 재림과 천국백성의 준비, 안덕윤(동광중앙교회): 재림임박과 대망 및 천년왕국[248]

위 내용을 보면 투옥된 목사들의 협의 내용이 일제를 직접 비방

---

247) 조선총독부 경보국보안과, 고등외사월보 제14호(1940. 9.). 김승태, 한국기독교의 역사적 반성, 69. 김수진·주명진, Ibid., 78–9.

248) 김승태, "1940년대 일제의 종교탄압과 한국교회의 대응", 복음과 상황 1992년 9월호, 240에 있는 <표 5> 참조.

했거나 자주 독립운동을 북돋았거나 일제 저항 정신을 고취시킨 것은 하나도 없고 다만 성도들의 신앙심을 고취하여 신사참배를 강요하는 등 일제강점기의 어려움 속에서도 하늘나라를 사모하자는 것뿐이다. 그런데도 조선총독부는 이것을 빌미 삼아 구속한 것은 이들이 암암리에 신사참배 반대운동을 펼쳤기 때문으로 풀이된다. 김승태는 1940년대 한국교회 목회자들의 신사참배 저항 운동에 관한 그의 논문에서 순천노회 목회자들의 신사참배 저항운동에 대해 "순천노회의 목회자들은 일제가 통치하는 현실을 악과 거짓이 지배하며 불의를 강요하고 신앙을 박해하는 상황으로 인식하였다. 그래서 그들이 강요하는 신사참배에 대해서 겉으로는 적응하면서도 그 행위가 가진 의미를 무효화시키고자 하였다."고 한 평가는 타당성이 있다. 그것은 조선총독부 광주지방법원 형사부가 1942년 9월 30일 판사 오다나베와 고토모 및 니야마의 이름으로 순천노회 목회자들에게 내린 다음의 판결문 내용이 잘 증언하고 있다. 이 판결문에 따르면 순천 지역 목회자들을 비롯한 호남 지역 교회가 믿고 있는 개혁주의 성경관이 뚜렷이 드러나 있다. 이제 판결문의 일부를 들어 보자.

> 전라남도의 조선예수교 장로회파(남장로회파)는 현재로 교도 약 1만 3천여 명을 가지고 있으며, ……그 가운데 순천노회는 대정(大正) 11년 (1922)에 창설되어 순천 · 여수 · 광양 · 구례 · 고흥 각 군 및 보성 · 곡성 각 군의 일부로 이루어진 교구로서 현재 교도 약 4천 명을 거느리고 있는데, 원래 조선예수교 장로회파는 미국 예수교 장로회파 선교사가 조선에 건너와 전도한 데 그 기원을 두고 있다. ……피고인들은 ……그 지도 이념을 살피건대 성서를 유일 절대 지상의 교리로서 신봉하고 성서에 기록되어 실려 있는 사실은 모두 하나님의 말씀으로서 또한 하나님의 미리

아시고 예정하심은 장래에 반드시 실현될 것이라고 맹신(盲信)하고 '여호와' 하나님은 천지만물을 창조하신 유일 절대 최고 지상의 전지전능하신 신으로서 우주에 있는 만물을 지배하고 또 영원히 불멸하는 자로서 모든 신은 '여호와'의 지배하에 있다. ……'여호와' 하나님 이외의 신은 모두가 우상인바 우상숭배는 십계명의 하나로서 성경의 교리요, 또한 그것 때문에 신사에 참배하지 말 것이라 하는 불경신관을 견지하여 오랫동안에 걸쳐 신사참배를 기꺼워하지 않았지만 당국의 강요에 의해 마침내 어쩔 수 없었다. 소화(昭和) 13년(1938) 4월 전라남도 구례군 구례면 소재 구례교회에서 개최된 제22회 노회에서 신사참배를 결의하기에 이르렀지만 이는 본래부터 일시(一時)를 호도(糊塗)하고 어둡게 하려는 궁여지책에 불과한 것으로……[249]

본 장을 요약하자면, 신사참배 문제는 당시 한국장로교회의 불행한 역사였다. 일제의 강요라고 하지만 한국교회의 신사참배는 하나님의 영광과 주권을 강조하는 개혁주의 정신에 반한다. 그렇다면 신사참배에 관해 모든 기독자들은 신앙 양심상 회개의 과정을 거쳐야 함에도 불구하고 오히려 서로 정죄하는 자기모순을 일으켜 상호갈등을 조장하였다. 선교사들은 분명히 신사참배가 우상숭배인 것을 밝혔으나 피선교국의 한국인 지도자들에게 칼빈의 정치사상이나 저항권을 충분히 인식시켜 행동케 하는 데는 실패하였다. 아울러 당시 장로교 지도부는 일본의 종교정책에 순교자의 자세로 저항하지 못하고 굴복했을 뿐만 아니라 하위 기관인 노회와 지교회들에게 비극적인 순종을 강요하는 실수를 범하였다. 이러한 가운데에서도 호남, 특히 나주 지역과 순천 지역 교회들의 영적 저항은 유일신 하나님께 충성하는 개혁주의의 아름다운 모습으로 남아 우리에게 좋은 귀감이 되었다.

---

249) 김수진·주명준, *Ibid.*, 171 - 72.

제5장 해방 이후 호남 지역 교회

신사를 참배하는 것은 우상숭배 행위임을 암암리에 전하면서 신사참배 저항운동을 전개했던 순천노회 목회자들을 일제가 1940년 9월 20일부터 일제히 검거하고, 조선총독부 광주지방법원 형사부가 1942년 9월 30일 이들에 대해 판결한 후 3년이 채 지나기도 전에 일본은 연합군에게 무조건 항복했다. 이로써 1945년 8월 15일 한국은 일제로부터 독립하는 기쁨을 맞이했다.

해방이 되면서 한국교회는 일본기독교조선장로교단을 해산시키고 총회를 다시 복구해야 하는 등 할 일이 많았다. 또한 신사참배를 끝까지 반대, 투쟁하면서 투옥되어 옥고를 치르다가 해방을 맞이하여 풀려난 출옥 성도들과 신사참배에 굴복했던 목회자들 간의 갈등 문제도 해결해야 할 과제였다. 동시에 정통보수 교단과 일제 강점기에 들어온 자유주의 사상과의 일전은 피할 수 없었다. 자유주의의 침투는 한국교회를 일제의 신사참배보다 더 위험한 지경에 놓이게 했다. 그 이유는 일제의 신사참배 강요가 나무의 줄기를 잡고 흔들었다면 자유주의는 그 뿌리를 흔들었기 때문이다. 그리고 이 투쟁 속에서 '조선신학교 51인 신앙동지회' 사건이 발생한다.

필자는 해방 후 한국교회가 직면했던 1954년까지의 일련의 사건들을 다루면서 그 속에서 호남교회가 견지했던 신학적 정체성이 자유주의에 의해 흔들리거나 물들지 않고 초기 호남 지역을 맡아 선교했던 미국 남장로회 신학사상의 연속선상에 있었음을 드러낼 것이다.

그러므로 본 장에서는 해방 후의 사건들을 중심으로 다루어져야 마땅하지만 독자들의 이해를 돕고 논문의 일관성을 살린다는 의미에서 해방 전에 있었던 대한예수교장로회 총회 해산과 전남노회 해산 및 전남교구 탄생 건을 본 장에 포함시켰다.

1. 총회 해산과 복구 및 일본기독교조선장로교단 출현과 해산

1.1. 대한예수교장로회 총회 해산과 일본기독교조선장로교단 출현

일제는 조선예수교장로회 총회(제31회, 1942)를 해산시키고 그 대신 모든 교파를 합친 '일본기독교교단'이라는 이름으로 조선의 교회를 장악하려 했다. 1943년 1월부터 5개 교파의 대표들250)이 새 문안교회에 모여 '조선기독교 합동준비위원회'를 개최하였다.251) 이 회의에서 7, 8월경에 혁신교단 창립총회를 개최하기로 하였다. 그러나 3월에 열린 제2차 합동준비위원회는 뜨거운 논쟁으로 혁신교단 창립총회를 개최할 수 없었다.252) 그 이유는 감리교 측 대표들이 "구약성경에 나타난 유대사상을 없애자."라는 이른바 구약성경을 폐기하려는 혁신안을 제출하였기 때문이다.

1943년 4월에 '조선기독교 혁신교단'(The Federation of Reformed Churches of Korea)이 결성되어 조선의 기독교 통합 교단을 획책하였다.253) 감리교 대표들이 장로교 측의 전필순(경기노회 부회장)과 손을 잡고 혁신교단을 조직하였고 이 교단의 통리로 전필순이 추대되었다.254) 이 교단은 성경에서 유대주의와 관련된 부분, 특히 구

---

250) 장로교회 19명, 감리교회 9명, 성결교회 4명, 구세군 교회 4명, 일본 기독교구회 4명.

251) 「매일일보」, 1943. 1. 26, 대한예수교장로교회사(상)(한국장로회출판사, 2003), 452, 서정민, "일제 말 일본 기독교 조선교단 형성과정", 「한국기독교와 역사 16」(서울: 한국기독교역사 연구소, 2002), 83.

252) 「매일일보」, 1943. 3. 21.

253) 간하배, 「한국장로교신학사상」, 98.

254) 이성삼, 「감리교와 신학대학사」(서울: 한국교육도서출판사, 1977), 227.

약의 출애굽기와 다니엘서, 그리고 신약의 요한계시록을 삭제하도록 했다. 일제는 한국교회를 장악하고 성도들의 신앙과 말씀에 대한 소망을 억압하였다.[255] 이를 위해 순차적으로 구약성경 전부를 폐기시키고 신약성경도 사복음서 이외에는 전부 없애게 하였다. 이에 대해 전필순 목사가 소속한 경기노회가 크게 반발하자 오히려 전필순을 탄핵하였다. 감리교 내부에서도 반발이 일어났다. 이리하여 혁신교단은 해체되었고 교파 합동의 시도는 결국은 결렬되었다.

교파합동이 결렬되자 각 교파는 개별적으로 일본 기독교에 예속되었고 1943년 5월에 장로교회는 '일본기독교조선장로교단'으로, 8월에는 감리교회가 '일본기독교조선감리교단'으로 각각 개칭하였다. 이때 '일본기독교조선장로교단'의 통리는 채필근이었다. 그러나 1945년 7월 19일에 일제의 강요에 의해 '일본기독교조선교단'으로 완전 통합되었다.[256] 초대 통리에 김관식 목사, 부통리에 김응태, 총무에 송창근이었다. 8 · 15 광복을 불과 한 달도 남겨 놓지 않은

255) 다음의 논문을 참고하라. Keun Soo Kim, "Kingdom of God in the Korean Presbyterian Church(Hapdong) from 1885 – 1988"(Univ. of Wales, Lampeter, Doctor of Philosophy, 2003), "1885년부터 1988년까지 한국 장로교회(합동)의 하나님 나라 이해" 논문 초록 중에서.
"역사적으로 대한예수교장로회(합동 측)의 하나님 나라 이해는 서구 선교사들의 근본주의적 신학의 개념을 기초하고 있다. 특히 박형룡 신학과 박윤선 신학의 영향을 지대하게 받고 있다. 그런 면에서 전통 불교의 '낙원' 개념과는 구별되는 성경적이며 보수적인 개념을 지속하고 있음을 분석하였다. 이 논문은 기독교 선교의 시대적 정황에 따라 하나님 나라의 이해와 이에서 형성되는 기독교 윤리를 시대구분에 따라 분석하였다. 기독교 선교 이전의 낙원 개념과 그 이후 초기 선교시대의 개념, 일제강점기시대의 개념, 특히 일본의 황국 개념의 신도로 인한 기독교 박해와 교회의 저항 등이 하나님 나라의 이해 위에서 진행되었음을 지적하였다. 군부통치 이후 한국 경제의 발전과 교회의 급속한 물량적 성장에 따른 변화되는 하나님 나라 이해 등을 추적 분석하였다. 이 논문은 이 같은 연구를 기초하여 하나님 나라 이해가 정립되고 이에 따른 건전한 기독교 윤리가 창출되도록 묵시적 제안을 하고 있다."
256) 한국교회 백주년 사료분과위원회, 「대한예수교장로회 백년사」, 528, 장로교 대표 27명, 감리교 대표 21명, 구세군 대표 6명, 그리고 5개의 군소 교파 대표 1명씩이었다. 간하배, 「한국장로교신학사상」, 100.

시점에서 한국 개신교회에 대한 일제의 황민화 정책이 완결된 셈이었다.[257]

조선예수교 장로회는 설립 이후 일제강점기 말기까지 보수신학에 기초하여 교회들이 세워지면서 꾸준히 성장·발전하였으나 일제 말기에 큰 위기를 맞이하게 된다. 총회는 일제에 의해 강제 해산되었고 교회는 일본의 수중에 들어가고 말았다. 선교사들에 의해 세워지고 그 선교사에 의해 보수신학으로 교육되어진 신학교는 문을 닫게 되었다. 1940년 4월 11일에 한국인이 중심이 된 총회의 정책에 의해 복교는 되었으나 선교사들에 의해서 세워진 평양신학교의 전통을 이어가기에 역부족이었다. 결국 평양신학교와 조선예수교 장로회는 제 기능을 다하지 못하고 일제의 지배 속에 꺼져가는 등불과 같은 존재가 되고 말았다. 이러한 가운데 1945년 해방과 더불어 신학교와 총회의 회복은 참으로 하나님의 큰 은총이 아닐 수 없다.

1.2. 일본기독교조선장로교단 해산과 남부대회 및 총회 복구

1945년 해방 이후 총회는 1946년 6월 12일 남한의 노회 대표들이 참여하여 '일본기독교조선장로교단'을 해산하고 남부총회(제1회)라는 이름으로 개회하였다. 일단 남부총회로 다시 시작한 총회는 1942년부터 끊어졌던 총회 정통성을 이어야 함을 인식하고 준비에 들어갔다. 다음 해인 1947년 4월 대구에서 제2회 남부총회가 개최

---

257) 총회역사위원회(통합), 『대한예수교장로교회사(상)』(서울: 한국장로회출판사, 2003), 455.

되었을 때 1942년 일제의 강압에 의하여 해체되었던 조선예수교 장로회 제31회 총회를 계승하여 제34회 총회로 개회할 것을 결정하게 된다.[258] 비록 남한이라는 반쪽 모임이라는 아쉬움이 있었지만 일본으로부터의 자주독립은 총회의 정통성을 찾아주었던 것이다.

일단 정통성을 되찾은 총회는 해결해야 할 커다란 문제가 하나 있었다. 그것은 일제의 강압에 굴복하여 1938년 제27회 총회에서 가결시켰던 신사참배의 취소 문제였다. 이 문제는 김재준의 자유주의 신학과 조선신학교의 갈등, 출옥성도들이 주축이 된 고려신학교 설립 등 총회 내부적인 갈등 문제 및 6·25 동족상잔의 비극 등이 겹쳐서 1954년 제39회 총회(1954. 4. 23 – 27) 때 비로소 해결되었다. 총회 내부적인 갈등을 그 원인의 하나로 볼 수 있는 것은 1954년 제39회 총회에서 신사참배 결의를 취소하는 과정을 보면 얼핏 알 수 있다. 그 과정을 잠시 살펴보자.

총회 제2일째 되는 4월 24일 밤 세브란스의대 학장 김명선 박사의 "잘 지도해 달라."는 최종인사가 끝나자마자 제36 총회장이었던 권연호 목사(경기노회 총대)는 두터운 고본(古本) 하나를 들고 일어서서 언권을 얻어 말하기를 "제27회 총회(1938년) 총회가 신사참배를 가결하고 이에 솔선수범한 사실이 이 총회 기록에 남아 있는데 물론 해방 후 남부총회서 회개하고 각 노회 각 교회 혹은 개인이 참 회개했다 하여도 성문화된 기록이 없다. 더욱이 이번 총회는 남북합석 총회이니 만치 반드시 이것을 청산하고 지나가야겠다."라고 하면서 이어 "총회가 이를 취소하는 성명서를 작성하여 발표하고 온 교회가 자복하고 회개할 시간을 가지도록 하자."라는 긴급제안에서부터 신사참배 취소 결의가 발단된 것이었다. 그러자 백용기 장로(군산)는 "너무 시간이 경과되었으니(저녁 회무) 뒤로

---

258) 제31회 총회(1942년), 제32회(1945. 9. 8, 남부대회라는 이름으로 일본기독교조선장로교단 대회를 소집), 제32회 총회(1946. 6. 12, 남부총회 개회), 제33회 총회(1947. 4, 제2회 남부총회) 그리고 1950년과 1951년이 36회로 기록된다. 이렇게 해서 총회 횟수는 2005년이 90회 총회가 된다.

미루자."는 것을 이기혁 목사(경기)는 "첫 통일 총회니 구체적으로 결의해서 뉘우치자."고 의견을 말하였다. 이어 최재화 목사(경북)는 "해방 후 한 것을 또 새삼스레 꺼낼 필요가 없다."는 뜻을 표면하자 제안자 권 목사(경기)는 재빨리 일어서서 제27회 총회록 9페이지를 천천히 낭독하였다. 그리하여 황득찬 목사(용천)는 취소하기를 동의하였고 모 장로는 새벽기도 시간이 앞으로 몇 번 있으니 그때 하자고 했고 기삼대 목사(경북)는 회개를 또 하고 또 하고 몇 번이나 해도 손해 없으니 이날 밤에라도 철야하여 통회하자고 제안하였다.

위 내용을 얼핏 보면 신사참배 취소 문제가 순조롭게 해결된 듯 보이나 시간상의 이유로 취소결정을 연기하려는 총대가 있었음을 알 수 있다. 또 하나는 최재화 목사의 발언인데 최 목사의 본 의도가 무엇인지는 분명히 알 수 없으나 이기혁 목사의 징당한 제안을 막으려 했다는 점이 철저한 회개와 거리가 있어 보인다. 이와 같이 다소 미동적인 모습을 보인 총대들도 있었지만 결과적으로 총회는 전체 동의와 가부를 물어 취소를 가결하고 3인 위원을 선출하여 절차를 통의 보고케 하였다. 이때 회장인 명신홍 목사가 지명한 권연호 목사가 대표기도를 하였다. 대표기도는 다음과 같다.

"사랑과 자비가 충만하신 아버지시여 무한하신 그 은혜를 감사하옵나이다. 거짓되고 더러워진 저희들을 이처럼 살려두시고 하나님의 일꾼으로 세워 이 자리까지 주어 일하게 하시니 ……오 감사하옵나이다. 황송하나이다. 우리들이 저지른 저 무서운 신사참배 죄로 인하여 이 땅에 무서운 전란이 왔고 이 민족 이 백성들이 수없는 피와 살을 쏟고 찢었나이다. 교회가 갈라지고 38선이 가로막히게 된 것이 이 죄과인 줄 확신하옵고 하나님 앞에 책망받는 것이 마땅한 줄 아나이다. 주여! 한국 총회가 모일 때마다 물고 찢고 싸움하고 교직자까지 반목한 것이 이 죄로 인하여 생긴 것입니다. 금년 총회에 은혜 주시고 이 석상에 임재하셔서 불충불의한 나와 저희들의 마음을 한번 감화 감동시켜 주옵소서. 특히 3인 위에 특별한 권능으로 함께하셔서 회개에 합당한 열매 맺게 도와주시옵소서. ……그리하여 오는 성례에 깨끗한 마음으로 참예할 수 있게 해 주시옵소서. 이 성회를 사랑하시는 주님의 공로 의지하여 기도하옵나이다. 아멘."[259]

이때 총회원과 방청인 석에서는 눈물을 씻는 소리, 가슴을 두드리면서 통회하는 소리들이 있었다. "살얼음, 찬바람 헤쳐 가며 평양신사 조선신궁 돌 층층계를 유심무심으로 내려가던 때가 어제 일만 같고 귀신 목탁처럼 수천 수백 번 두드렸던 스님의 손바닥이 아직 이 눈앞에 그대로 붙어 있는 이 저녁 어찌 가슴만이 쓰라리며 눈물만이 흘려야 하리오. 피와 뼈를 쏟고 찢더라도 이제는 다시 실족하지 않겠다는 철석같은 결심을 강력히 가다듬는 간절한 이 한 밤이 벌써 그리고 마땅히 있어져야 할 것이다."[260]

신사참배 취소 문제에 관한 위원회의 보고를 받고 총회는 취소 성명서 내용을 전국 교회에 공포할 것을 결의하고,[261] 제27회 총회가 범한 신사참배 결의를 다음과 같은 내용으로 취소하였다.[262]

신사참배의 문제에 관한 위원회의 하기와 여한 보고를 받기로 가결하다.

1. 취소 성명서를 별지와 여히 작성하여 전국 교회에 공포할 것

<취소성명서>
대한예수교장로회 제39회 총회는 1938년 9월 9일 평양 서문외교회에서 회집한 제27회 총회 결의인 "신사는 종교가 아니요 기독교의 교리에 위반하지 않는 본의를 이해하고 신사참배가 애국적 국가의식임을 자각하

---

259) 기독공보, 1954년 5월 3일자.

260) *Ibid.*

261) 대한예수교장로회 총회 제39회(1954년) 회의록, 163.

262) 1946년 제1회 남부총회(제32회 총회)의 결의, 김양선, 「韓國基督敎解放 十年史」, 52.

며 또 이에 신사참배를 솔선여행하고 추히 국민정신 총동원에 참가하여 비상시국하에서 총후 황국신민으로서 적성을 다하기로 기함"의 성명에 대하여 그 결의는 일제의 강압에 못 이긴 결정이었으나 이것이 하나님 앞에 계명을 범한 것임을 자각하고 남부대회가 신사참배 회개운동을 결의실행하였으되 남북통일 총회가 아니었든 고로 금반 남북이 통일된 본 총회는 이를 취소하고 전국 교회 앞에 성명함.

    2. 총회 기간 중 성찬식 거행 전에 한 시간을 정하여 통회자복하며 사죄하심을 위하여 기도할 것.

    3. 총회 기간 중 일차연보하고 다시 6월 제1차 주일에 각 교회가 연보하여 신사불참배로 인한 순교자 가족에게 위문금으로 보낼 것.

    4. 27일(화) 아침 5시로부터 8시까지를 통회자복하며 사죄하며 사죄함 받기를 위하여 기도하여 기도하는 시간으로 정하고 회장의 인도로 이를 시행할 것. 박택 목사의 기도로 동 12시에 정회하다.[263]

이어서 총회는 신사불참배 교역자와 신자 혹은 선교사를 제명한 노회나 학교나 각 기관에 명하여 제명 기록을 취소하고 복명하도록 가결하였다.[264] 신사참배 가결에서 취소에 이르기까지 16년 동안 조선예수교 장로회는 영욕의 세월을 보내야 했다. "성령의 역사는 사람의 굳게 잠긴 악의 문을 여시고 심령을 자유하게 하셨으니 곧 신사참배란 죄악의 권세를 근본적으로 제거하여 신사참배결의 후 16년"[265] 만의 일이었다. 비록 신사참배 결의가 '일제의 강압에 못 이긴 결정'이었다고는 하나 이것이 '하나님 앞에 계명을 범한 것임을 자각'하고 총회적으로 '통회자복하며 사죄하심을 위하여 기도'[266]했던 것이다. 고신 측과의 분열 당시 신사참배의 죄에 대한 질타와 청산을 요구하는 소리에 양심의 가책으로 무조건 거부했던

---

263) 대한예수교장로회 총회 제39회(1954년) 회의록, 163 – 64.

264) *Ibid.*, 164.

265) 기독공보, 1954년 5월 3일자.

266) 제27회 총회(1938년) 신사참배 결의 내용 중에서.

교권주의자들이나 신사참배에 대한 무조건적인 질타의 목소리로 아픔의 상처를 건드렸던 출옥 성도들도 함께 역사의 아픔을 짊어지며 하나님께 회개할 일이었다.

총회가 신사참배 결의를 가능한 한 신속하게 취소하려고 노력한 점으로 보아 신사참배 결의 당시에도 대부분의 총대들은 앞에서 순천노회 목회자들과 같이 성경은 하나님의 말씀이라는 성경관에 입각한 믿음을 소유했었다고 볼 수 있다.

2. 전남노회 해산과 복구 및 정통신학의 정체성 사수

2.1. 전남노회 해산과 전남교구

전남노회의 설립에 대한 『朝鮮예수敎 長老會 史記(下)』의 기록을 보면 다음과 같다.

> 본 지방은 남선이 중요 지점으로 옥야가 광개하고, 물산이 풍부하여 인문이 진보되고, 풍속이 순후하나 유교의 도덕으로 민성수양에 토대가 되었으므로 타 종교를 신봉함에 대하여는 용이하지 못할 뿐만 아니라, 양인은 이단이라 하여 배척과 핍박이 태심하였으니 이조 말엽에 지하여는 불완전한 정치의 해독과 쇠퇴한 유교의 폐습이 인생 생활에 막대한 곤고를 감하게 될제에 인류의 박애로 현세의 진생을 도하며 속죄구령으로 내세의 영복을 향하게 하는 기독교복음이 선전됨에 따라 갑자이음의 세로 귀주추도자 일가월증일세 미국 남장로파에 속한 선교사 배유지가 경성을 경유하여 남선에 도함을 시하여 하위렴 부부, 스트립퍼 양, 오기면, 변요한, 포싸잇, 노라복, 배의만, 맹현리 부부가 계속 내도하여 각기 진심갈력

하여 선교에 종사할 새 혹은 교육 혹은 자선사업으로 다방 활동한 결과 교회가 점흥하여 사무가 복잡하므로 전라노회가 설립된 지 불과 5, 6재에 남북이 분립의 필요를 각하고 총회의 승인을 득하여 도계를 수하여 북은 전북노회, 남은 전남노회라 명하고 총회의 지시한 일시급 장소에 집회하여 일대노회를 조직하게 되니 차는 인위에 유함이 아니요 천은의 ○ ○인 고로 쌍수를 거하여 천부께 찬송과 영광을 귀하노라 아멘.

1917년(정사) 9월 17일에 조선예수교 장로회 전남노회 제1회 조직회로 목포부 양동예배당에 회집하니 임시회장 유서백의 인도로 개회하니 회원은 목사 10인, 장로 13인이요, 임원을 선택하니 회장에 유서백, 부회장에 윤식명, 서기에 김창국, 부서기에 김필선, 회계에 노라복, 부회계에 이득주이러라. 임사부 보고에 의하여 나주군 봉황면 신창리 쌍동, 반남동, 상촌등 3교회에 강도사 유내춘을 나라복과 임시동사목사로 허하고, 문답한 후 목사로 임직하는 안수식을 행하다. 전라노회 제7회에 통과한 규칙을 1년간 임시채용하고 규칙위원에게 맡겨 교정하여 내노회에 보고하게 하다. 목포지방시찰이 보고하되 본 위원들이 목사 임성옥이 시무하던 강진지방 5교회에서 목사의 봉급을 지불하지 않는 사를 처리한다는 위탁을 받았으나 위원 반수 이상이 해사건에 관계가 있어서 처리하기 곤란함에 오태욱, 이기풍을 특별위원으로 선정하여 명백히 시찰 후 판결하게 하기로 결정하다. 임사위원의 보고에 의하여 해남군 초두리교회에 장로 1인 택함을 허하다. 명년 위시하여 각 당회록과 각 항 보고는 노회에 직접 올리고 총계표만 각 지방시찰회가 수집하여 노회에 보고하게 하기로 결정하다.[267]

1942년 조선예수교 장로회 총회[268]는 일제에 의해서 해산되고 그 대신 일본기독교조선장로교단을 조직하여 일본이 조선의 교회를 장악하려고 했다. 제31회 총회가 해산되는 비운을 겪으면서 전남 지역은 전남노회 대신 전남교구가 조직되어 일본의 지배와 감독을 받게 되었다. 그러나 역사의 주관자 되시는 하나님은 일제의 식민지배로부터 해방을 맞게 해 주셨다.

---

267) 차재명, 「朝鮮예수敎 長老會 史記(下)」(경성: 조선기독교 창문사), 283 - 84.
268) 조선예수교 장로회 총회의 명칭이 1949년 제35회 총회 때에 대한예수교장로회 총회로 변경되었다.

1945년 일제 36년 동안의 식민지배로부터 해방을 맞이하였다. 교회는 일제에 의해서 변질되고 변절된 교회의 순수성과 교회의 본질을 회복시키기 위하여 심혈을 기울였다. 해방과 더불어 총회와 전남노회는 어떻게 복구되었으며 그 복구된 총회와 전남노회에서 목포노회가 어떻게 분립되어 창립되었는가?

2.1.1. 전남노회 해산(1943년)

1942년 조선예수교 장로회 총회가 일제의 강압에 의해 해산당한 이후 1946년 남부총회는 1942년 제31회 총회를 계승하여 소집되었다. 1917년에 전라노회에서 분립된 전남노회 역시 1942년에 해산되어 전남교구로 존속하다가 다시 전남교구를 해산하고 전남노회로 재건하는 험한 과정이 있었다.

1942년 5월 4일에 전남노회 제34회가 목포양동교회에서 개회되었다.

> 1942년 5월 4일 오후 8시 30분에 본회가 정기회로 목포양동예배당에서 회집하여 회장 우전종사 목사 사회로 국민의례를 거행하고 찬송가 제8장과 성경 로마서 12장을 봉독한 후 '신자의 의무'라는 제목을 설교하고 신촌연세 목사 기도하고 조선예수교 장로회 전남노회 제34회가 개회됨을 선언하다.[269]

목사회원은 15명, 장로총대는 30명이었다. 목사 중에 최흥종 목사와 김윤식 목사만 창씨개명을 하지 않은 고로 본명이 기록되었고 나머지는 창씨개명으로 이름이 기록되었다.[270] 회장에 김윤식

---

269) 전남노회 제34회 회의록, 1942. 8.

목사가 투표로 당선되었다.[271]

이어서 제35회 전남노회가 1943년 5월 6일 광주부 양림청 전남노회관에서 출석회원 목사 13명, 장로 24명 원로목사 2명, 방청전도사 9명, 합계 51명이 참석하였다.[272]

제35회 전남노회(1943)는 전남교구를 조직하는데[273] 교구 규칙을 제정하고 교구장을 선출한다. 교구장에 도전일청(島田一淸) 목사가 당선된다.[274] 전남노회는 1943년 제35회를 끝으로 조선예수교 장로회 총회 산하 전남노회가 해산된다.

2.1.2. 전남교구 탄생(1943년)

1943년 5월 6일 전남노회 제35회를 개회한 후 제34회 전남노회 회계를 보고하고 나서 곧바로 1943년 2월 17일에 소집된 본회상치위원회의 결의에 따라 '교회기구개혁안'을 발표하여 전남교구를 발족하였다. 1943년 5월 6일에 전남교구를 창립하고 제2회 전남교구가 1944년 5월 3일 오전 8시 30분에 소집되었다.[275] 제3회 전남교구는 1945년 4월 17일에 금정수련도장에서 목사 회원 16명, 장로 총대 6명이 참석하여 개회되었다.

---

270) *Ibid.*, 8 – 10.

271) *Ibid.*, 11.

272) 전남노회 제35회(1943), 1.

273) *Ibid.*, 11.

274) *Ibid.*, 28.

275) 일본기독교조선장로교단 전남교구 제2회 회의록(1944), 1.

2.2. 전남노회 복구

일본기독교조선장로교단이 해산되고 남부대회가 총회로 소집되면서 총회가 복구되자 각 지역 교구들은 자연히 해산되었고 각 노회들도 복구되었다. 이에 따라 전남노회도 복구되는 것은 당연하였다. 전남노회는 1943년 제35회가 소집된 후 해산되고 전남교구로 재편되었기 때문에 1945년 11월 7일부터 9일까지 소집된 전남노회 복구노회는 제36회가 맞을 것이다. 그러나 회의 순서를 정할 때 해방 후 1945년 11월 7일에 소집된 첫 복구노회를 제35회로 정한 바람에 제35회 전남노회는 1943년과 1945년에 두 번으로 회순을 정하고 있다.[276]

복구노회로 소집된 제35회 전남노회는 광주금정교회에서 1945년 11월 7일 오후 3시에 목사 19명, 장로 15명 합 34명이 참석한 가운데 소집되었다. 임시 회장에 조승제 목사, 임시 서기에 성갑식 목사를 선출하여 회무를 진행하였다.[277] 이어서 임원 선출이 있었는데 회장에 김창국 목사, 부회장에 이남규 목사, 서기에 성갑식 목사, 부서기에 김병두 목사, 선한권 장로, 부회계에 서영범 장로가 선출되었다.[278] 이렇게 하여 전남노회는 조직을 갖추어 재건되었다.[279]

---

276) 전남노회 1943년 노회록, 1945년 노회록 참고.

277) 전남노회, 제35회, 1945. 4.

278) *Ibid.*, 7.

279) 해방을 전후하여 1979년 분열까지 전남노회 상황은 다음과 같다.
　　1. 전라공의회 소회(위원회)(1893 – 1906)
　　2. 전라대리회(1907 – 1911)
　　　1) 남전라 대리회

2.3. 조선신학교와 전남노회

이렇게 장로회총회와 산하의 모든 노회들이 복구되었고, 신사참
배 문제 역시 어려움 속에서 어느 정도 정리되고 있을 때, 때를
같이하여 돋아난 꽃이 있었는데 바로 자유주의 신학이었다. 한국교
회에 자유주의 신학이 본격적으로 침투하기 시작한 것은 1930년대
였다. 대표적인 예가 창세기 모세 저작권문제, 아빙돈 성경주석 사
건, 그리고 여권문제였다. 창세기 모세 저작설 부인문제는 자유주
의의 영향을 받은 서울 남대문교회의 김영주 목사가 "(창세기가)
히브리의 오랜 신화를 근본 삼았고, 창세기의 저자가 확실하지 못
하다."고 한 것이 그 발단으로 볼 수 있다. 한국교회에서 자유주의
신학의 선구자라 할 수 있는 정경옥(鄭景玉)은 슐라이어마허와 리
츨, 칸트, 칼 바르트 사상에 심취했다. 정경옥은 자유주의에 문호
를 개방한 감리교에 소속되어 있으면서 자신의 신학사상을 마음껏
펼쳤다. 정경옥뿐만 아니라 미국에서 공부하고 돌아온 김관식과 조
희염 또한 자유주의 신학을 소개했다. 조희염은 성경은 하나님의

---

2) 북전라 대리회
1911년 10월 11일(수) 전주 서문밖교회당에서 회원 목사 13명, 장로 14명, 합 27명
이 모인 가운데 회장, 김필수(배유지), 서기 이승두, 회계 최국현, 부회계 최의덕을
선출했다.
3. 전라노회(1912)
4. 전남노회(1917): 전라노회에서 전남노회, 전북노회로 분립
 1) 일제에 의해 전남노회 해산(1943)
 2) 해방과 함께 전남노회 복구와 재건(1945. 11. 7)
5. 순천노회(1922): 전남노회에서 분립
6. 제주노회(1930): 전남노회에서 분립
7. 목포노회(1947): 전남노회에서 분립
8. 함평노회(1972): (호남대회 - 총회결의)
목포노회에서 분립, 1979년 개혁 측과 분열

말씀이 아니라 하나님의 말씀이 포함되어 있다고 주장하는 전형적인 자유주의 성경관이다. 성경관에 대한 그의 말을 들어 보자.

> "성경 전체를 하나님의 말씀으로 믿는 것은 큰 잘못이다. 성경에는 하나님의 말씀 아닌 것도 포함되어 있다. 문학적 오류는 물론, 다수의 역사적 오류와 과학적 오류가 포함되어 있다."[280]

여권문제는 1920년부터 들어왔지만 본격적으로 활동한 것은 역시 1930년대에 장로교회의 성차별 문제를 비난하는 내용의 글들이 「기독신보」 등에 게재되면서부터이다. 여권의 문제 또한 창세기 등 모세오경 저작권 문제처럼 성경관과 연결되어 있다고 할 수 있는데 그 이유는 자유주의자들이 성경을 해석자 중심으로 해석하고 있기 때문이다. 「아빙돈 단권 성경주석」 문제는 감리교에서 한국 선교의 희년을 기념하여 아빙돈 단권 성경주석(The Abingdon Bible Commentary)을 번역 출판하면서 시작되었다. 길선주 목사는 이 책이 자유주의적인 경향에서 쓰였다고 지적하면서, 본서의 집필에 참여한 채필근, 한경직, 송창근, 김재준 등 장로교 목사들은 기관지를 통하여 사과해야 한다고 제의하였고 총회는 이 제의를 받아들였다.[281] 채필근 목사는 즉석에서 사과했고, 한경직, 김재준 목사는 자신들이 번역한 부분에는 교리적인 오류가 없지만 교회에 덕이 되지 못한 점이 있으면 사과한다고 했다. 그러나 송창근은 사과하기를 거부했다.[282]

---

280) 양기은, 「한국교회사」, 115.
281) 김영재, 「한국교회사」(서울: 개혁주의신행협회, 1992), 194 – 95.
282) 김양선, Ibid., 177.

조선선교의 희년 기념 예배 당시 마포삼열 박사는 자유주의 신학의 대두됨을 보면서 "근래에 신신학이니, 신복음이니 하는 말을 하며 다니는 사람이 있는 모양인데 우리는 그러한 인물을 삼가야 한다."고 말하면서 "조선에 있는 선교사들이 다 죽는다든지 혹은 귀국한다든지 혹은 선교 사업을 최소한도로 축소한다든지 할지라도 조선교회 형제여, 40년 전에 전파한 그 복음을 그대로 전하자."라고 다짐했다. 하지만 보수신학의 전통을 자랑하던 평양신학교가 1938년 9월 30일 신사참배에 저항하기 위해 자진해서 무기휴학하고, 선교사들은 본국으로 돌아가고 남궁혁, 박형룡 두 보수신학의 학자가 국외로 망명하자 자유주의 신학이 고개를 들기 시작했다.[283]

호시탐탐 재기를 노리고 있던 자유주의 신학자들에게 절호의 기회가 찾아온 것이다. 그들은 이미 1939년 봄부터 조직된 새로운 신학교 설립 기성 위원회를 조직하였고, 1940년 4월에 '조선신학원'이란 이름으로 서울에서 새로운 신학교를 설립, 정식으로 개교하였다. 그리고 초대 교수진을 자유주의적인 신학자들인 채필근, 김영주, 함태영, 김재준, 송창근, 김영주 등으로 구성했다.

이미 앞에서 살핀 것처럼 초대교장인 채필근은 아빙돈 주석 사건으로 자유주의적인 인물로 낙인찍혔고 김영주는 창세기 저작자 문제로 총회에서 제재를 받은 인물이었다. 함태영은 1935년에 그의 자유주의 신학 때문에 책벌까지 받은 자이다. 김재준은 조선신학이 평양신학과 다른 점은 선교사와 보수신앙의 손을 떠나 순수한 한국인에 의한 자유주의 신학을 기초하였다는 것이라고 자랑하면서 이렇게 당시의 소신을 밝힌다.

---

283) 김의환, 「기독교회사」, 460.

"1940년 4월 조선 사람의 손으로 조선신학교가 서울 승동교회 하층에서 개교되었다. 이것은 조선교회 50년 사상에 있어 처음 되는 기록적 사건이었다. 그것은 이날부터 참된 의미의 조선교회가 시작된 것이었기 때문이다. 지금까지에 다른 기관은 모두 조선 사람에게 내어준다고 할지라도 신학교만은 기어코 선교사들이 경영하려 하였던 것이다. 그러나 상술한 바와 같이 선교사 우월권, 선교사 주권을 유지하려면 조선교역자의 질을 선교사 이하의 선에 정지시켜야 될 것이며 그렇게 하려면 신학교육을 완전히 선교사가 독점하는 방법을 취할 수밖에 없었던 까닭이다. 그러므로 서울에 조선 사람으로서의 조선신학교가 설립되고 선교사가 일제히 귀국한다는 것은 비록 전쟁에 의한 불가피의 사태라 할지라도 벌써 선교사 집권시대는 지났다는 것을 의미한 것이 아닐 수 없는 것이었다."[284]

　　김재준에 의하여 자유주의 신학사상이 움트기 시작했고, 그의 신학교육의 규범이 기존 평양신학교의 교육이념과 전통을 전적으로 바꾸어버린 것인데 그는 그때에 벌써 보수주의 신학사상과 대결할 것을 결심하고 이를 공연히 발표하였던 것이다.[285] 김재준에 의하여 지도되는 조선신학교가 한국교회에 자유주의 신학을 수립한 기반이요 자유주의 신학 그 자체였다는 것은 부인할 수 없는 사실이었다.[286]

　　조선신학교와 김재준 교수를 비롯한 여러 교수들은 해방되는 해까지 비록 짧은 기간이었을지라도 아무런 거칠 것 없는 독무대적인 신학교육을 통해 그들 나름대로 많은 일군을 배출시켰다. 해방 이후에도 그동안 장악했던 교권의 여세를 몰아 남부총회에서는 1946년에 무난히 조선신학교를 총회 직영신학교로 인정을 받는 데 성공했다. 만일에 일제 말엽 신사참배를 통해 배도의 공백이 없었

---

284) 김양선, 「한국교회해방십년사」, 195.

285) *Ibid.*, 196.

286) *Ibid.*

던들 조선신학교의 총회 직영이란 아마 반세기 전에는 꿈에도 못 꾸어 볼 일이었을 것이다. 알고 보면 배도의 술에서 채 깨어나지 못한, 그렇게 떳떳하게 자신을 내놓을 수 없는 분들이 해방된 후에도 자숙을 하지 아니하고 계속 총회 지도자를 자처하면서 조선신학교를 총회직영신학교로 가결한 것이다.[287]

위의 결과로 남한에서는 총회의 인정을 받은 신학교가 조선신학교 하나밖에 없었기 때문에 평양신학교에 대결을 목표하고 자유주의 신학을 따르는 교수들로 시작된 조선신학교를 총회 직영신학교로 했기 때문에 그 후 장로교의 모든 목사들은 이제는 속절없이 이 자유주의 신학을 배워야 했다.

이에 대해 1946년 제36회 전남노회에서 보고된 조선신학교에 관한 사항을 보면 잘 알 수 있다.

> "조선신학원 보고: 조선신학원 유지회에 대하여 김덕래 목사가 설명하고 각 교회가 유지회원이 되어서 적극적으로 협력하기를 바란다."고 광고가 있었다.[288]

광주노회 교역자 양성은 총회 직영신학교였던 조선신학교에서 목회자 양성을 하고 있었던 것이다. 조선신학교는 1939년 제28회 총회 '조선신학원' 설립 허락을 받았고 1940년 2월 9일 조선 총독부로부터 조선신학교 인가를 받았다. 그리고 1940년 4월 11일 조선신학교를 개교하기에 이른다. "조선신학교는 자유주의 신학으로 출발하여 자유주의 神學의 발전을 수(遂)하고 마침내 자유주의 신학

---

287) 김의환, Ibid., 462.
288) 진남노회, 제36회 회의록, 1946. 22.

확립을 달성하였다."[289]라는 김양선의 지적대로 해방 직후 한국장로교회뿐만 아니라 전남노회는 자유주의 신학교인 조선신학교에서 배운 학생들이 목회자가 되어 교회를 섬기는 시대가 되고 말았다. 전남노회는 초기 미국 남장로회 선교사들로부터 지금까지 이어졌던 정통보수신학을 계승하는 데 있어서 일제의 신사참배 강요 때보다 더한 위기가 찾아온 것이다.

2.4. 자유주의 신학과 투쟁하는 51인 신앙동지회

한국장로교회를 말할 때 1946년에 조선신학교에서 신학공부를 하고 있었던 51인을 중심으로 '정통을 사랑하는 모임' 혹은 '신앙동지회'를 빼놓고는 설명할 수 없다. 이유는 한국장로교회가 자유주의 신학에 의해 무너져 가고 있을 때, 이것을 이대로 좌시할 수 없어 분연히 일어난 사람들이 51인 신앙동지회이기 때문이다. 이들이 1946 – 1947년에 조선신학교에 수학하고 있을 때 정통신학, 보수신학을 사랑하는 뜻있는 학생들이 조선신학교 내에서 자유주의 신학과 그 가르침을 거부하기로 결심하고 '51인 신앙동지회'를 구성하여 대응하기 시작했던 것이다. 필자가 호남 지역의 신학적 정체성을 다루는 부분에서 51인 신앙동지회를 중요하게 취급하는 이유는 이들 중 전남노회 소속 신학생들이 '정규오, 김일남, 박요한, 차남진, 김인봉, 안동수, 이병연, 김익, 김상규, 강택현' 등 10명이 포함되어 있었고, 그중에서도 전남노회 소속 정규오 목사가

---

289) 김양선, *Ibid.*, 195.

회장이었기 때문이다. 즉 51인 신앙 동지회의 신학사상이 지금까지 걸어왔던 호남 지역의 신학사상이면서 동시에 앞으로 계승될 신학사상의 정체성이기도 하기 때문이다.

조선신학교는 1940년 4월 10일 서울 승동교회에서 개교한 후 남부총회에서 직영신학교로 인가받은(1940년 6월) 유일한 장로회 직영 신학교였다. 그 신학교에서 신학공부를 하고 있었던 학생들이 조선신학교에서 교육되고 있는 김재준, 송창근, 정대위 교수 등의 강의 내용이 자유주의 신학이라고 문제를 제기하자 학교는 어수선해졌다. 이 문제는 1946년 10월 1일 학우회에서까지 쟁점이 되었고 학교 측에서 수습에 나섰지만 정통신학을 사랑하는 학생들의 의지를 꺾을 수는 없었다.

정규오 중심의 정통보수신학을 사랑하는 학우 모임이 조직적으로 움직이기 시작하자 학교 측과 학우회 회장이었던 이해영은 1946년 12월 6일에 발행된 학우회보를 통해서 자숙을 호소하였다. 후학기가 끝나자 학교는 방학에 들어갔고 1947년 봄 학기가 시작되었다. 4월 10일 경건회 시간에 이일선 학우가 펴낸 「理想村」이라는 소책자가 무료로 배부되었는데 그 소책자 중에는 주일성수하는 것에 대해 이의를 제기한 내용이 있었고, 이를 본 정통보수신학을 사랑하는 학우들이 분개했다. 신학교 교수뿐만 아니라 그 교수 밑에서 공부한 학우의 자유주의적 신앙을 용납할 수 없었던 것이다. 그리고 이 소책자에 김재준 교수가 추천을 해 주었다는 것을 확인한 정통을 사랑하는 학생들은 장로회 총회 직영신학교에서의 자유주의 신학적 가르침과 그 확산을 더 이상 묵과할 수 없다고 판단하고 51인 신앙동지회는 진정서를 작성하여 제33회 총회(1947년 4

월 18일) 당일 서기부에 제출했다.

진정서가 총회에 제출되자 학교 측에서는 진상을 조사했고 주동자 6명은 퇴학처분을 당했다. 그러자 이에 분개한 정통신학을 사랑하는 모임이 총회에 진정서를 제출할 때 서명한 51명을 포함해서 60명이 조선신학교를 자퇴하게 되었다. 자퇴한 이들은 집으로 돌아갈 수 없어서 노량진에서 1947년 5－9월까지 단체로 합숙훈련을 했다.

총회는 이 진정서를 받아 조선신학교에 대한 특별조사위원회를 구성하여 처리토록 결의하였다. 김재준 교수는 총회 조사위원회에 자신의 진술서를 제출하게 되었고 박형룡 박사는 그 진술서에 반박하기를 김재준 교수의 성경관은 고등비평의 성서관이고, 교리 문제에 대한 그의 변명은 신신학의 교리관이었다고 비판했다. 결국 제38회 총회(1953년)는 김재준 교수의 파면을 결의하였다. 그러나 김재준 교수와 그의 추종자들은 이를 인정하지 않고 그들만의 총회를 조직하여 한국기독교장로회를 출범시키게 되어 오늘날 기장 측 교단이 되었다.

신앙동지회 회장인 정규오 등 51인이 총회에 조선신학교의 자유주의 신학의 문제를 해결해 달라고 올린 진정서 내용은 다음과 같다.

　51名의 진정서[290]

　◎ 호소
　개혁교회는 성경에 절대권위를 두고 그 위에 세운 교회입니다. 성경은
　천계와 영감으로 기록된 것이라는 초자연적 성경관을 우리는 가지고 있

---

290) 진정서 원본(소재열, 칼빈대학교 대학원, 2006), "51인 신앙동지회와 자유주의 신학과의 투쟁에 관한 연구"(박사학위 논문 부록 참고)

습니다.

「신구약 성경은 하나님의 말씀이니 신앙과 本分에 對하야 정확무오한 유일의 법칙이니라」

이 신조는 조선교회의 모든 선배와 우리 자신들이 대대계승하야 믿을 순수한 우리 신앙입니다. 그러나 우리들이 소명감에 몰려 장로교 총회 직영신학교인 이 조선신학교에 와서 성경과 신학을 배울 때 우리는 우리의 유시부터 가지고 오는 신앙과 성경관이 근본적으로 뒤집어지는 것을 느꼈습니다.

지금 우리가 이 신학교에서 배우는 이런 것이 소위 신신학이란 것인지 或은 고등비평인지 또는 자유주의나 합리주의란 것인지 그 시비정체를 가릴 수 없습니다.

다만 이런 가르침 때문에 우리 신앙이 파괴당하는 이 어려운 문제를 이 신학교를 직영하시는 총회원 제위 앞에 호소하고 진정하오니 총회원 제위께서는 맑은 진리의 눈으로 해결하시고 판단하여 주심을 앙망하나이다.

생각긴대 조국은 민족적 중대한 과제를 지니고 있으면서 좌로 우로 분열하야 혼란을 일으키고 있는 이때 우리는 교계 안에 또다시 시끄러운 파문을 던지고저 원치 않습니다. 그러나 만인이 근신하고 숙려코저 침묵한다는 이때를 절호의 기회로 利用하야 교회 내에 이단이 침입하고 위선자들이 활약하는 것이 사실이라면 여기까지도 오늘 교계 제위는 침묵할 것입니까? 우려되는 교계정세를 피안의 불로만 구경할 것이리까?

이날 곧 조선교회 만년의 화근 됨이 있다면 뽑으소서!

교회 정통과 순결을 지키기 위하야 가장 중대한 이 신학교육 문제를 심각히 고려하시고 성찰하시사 진리와 량심에서 이 문제를 토의하시와 만족한 해결을 주시기를 간망하야 자에 선배제위께 호소하나이다.

주후 1947年 四月 十八日
서울 조선신학교
정통을 사랑하는 학생 동지들

◎ 현재 조선신학교에서 교수하는 신학사상

I. 성경관

1. 신구약의 권위를 인정치 않는 것
   (a) 문서설 주장: 모세 오경을 여호수아까지 넣어 6경이라 하여 저자 모세를 부인하며 JEDP 각 문서로 구성되었다고
   (b) 이사야 40장에서 66장까지를 제2이사야서라고 하여 바벨론 포로시

대에 쓴 저자 불명의 책이라고

(c) 성경조성의 외부적 감화

ㄱ. 가나안 문화의 바알제단이 구약의 여호와 종교숭배 등으로 변했다.

ㄴ. 바벨론 신화와 법전이 유대인 법전에 영향을 주었다.

ㄷ. 페르샤 사상의 이원론의 영향으로 선악(하나님과 사탄)의 대립을 말하고 있다.

ㄹ. 그리스 사상이 지혜문학과 필로의 철학사상에 영향을 주었다.

(d) 성서 삽입설(성서에 삽입된 기사가 많이 있다고)

(e) 사무엘서의 사무엘 저작 부인(오경은 B.C. 800년에서 B.C. 400여 년간에 됐다고)

(f) 성경연대(성경연대 중 제일 오래된 것은 사무엘시대에 썼다고)

이상은 김재준 교수

2. 성서에 오류가 많다는 것

(a) 노아 홍수설에 대한 역사성 부인(바벨론 신화의 영향을 받았다고 하고 홍수설을 자구적으로 믿는 것은 잘못이라고)

(b) 바벨탑 기사의 역사성 부인하고 이는 일개 전설에 불과하다고

(c) 인종 기원(창세기 9장 18절의 가나안족은 함의 후손이라 했지만 인종학상 셈의 후손이요 동양족은 소속불명이라고).

(d) 거인족설(창세기 6장 4절에 거인은 천사와 인간이 교합해서 낳았다는 것은 고대 동양에서 영웅은 신이었다는 생각과 동일한 것이라고)

(e) 구약의 역사는 아브라함 이후부터라야 정확하고 그 以前은 확실성이 없다 함.

(f) 광야생활 중의 만나와 헤어지지 않는 의복 등에 대한 합리적 설명.

(g) 여리고 성의 함락은 한 신경전에 의한 정신적 승리다.

(h) 구약문서설에 의하면 노예법이나 부정사상 등은 각 법전에 따라 사상적 차이가 있는데 이것은 시대적 변천과 저작권 차이로 인해 생긴 것이라 함

이상은 김재준 교수

3. 신약공관복음 자료문제

(a) 공관복음 중에는 마가복음이 제일 먼저 된 것인바 복음을 로기아(λογια)에 의해 쓴 것이고.

(b) 마태복음 기사의 4분지 3은 추상적이요 4분지 1만이 마가복음이나 다른 자료에서 취했다고(마가복음에 없는 기사가 마태복음에 있다

는 것, 예를 들면 빌라도가 손 씻은 기사나 그의 처가 꿈꾼 것 등의 기사는 추상적인 것으로 사건을 확대해서 쓴 것이라고)

(c) 복음서 기자의 인격적 영감설을 말하면서 성경은 금광과 같아 그 중에는 금도 있고 돌도 있는데 우리에게 중요한 것은 금이라고(우리는 완전 영감설을 믿으며 성경 전체는 그대로 금이라고 본다)

(d) 성서신학이라고 하는 것은 성경의 종교적 생명을 각 시대에 합당한 방법을 찾아 해석, 설명하는 것이다. 성서를 역사적 신학적 방법으로 연구함으로 가장 합리적인 연구결과를 나타내고자 하는 것이라 함.

이상 송창근 목사

(e) 김재준 목사의 구약사상사에서 구약은 유대교의 성경이요, 크리스천의 성경은 신약이다 마는, 기독교가 구약에서 발달되어 나온 것이기 때문에 우리가 구약을 계승하는 것이다. 구약연구에는 문학적, 역사적 연구가 그 기본 연구요, 이 기본·연구 후에 자기 주관을 부칠 것이니 먼저 역사적 단계에서 지적한 후, 역사를 떠나 과학적, 철학적 비판을 하고, 마지막에 이 사상이 기독교와 무슨 관계가 있는가 하는 것을 연구하는 것이다(그 결과보다 생성발전의 과정과 조직 요소 특색 등을 단면적으로 연구할 것이라고).

Ⅱ. 교리문제 — 정통공격 —

1. 김재준 목사가 집필한 '새사람'지 제11호에 정통신학에 대한 비난 (정통신학은 신신학보다 더 공교하게 위장한 실제적 인본주의요 정통적 이단이라 운운), 또 신학과 3학년 교수시간에 "정통인지 밥통인지 모르겠다." 한 언명.

2. 김재준 목사가 구약신학 시에 신구약에 있어서 교리의 체계 세움을 비난하야 "성경은 교리의 교과서가 아니다. 신구약 전체를 뒤지면서 삼위일체의 교리를 찾아내고자 함은 어리석음이니 하나님은 성경에 교리를 가르치지 않았다고. 하나님께서 인간을 가르치는 데 있어서 구약과 신약에는 정도의 분간이 있다. 이것을 억지로 교리로 만듦은 잘못이다. 유대인은 구약역사를 교리적 독단으로 편삽해 했는 고로 과학적 정확을 기록한 것이 아니라"고.

3. 예정론에 있어서 금년 3월 졸업반의 조직신학 구원론 시간에 김재준 목사는 "자기는 예정론에 대해 취미 없다고 말하면서 결국 칼빈의 예정론은 결국 숙명론으로 돌아간다."고 함.

4. 주일문제에 대하야 신학생 중 이일선 군이 저작한 '이상촌' 중에 "농촌교회에서 농번기에는 새벽과 밤에 예배보고 낮에는 부득이한 일을 해도 죄 될 것 없다." 하는 구절이 있는데 이 책은 김재준 목사가 교정하고 서문까지 썼는데 이 문제 때문에 지난 4월 10일 학생 간의 물의가 일어나 교내에 대파문이 일어났는데 김재준 목사는 "저자가 제 의견에서 쓴 데 대하여 무슨 시비냐!" 하며 이 문제에 대어진 학교당국으로부터의 실무적 해결이 없는 것.

5. 정대위 강사(동지사 신학부 졸업)는 학부 1학년 교수시간에 학생들 앞에서 "자기는 지금까지 그리스도의 속죄론에 대하야 이해치 못하고 믿지 못하였다. 하나님과 자기 사이에 예수라는 존재가 없다면 문제는 단순한데 예수가 끼여 있어서 이해치 못하다가 지난 수난주간 한경직 목사의 이사야 53장 설교 시에 처음으로 바늘구멍만치 이해하였다."라고 함.

6. 송창근 목사는 신학교 2학년 신약신학시간에 "과거 평양신학교는 학생을 무지케 하여 지도코자 하는 노예 교육"(savage)이라 공격한 것과

7. 미국 정통파의 거장 메이첸의 비난과, 그 일파가 1930년 총회에서 성직을 박탈당하고 프린스톤신학에서 분리하여 웨스트민스터 신학교를 설립하였는데 얼마 안 되는 학생을 데리고 자기네끼리 또 분열했다 하면서 현재는 조선 내에도 이 계통의 신학자가 활약하고 있으니 학생들은 주의하라 함.

8. 계시종교와 원시종교의 역사적 관련성을 말하는 로버트 스미스(R. Smith)의 책을 읽으라고 권하고 그가 이 설을 주장하다가 스코틀랜드에서 쫓겨났으나 10년도 못 되어 그의 설은 긍정되고 말았다 하여 유아의 성장처럼 하나님 종교도 원시종교에서 점점 성장했다고.

9. 구약의 천당이나 지옥사상도 오랜 후대인 헬라, 파사시대에 발달한 것이요 계명 중 "네게 주는 땅에서 장수하리라"고 한 말은 당시 이 세상관념이 아직 발달 안 되었던 고로 이 지상에서의 복을 약속한 것이라고(신명기 7:13).

Ⅲ. 신관(종교관)

1. 유일신인 엘로힘은 원시 셈족에 신(엘)이란 명칭이 있어 셈종족 전체가 부르던 하나님 칭호로 사용해 왔는데 이 '엘'이 히브리 종교의 '엘로힘'이 되었다. 즉 원시 셈족은 '엘'신이 지방에 나타났다 하여 제단 쌓던 습관이 있었는데 아브라함시대에는 하나님을 '엘'

이라고 불렀고 아브라함도 간 데마다 제단을 쌓았다. 이러다가 모세시대에 와서 '야웨'라 불렀다 함.

2. 아브라함은 원시 셈족 중에서 나와 유일신을 믿은 첫 사람이라 할 수 있다고 함.

3. 종교진화론적 입장에 입각하여 볼 때 히브리 구약종교는 원시셈종족의 종교분위기 속에서 발달한 것인데 원시종교의 더러운 것이 아브라함이나 모세 등으로 점점 자라났던 것이다. 재료가 원시에서 나왔다고 계시종교를 무시함은 아니라 하다.

(a) 유월절은 출애굽 이전부터 있었던 규례로써 새 곡식을 드리고 기뻐하던 절기다.

(b) 안식일은 셈족의 발생지 '우르'(Ur)에서 달신(月神) '쉰'(Shin)을 섬길 때부터 있었던 것이다.

(c) 십일조는 레위기, 신명기, 출애굽기 사이에 각각 상이한 점이 있고 이 규례도 셈족 원시시대부터 있었다고.

(d) 할례는 원시시대부터 내려온 것으로 아브라함 이전부터 성인으로 부족의 일원으로 받아들일 때 하는 예식인데 아브라함시대에 와서 새로운 종교적 의미가 가해졌다고.

(e) 성소와 제단의 시작: 셈족이 '엘'신에게 제사 드리던 풍속을 아브라함이 이어받아 제사 드렸다.

ㄱ. 사막지대에서 원시 셈족은 신이 나무 밑에서 자라난다고 생각했는데 이 때문에 구약의 하나님께서 나무 밑에 나타났다는 문귀가 있음이요 아브라함에게도 신이 상수리나무 밑에 나타났다 함(이 신수(神樹)가 고사하면 그것을 깎아 세웠는데 이것이 '아세라'목상).

ㄴ. 천수(泉水)와 하나님을 관련시켜 샘물 나는 곳에 제단을 쌓았는데 이것이 성경의 이삭과 샘물 관계.

ㄷ. 돌과 하나님을 관계 지어 이상한 자연석이 있으면 그것을 모아 그 위에 기름 부어 제단 삼았는데 이런 것을 야곱과 돌 제단을 관계 지음

(f) 구약의 부정(不淨)사상은 원시종교의 타락한 것이라고.

이상 김재준 교수

◎ 학교정치에 관한 문제

1. 노회의 천서가 없는 학생을 입학시켜 다수 공부하고 있는 것.

2. 신학은 자유로, 신앙은 보수적이라 하여 학생 중에는 신자의 육체부활, 재림심판, 처녀탄생, 삼위일체 그리고 주일까지 부인하고 무

시하는 스웨덴북 사상에 젖은 자들이 있는 것.

3. 조선신학교는 캐나다 선교회 경영신학교라는 평이 있는바 한 계통의 교수진만으로 독재하고 있는 감이 유(有)함.

4. 현재 학생들의 신앙적 교훈은 일체 등한시하여 새벽기도회엔 학교 구내 선생도 불참함은 물론 120인의 기숙사생 중 20 - 30명밖에는 출석지 않는 것. 학우회 전도부 주최의 전교학생 동원전도를 중지시켜 한 번도 전교적으로 전도한 일 없음.

5. 김재준 목사와 한경직 목사의 해석과 신학입장이 전혀 틀리다(구약의 신관, 이적, 문서설, 종교진화설 등에 대한 한 목사의 정통적 입장에서 공박). 따라서 교내학생의 신앙과 신학사상이 분열, 대립하고 있는 것.

◎ 학제

1. 현재 대학인가는 안 나오고 재단은 확립 못 한 채 복잡한 학칙을 두어 교사, 교실 등의 부족으로 문과, 사회사업과 등에서는 일주일에 수 시간 공부하는 이유로 학생 수가 감소해 가고 있음.

2. 천서 없는 학생을 입학시킴으로 소위 신학생 중 흡연가, 학교도서를 도적질해 팔아먹는 자, 천주교인, 그리고 공산주의자까지 있는 형편이다. 문과의 '장병관'이란 자는 성명서까지 내고 자기가 공산주의자임을 선언한 후 자퇴한 일도 있음.

3. 성경본문도 한 번 통독해 보지 못한 학생이 다수인데 교수과목은 번잡하고 한 가지도 충실히 배우지 못하고 있는 사실.

◎ 탄원

1. 현재 남한 각 지방에 난립하는 여러 신학교 중 정통주의의 신학교들은 대국적인 견지에서 속히 지방 관념을 떠나 중앙에 완전한 장로교 정통신학교를 세워 주실 것.

2. 정통주의의 신학자들로서 교수 진영을 강화하여 장로교회 정통에 입각한 신학교육의 순결과 충실을 도모해 주실 것.

3. 순수한 신학교로 학제를 변개하되 목회와 학적 탐구의 양 방면을 겸전할 수 있는 방법을 취할 것이며 빈약한 재단에 관하여 적극 노력하여 주실 것.

이상

◎ 진정학생 명단
1. 경기노회: 김덕수, 김백수, 전상성, 박충락
2. 전남노회: 정규오, 김일남, 박요한, 차남진, 김인봉, 안동수, 이병연,
   김익, 김상규, 강택현
3. 황해노회: 이치복, 박창환, 박신규, 손치호, 손두환, 장세용
4. 함남교회: 엄두섭, 하종관
5. 전북노회: 이노수, 정희찬, 이병선, 박학래, 최석홍, 김문영, 임창희
6. 군산노회: 한완석, 조원곤, 정진철, 최성원, 유영한
7. 평동노회: 강용서, 강용준
8. 평양노회: 안도명, 이양화, 박윤삼
9. 경북노회: 박종삼, 유문열
10. 경안노회: 오승연, 양문석
11. 함북노회: 권채용
12. 북만노회: 김준곤
13. 인천지방회: 윤광섭
14. 옹진지방회: 정효근
15. 용천노회: 한성욱
16. 의산노회: 백예원
17. 안주노회: 최인원
18. 황해노회: 이성권

이상 51명
기타 신복윤, 최윤조

위와 같은 진정서를 총회에 제출한 51인 신앙동지회는 전남노회
에 소속된 신학생들이 주도적으로 이끌어 갔으며 정통보수신학을
위하여 앞장섰다. 조선신학교 "정통을 사랑하는 모임의 회원들인
51인 전원과 10여 명이 더 가세하여 60여 명의 학생들이 조선신학
교를 자퇴할 당시 60여 명의 지방적 분포상황으로는 월남한 이북
형제와 호남 지역이 반반을 차지했고 영남 지역은 박충락, 오승연

두 분뿐이었고, 나중에 고려신학교의 황규석 전도사가 가입했다."[291] 구체적으로 51명을 지역별로 보면 호남 19명, 영남 2명, 서울(경기 강원포함) 3명, 이북 27명이었다.[292] 이북 27명의 회원들은 호남에서 활동하였다.[293]

호남 지역은 미국 남장로교 선교회 선교 지역으로서 보수신학을 전수받았기에 해방 이후 자유주의 신학과 싸워 배격할 때 호남의 신학생들이 주축이 되어 보수신학을 지키는 데 앞장설 수 있었다. 당시 보수신학의 거목이었던 박형룡 박사는 "성경적인 정통신앙을 지키기에 천신만고를 무릅써 온 한국 보수주의 교회들은 결코 '신자유주의'에게 자리를 내어줄 수 없다."고 하면서 "우리 교회의 모든 지도자들과 신도들은 우리의 신앙의 조상들이 눈물과 피로 지키고 전해 준 바른 신앙의 노선을 버리고 이 새로이 일어난 신사상의 노선에 한 걸음이라도 따라서는 안 된다."[294]라고 했다. 51인 신앙동지회 회장이었던 정규오는 이러한 박 박사의 신학사상에 매료되었고, 고려신학교에 편입하여 공부하는 시절 서울에 평양신학교의 신학적 전통을 이어갈 장로회신학교 설립을 위하여 박형룡 박사를 모시고 호남을 비롯해서 전국을 순회하기도 하였다.

"나는 1947년 겨울방학에서 1948년 봄까지 박형룡 박사님의 가방을 들어 모시고 주로 호남 지방과 서울의 각 교회를 순방하면서 조선신학교의 신신학 고려신학교의 편협적인 배타성은 한국장로교회의 목사 양성을

---

291) 정규오, "나의 나된 것은", 「원로목사 순례행전」(서울: 복지문화사, 1995), 37.
292) 정규오, 「신학적인 입장에서 본 한국장로교교회사(상)」(광주: 한국복음문서협회, 1983), 41.
293) 편찬위원회, 「광신대학교 50년사: 1954 – 2004」(광주: 광신대학교 출판부, 2007), 222.
294) 박형룡, 전집 IX, 125.

맡길 수 없는 것과 서울에 박형룡 박사 중심의 칼빈주의 정통신학의 설립이 절대로 필요함을 설득 계몽하는 일을 수행했다."[295]

이렇게 51인 동지회를 실질적으로 지도하면서 정통보수신학 사수에 몸 바쳤던 정규오는 조선신학교를 대신하여 서울에 세운 장로회신학교를 제1회로 졸업하고 목사 안수를 받은 후 전남 지역으로 첫 부임하였다. 정규오는 광동중앙교회와 고흥읍교회를 목회하면서 평양신학교, 자신이 졸업한 장로회신학교와 같은 정통보수신학과, 사도적 신앙을 근거를 둔 신학교가 전남 지역에도 있어야 한다는 것을 마음에 품고 있었다. 그러다가 때가 되자 그와 함께 했던 동지들에게 자신의 뜻을 전했고 그들은 정 목사와 뜻을 함께 하기로 약속하기로 했다. 바야흐로 호남 땅에 미국 남장로회 신학 사상을 지키고 이어갈 칼빈주의 정통보수신학교가 탄생한 것이다.

3. 광주 · 전남 지역의 신학교 설립과 보수신학의 계승

호남 지역, 특히 광주 · 전남 지역의 목회자들이 초기 미국 남장로회 선교사들의 정통보수신학으로 양성될 필요를 절실하게 느낀 정규오와 호남 지역 목회자들은 이러한 목적에 맞는 학교를 세우게 된다. 바로 현재의 광신대학교이다. 그러면 박형룡 박사와 평양신학교의 칼빈주의 정통보수신학을 계승하고 바른 신학을 통해 바른 교회 지도자를 지역에서 양성하고자 설립된 광신대학교의 초기

---

295) "나의 니된 것은", 「원로목사 순례행전」(서울: 복지문화사, 1995), 정규오, *Ibid.*, 40.

설립 과정과 그 신학적 정체성을 살펴보자.

3.1. 광신대학교 설립 과정에 나타난 신학적 정체성

1946년 8월 30일에 광주중앙교회에서 소집된 전남노회 제36회 제2차 임시회는 '오랫동안 전쟁으로 인하여 귀국하였다가 돌아온 두 선교사 조하파 목사와 김아각 목사를 본 노회원으로 받고',[296] '수피아, 숭일중 양교의 당사자가 양교의 상황을 구두로 보고하여 노회에서 직영하여 주기를 청원함에 본 노회에서 직영키로 일치 가결'하였다.[297] 그리고 다음 해인 1947년 5월 6일에 제37회 전남노회가 영산포교회에서 소집되었을 때 '선교사가 귀국하였다가 다시 돌아온 노라복, 타마자 두 선교사를 회원으로 환영키로 가결'하였다.[298] 미국 남장로회 선교사들이 전남노회에서 다시 활동하기 시작한 것이다. 그리고 이러한 전남노회의 일련의 행보는 자칫 무너질 수 있었던 호남 지역 보수신학을 다시 세우는 데 큰 힘이 되었음이 분명하다.

신학교를 세우려는 전남노회의 행보가 한 발짝 내딛은 사건이 바로 1946년에 수피아여중학교를 직영하기로 결의한 후, 1948년 9월 1일 미국 남장로교 한국 선교회 광주 선교부 주관으로 광주 수피아여중학교 건물에서 '광주성서학관'을 개관한 것이다. 초대 학관장은 1947년에 귀국하여 전남노회 회원이 된 노라복 선교사였

---

296) 전남노회 제36회, 1946, 제2차 임시노회 회의록, 1.

297) *Ibid.*

298) 전남노회 제37회, 1947, 회의록, 4.

고, 학감으로 박영로 목사, 교사로는 심경생 목사, 김지석 목사, 오동옥 목사, 양치관 목사, 박동환 장로였다. 1948년 전남노회 제38회에서 '광주성서학관 설립자 박승문, 타마자 양씨의 이사 2인 파송 청원 건'은 '본회와 직접관계를 맺을 때까지 기다리기로' 결정하였다.299)

이후 1948년 9월 14일 제39회 전남노회는 선교사들이 운영하는 광주성서학관의 전남노회 인준건과 이사 파송 청원건을 허락하고 이사 2인(정순모, 정기환)을 파송키로 결정하였다. 전남노회 외에 호남 지역 각 노회에서도 신학교를 운영했다. 목포노회는 전남노회에서 1947년에 분립되어300) 그해에 목포에 '목포고등성경학교'301)를 설립하여 운영하였고, 전주에서는 '한예정신학교'를, 순천노회에서는 '순천고등성경학교'를 각각 설립했던 것이다. 광주에서는 1949년에 광주성서학관 외에 '이일성경학교'가 다시 개원하였다.

호남 지역 교회의 지도자 양성을 위한 이러한 성경학교 설립은 나름대로 의미가 있었고, 당시의 시대적 상황에서 커다란 힘을 발휘한 것이 사실이다. 하지만 이러한 일들이 언제나 순조롭게만 진행되지 않았다. 1954년 5월 14일 미국 남장로회 한국선교회 연례

---

299) 전남노회 제38회, 1948, 회의록, 9.

300) 1947년 5월 13-15일 목포양동교회에서 목포노회 창립이 이루어짐: "1947년 5월 13일 오후 7시 30분에 조선예수교 장로회 목포노회 설립노회가 목포부 양동 교회당에 회집하여 소집장 배영석 목사의 사회로 찬송 32장을 심경생 목사로 인도합창하고 이준묵 목사가 기도하고 김점래 목사가 성경 요 14:1-10절을 봉독하고 특별 4중창이 있은 후 배영석 목사가 '예수를 알자'라는 제목으로 설교하고 기도한 후 본도 미군지사와 목포군정장관 및 곽재근 목사의 축사가 있은 후 개회예배를 필하다."(제1회 목포노회록 1)

301) 목포고등성경학교 이사회보고를 다음과 같이 채용하다. 1. 조직 이사장: 이남규, 서기: 함찬근, 회계: 정채진. 2. 경과보고 1) 개교 1947년 2월 20일, 2) 직원 교장 1인, 강사 4인, 시간강사 2인, 선교사 3인. 3) 학생 수 1학년 재적 39명, 4) 과정과 시간 (목포노회 제1회 회의록 39).

대회에서 광주선교회와 전남노회의 갈등으로 선교회에서 운영하는 광주성서학관과 광주고등성경학교를 포기하고 1955년 봄에 중앙성경학교를 설립해야 하는 아픔도 있었던 것이다. 후에 광주중앙성경학교(Central Higher Bible School)를 세웠는데 이 학교가 호남성경학교, 호남신학원으로 발전하여 호남신학대학이 되었다. 광주성서학관의 중단 원인은 유화례(Miss Florence Root) 선교사와 관련이 있었다.[302]

전남노회 제49회 제2차 임시회가 1954년 8월 26일에 열렸을 때 노회는 광주선교부가 폐쇄한 성서학관과 광주고등성경학교를 자체 운영하기로 하고 9명의 이사진을 구성하였다.

> "광주선교부에서 경영해 오던 광주고등성경학교는 폐교함으로 광주고등성경학교를 본 노회에서 경영하기로 하고 이사회를 조직하기로 하여 이사 9명을 공천부에 맡겨 선출하기로 결의하다."[303]

공천부를 통해 선출된 이사 9명은 다음과 같다. 이사장: 박종삼 목사, 이사: 정순모 목사, 김재석 목사, 박찬목 목사, 최화정 목사, 김

---

[302] 전남노회 제49회(1954년 3월 9일), 노회회의록, 17에는 유화례 선교사와 전남노회는 어떤 관계를 이렇게 기록하고 있다. "광산시찰장 나명수 목사가 건의한 유화례, 김아열 양 선교사에 관하여 이 두 선교사는 본 노회 경내에 야기되는 교회 분열 문제에 대하여 직접 그 책임이 있고 본 노회 기본 노선에 비협력적일 뿐 아니라 오히려 막대한 손해가 됨으로 본 노회와 관계되는 일절의 선교 활동을 거부함으로 동시에 이 결의를 선교부에 통고하여 달라는 건의는 받기로 가결하다.
記
1. 동부 백운동 양림교회를 이탈 분열시키는 반교회적인 극열인물들을 선교사 개인적으로나 또는 산하 기관에 채용 옹호하여 교회 분열의 온상지대를 제공하여 주는 일(선교사 기관 산하 반노회적 세대는 23세대, 가족 80명임).
2. 노회 결의가 엄연함에도 불구하고 노회 산하기관에 반노회적 인사들을 계속 시무케 하며 옹호하는 일.
3. 한국장로교가 당면한 최대 난관인 교리문제를 감정싸움으로 악선전하는 일"
[303] 전남노회 제49회 제2차 임시회(1954년 8월 26일), 회의록, 2.

준곤 목사, 손연환 목사, 김금용 장로, 오이색 장로였다.304) 그리고 노회는 고등성경학교 운영의 중대성을 감안하여 특별기도회를 갖고, 1954년 9월 1일 벧엘교회305)에서 광주고등성경학교를 개교했다.306) 그리고 이어서 광주야간신학교 설립을 위한 기성위원회가 1954년 10월 1일에 소집되었다.307) 위원으로는 '김재석, 정순모, 박찬목, 계화삼, 손연환, 김준곤, 엄두섭, 최인원, 박종삼 목사'였다. 기성회장에 정순모 목사, 서기에 계화삼 목사, 회계에 박종삼 목사였다.308)

1954년 10월 1일에 광주야간신학교 설립을 위한 기성위원회는 1954년 10월 15 - 16일에 입학시험을 실시하여 23명의 학생을 모집했다. 그리고 1954년 10월 21일 광주고등성경학교가 개교한 광주 벧엘교회에서 감격스러운 첫 개학예배를 드리고 다음 날인 22일부터 수업이 시작되었다. 이때 노회 인가를 받기까지 임시교장에 김재석 목사가 임명되었고(1대), 임시교수 겸 학감에 최인원 목사, 임시교수에는 박영환 목사와 계화삼 목사였다. 당시 총회 기관지인 기독공보309)는 광주야간신학교 개교에 관해 다음과 같이 보도하고 있다.

---

304) 광신대학교 연혁 참고.

305) "대의동 벧엘교회 대표 최인원 목사 외 33명 서명으로 하여 본 노회에 가입청원한 건은 받기로 하다." 1955년에 대의동교회로 명칭이 변경된다.

306) 기독공보, 1954년 9월 20일자. 186호 2면: "지난 9월 1일 광주고등성경학교는 노회 직영으로 새로운 발족을 보게 된바 이날 박찬목 목사의 사회하에 내빈 다수 참석하고 이사장 박종삼 목사의 설교로 개교식을 광주 벧엘교회에서 성대히 거행하였는데, 수업 연한은 3년으로 본, 별과로 분한바 과거 재적생이 56명이요, 개학당일에 신입생이 20여 명인바 앞으로 다수한 입학자가 있을 것을 예상되고 있다고 하며 신임원은 다음과 같다. 교장 박종삼 목사, 교감 최인원 목사, 서무 곽영수 전도사. 강사 박찬목 김준곤 최화정 박종삼 김성진 박영로. 군목계화삼 최인원 김광선 신동 윤호영"

307) 광신 50년사 편찬위원회, 『광신대학교 50년사: 1954 - 2004』(광주: 삼일인쇄소, 2007), 233.

308) Ibid.

309) 제39회 총회(1954) 총회 결의: "기독공보를 본회 기관지로 승인하기로 하고 이사회 파송은 임원회에 일임기로 가결하다." 총회 회의록, 282.

<광주신학야간 개교>
　　전남노회에서는 수년 전부터 호남 지방의 중심지인 광주에 야간신학
교를 설치하고자 기성회(期成會)를 조직하여 추진하여 오던 중 드디어
그 결실을 보아 지난 10월 21일부터 개학하고 11월 15일에 모인 전남노
회 제49회 제3회 임시노회에서는 노회 직영신학교로 경영할 것을 결의하
였는데 현재 광주 벧엘교회서 남녀 50여 명이 매일 진리연구에 정진하고
있다.
　　이사장: 김재석, 교장: 정순모, 교감: 최인원, 교수: 박연환 계화삼.[310]

　　1954년 11월 15일에 열린 전남노회 제49회 제3차 임시회에서는
"광주야간신학교 건은 본 노회에서 직영하기로 하고 총회야간신학
교의 분교로 청원하기로 하고 이사회조직은 공천부에 일임하여 보
고케 하다."[311]라고 결의했다. 공천부가 보고한 이사는 '정순모, 김
재석, 박찬목, 여운원, 김금용, 오창흠, 부명광, 엄두섭, 박종삼, 김
준곤, 손연환"[312] 이상 10명이었다. 이사장은 김재석 목사, 서기
박찬목 목사, 회계 박종삼 목사였다.[313]

　　1954년 11월 22일 신학교 이사회가 모여 결의한 내용이 전남노
회 제50회(1955년 3월)에 보고되어 결정되었는데 광주야간신학교
직원과 학교 현황은 다음과 같다.

　　<신학교 이사회 경과보고>
　　1. 조직 – 이사장 김재석 목사, 서기 박찬목 목사, 회계 박종삼 목사.
　　2. 직원 – 교장 정순모 목사(2대), 교감 최인원 목사, 교수 계화삼 목사,
　　　　박영환 목사, 김준곤 목사, 강사 김재석 목사, 박종삼 목사, 박찬목 목
　　　　사, 한성욱 목사.

310) 기독공보, 1955년 1월 3일자.
311) 제49회 제3차 임시회(1954년 11월 15일) 임시노회 회의록, 1.
312) *Ibid.*, 3.
313) 전남노회 제50회(1955년 3월) 회의록, 5.

3. 학제 – 본과 4개년, 별과 3개년.
4. 학교 현재 상황 – 학생: 본과 2학년 4인, 별과 1학년 22인.
5. 청원건 ① 본교 졸업생은 전도사 시험을 면제케 하여 주실 일이오며,
   ② 학교 경상비를 위하여 5월 제3차 주일을 신학교 주일로 정하고 예
   배하시며 헌금하여 주시기를 바라나이다.[314]

전남노회 제50회 제2차 임시노회(1955년 6월 21일)가 광주중앙
교회에서 소집되었을 때 노회는 광주벧엘교회의 명칭을 대의교회로
변경할 것을 허락하였고, 남평교회는 내부 분쟁으로 분립하도록 결
정했다. 그리고 정규오 목사가 고흥읍교회에서 광주중앙교회로 부
임해 오면서 광주중앙교회 정규오 목사의 위임목사 청빙청원이 결
징되므로 전남노회에서의 정규오 목사 활동이 활발하게 되는 길이
열리게 되었다. 정규오 목사가 전남노회로 전입할 때 함께 신앙동
지회를 이끌었던 엄두섭 목사는 남평교회, 동명교회, 나주읍교회를
거쳐 경기노회로 이명을 가게 되었다.[315]

3.2. 개혁주의 정통보수신학의 요람 : 광신대학교

위에서 살펴본 것처럼 현재의 광신대학교는 1954년 10월 21일
광주야간신학교부터 시작되었다. 그러므로 2007년 11월 현재까지
53년의 역사를 가진 것이다. 53년간의 역사 속에서 신학적인 맥은
무엇인가? 그것은 「광신대학교 50년사」와 광신대학교 자체에서 발
간한 「칼빈과 개혁신학」 등 다양한 발간서들을 분석하면 알 수 있

---

314) 전남노회 제50회(1955년 3월), 회의록 부록 제4호.
315) 광신대 50년사 편찬위원회, *Ibid.*, 236.

을 것이다. 또한 최근에 작성된 두 개의 논문, 즉 소재열의 철학박사논문인 "'51인 신앙동지회'와 자유주의 신학과의 투쟁에 관한 연구: 1945 – 1959"와 김호욱의 신학석사 논문인 "개혁교단 26년사: 개혁교단의 신학적 정체성을 중심으로"가 이를 잘 반증해 주고 있다.[316]

광신대학교 전체이사장 김정중 목사는 「광신대학교 50년사」 축하의 글에서 "본교가 개혁주의 신학으로 자유주의 등 모든 이론들의 견고한 진을 파하여 교회를 바른 신앙으로 세워 그리스도에게 복종하게 하는 일(고후 10:4 – 5)에 헌신하였기에 하나님의 은총을 계속 받을 것"[317]이라고 강조하고 있다. 또한 법인이사장 나학수 목사는 "해원과 그와 함께한 보수신학 동지들은 세계교회협의회(W. C. C.)라는 이름으로 자유주의와 혼합주의의 물결이 거대한 힘으로 한국교계에 밀려올 때 호남 지역에 칼빈주의 정통보수신학을 철저하게 지향하는 한국의 제네바를 꿈꾸며 이곳에 눈물과 땀방울을 흘렸고"[318]라고 했다. 이것은 무엇을 말하고 이것은 무엇을 의미하는가? 바로 광신대학교의 신학적 정체성이 개혁주의 정통보수신학이었고 앞으로도 그럴 것이라는 증언이다. 김호욱은 개혁교단 26년사를 신학적 정체성을 중심으로 논고하면서 개혁교단은 신학적으로 '비주류'가 아니라 '주류'였음을 분명히 했다.

대한예수교장로회 제91회 총회장 장차남 목사는 "정규오 박사는

---

316) 소재열의 논문은 필자가 51인 동지회에 대해서 이미 언급했으므로 여기서는 더 이상 논하지 않을 것이다.

317) 광신대학교 50년사 편찬위원회, 「광신대학교 50년사」(광주: 광신대학교 출판부, 2007), 8.

318) *Ibid.*, 9.

성경중심의 신학, 개혁주의 신학, 박형룡 박사의 신학 노선을 신학 후배들에게 전했다."고 말하면서 정규오 박사의 교회사적 공헌에 대하여, "총회신학교 설립에 기여했고, 교회적, 신학적 주류에 기여했다."[319]고 말했다. 장차남의 이 말이 광신대학교의 신학적 정체성을 논함에 있어서 중요한 이유는 "광신대학교 설립과 운영 및 광신대학교가 지금에 이르기까지 정규오 목사의 기여를 빼고는 논할 수 없기 때문이다."[320] 광신대학교의 신학적 정체성이 철저한 개혁주의였음을 말하고 있는 증거는 이 외에도 많이 있다. 이는 박정식 교수의 "광신대학교 50년의 교과과정연구", 정규남 총장의 "성경공회와 광신대학교", 정준기 교수의 "광신대학교 3대 교훈의 역사적 성격" 등에서 찾아볼 수 있다.[321]

그러면 이처럼 호남 지역 특히, 광주·전남 지역 교회가 정통보수신학의 정체성을 유지하고 계승하기 위하여 노력하고 있을 때 장로회 총회는 신학적 정체성 확립을 위해 무엇을 했을까? 이 논제는 본서와 직접 관련되지 않는다 해도 여기서 다루어야 할 몇 가지 이유가 있다. 첫째, 신사참배와 성경관이 직접 연관된 자유주의 신학과 관련이 있다. 둘째, 51인 신앙동지회가 연관되어 있다. 셋째, 본서는 장로회 총회 산하에 소속된 광주·전남 지역 교회의 신학적 정체성과 그 계승을 다루었기 때문이다. 넷째, 분열한 고신 측과 기장 측 모두 자신들이 더 신학적으로 정당하고 주장하고 있기 때문이다.

---

319) 김호욱, "개혁교단 26년사: 개혁교단의 신학적 정체성을 중심으로", 광신대학교 일반대학원 석사학위 논문, 2007, 59 - 60.

320) Ibid., 60.

321) 이들의 논문 내용은 「광신대학교 50년사」 제1권 통사를 참고하기 바란다.

4. 대한예수교장로회 총회 분열과 신학적 입장

4.1. 1951년 고신 측과 분열

일제하에서 1938년 제27회 총회에서는 신사참배를 결의 실행함으로써 역사적 오점을 남겼다. 이 총회적 범죄는 마침내 총회가 해체되어 일본기독교단에 예속되는 결과를 낳고 말았다. 1943년 총회는 일본기독교단 조선장로회 연맹으로 해체 흡수되었고 1945년도까지 총회가 모일 수 없게 되었으므로 이 기간 동안의 총회 횟수 3회가 이지러졌다. 마침내 1945년 7월에는 장로교연맹도 해체되고 조선감리교연맹과 함께 일본기독교단 조선연맹으로 탈바꿈을 하고 말았다. 1945년 8·15 해방과 더불어 38선으로 국토가 양단되면서 이북에서 5도 연합회가 조직되었고 이남에서는 1946년 남부총회가 소집되어 1943년 중단되었던 총회를 복귀시키고 총회의 횟수를 계승하여 제32회가 복구되었다.

1950년 4월 대구에서 회집되었던 제36회 총회는 경남노회문제(고신파에 대한 문제), 조선신학교 문제(김재준, 서고도 선교사 문제 등), 선교사 문제(W.C.C., NCC에 가맹되어 있지 않은 선교사 한부선 선교사 등의 문제) 등으로 회의는 계속할 수 없는 상황에 빠졌고 비상정회하기에 이른다. 총회가 분쟁으로 회의를 진행할 수 없는 난맥상태에 빠졌던 그해 6·25동란이 터져 3년 반에 걸치는 민족상잔으로 역사상 유례없는 민족적 비극을 겪게 되었다. 1951년 피난수도인 부산에서 제36회 총회가 속회되었다(총회 횟수 또 1회 결).

1951년 제36회 총회는 고신과 결별하는 분열의 원년이 되었다.

표면적인 분열의 원인은 경남노회의 분열로 인한 총회 총대권 문제에서 비롯되었다. 분쟁의 와중에서 총회 총대들이 사전에 입장권을 배부하고 그 입장권을 소유한 자만이 총회 회의장에 입장하자 입장권을 받지 못한 분열된 경남노회 일부 회원들이 김양선의 기록대로 '총회의 문외로 쫓겨나게'[322] 되었다. 쫓겨나 이탈된 그들은 1952년 10월 16일 오후 7시 30분에 삼일교회에 모여 총노회를 대표하여 회장 이약신 목사가 '대한예수교장로회 총노회 발회식 선언문'을 낭독하므로 고신 교단이 출현하였다.[323]

그러나 이 같은 표면적인 이유로는 고신 측과의 제1차 분열을 바르게 파악하거나 평가할 수 없다. 고신 측과의 분열은 1945년 해방 이후 신사참배에 대한 과거사 청산문제와 신학교 문제, 경남노회 문제를 거론하지 않고는 그 원인을 이해할 수 없다. 즉 역사적 배경과 신학적 배경, 정치적 배경이 내제된 분열이라 할 수 있다. 구체적인 분열의 배경을 사안별로 살펴보면 다음과 같다.

첫째, 역사적 배경으로서 신사참배 문제를 들 수 있다. 일제강점기 때 신사참배 문제는 고신 측과 분열의 역사적 배경과 원인이었

---

322) 김양선, 「한국기독교해방십년사」, 158, 고신 교단은 김양선의 이 같은 기록을 자랑스럽게 여긴다. 그 이유는 고신 교단은 스스로 나간 분리주의자가 아니라 기존 교권에 의해서 쫓겨났다는 사실을 강조하기 위해서이다. 그러나 역사는 왜 쫓겨났는가를 묻는다. 전혀 잘못이 없는데 쫓겨났는가? 고신 측은 '그렇다'라는 입장의 답변이다. 그러나 민경배 교수는 "한국장로교회는 1951년 5월 24일 속회된 총회에서 고려신학교파를 정식으로 정죄했으며"(한국기독교회사, p.528)라는 기록이나 李永獻 교수도 민 교수와 비슷하게 "사실상 고신 측은 총회 밖으로 몰려나가 소위 경남법통노회를 조직했다."(한국기독교사, 컨콜디아사, 1978, 240)라는 기록은 사실을 왜곡했다고 말하면서 김양선의 기록이야말로 정직한 역사의 기록이라고 평가한다("한국장로교회사" - 장로교회(고신)50주년 희년 기념(대한예수교장로회(고신)역사편찬위원회, 2002), 367.

323) 고신 측 교단의 출발은 346교회, 56명의 목사, 210명의 전도사로 구성되었다.

다. 일제는 조선을 강압적으로 합병하여 식민지로 삼은 후 조선의 교회를 장악하기 위하여 조선총독부는 이른바 '기독교에 대한 지도대책'이란 것을 만들어 기독교 교리와 정면으로 대립되는 신사참배를 강요하며 교회와 기독교 학교에 압력을 가하였다. 그 압력에 굴복하여 교회는 신사참배가 종교의식이 아닌 국가의식이라는 속임수에 넘어가 하나님 앞에 죄를 범하게 되었다. 일제의 강압에 못 이긴 총회가 신사참배를 가결함으로써 신사참배를 거부한 출옥성도들과의 갈등과 대립은 결국 교단 분열이라는 아픔을 겪게 되었다. 때문에 신사를 참배한 자들이 중심이 된 교권주의는 그 어떠한 명분으로도 합리화될 수 없다. 또한 신사참배를 거부한 자들역시 분열될 수밖에 없는 상황을 사랑과 관용으로 극복하지 못했다는 책임론에서 자유로울 수 없다 할 것이다.

신사참배 문제뿐만 아니라 신학교 문제 역시 역사적 배경, 분열의 원인으로 이야기할 수 있을 것이다. 출옥성도들 중심의 고려신학교 설립과 박형룡 박사의 교장 취임은 보수신학적 전통의 맥을잇기에 충분했다. 그러나 박형룡 박사는 교장취임 7개월 만에(1947. 10 - 1948. 5) 고려신학교를 사임하고 서울 남산에 장로회신학교를 설립하여 교장으로 취임하게 되었다. 그 결과 출옥성도들 중심의 고려신학교는 경남노회와 총회의 중심권에서 벗어나 사설신학교의 소수파로 전락되면서 신사참배의 공적 회개와 권징을 부르짖어도 노회와 총회를 움직이는 데 역부족이었고 결국은 분열되는 아픔을 겪었다.

둘째로 신학적 배경이다. 박형룡은 고려신학교를 총회적인 신학교로 인준을 받아 신학교를 운영하기를 원했다. 그런데 그 총회의 분위기는 메이첸 파를 비토하고 해외 4개 장로회 선교회와 관계를 맺고 있는 상황이었기 때문에 총회와 상관이 없는 고려신학교와 그 고려신학의 메이첸 파와 함께할 수 없었을 것이다. 그래서 박형룡은 자신의 스승인 메이첸의 직계 제자들이 운영하는 고려신학교의 신학은 건전하지만 정치적으로 결코 그들과 함께할 수 없어 헤어져야 했으며 총회와 4장로회 선교회의 지원을 받은 장로회신학교를 세우게 된 것이다.

고신 측은 이렇게 자신들과 결별하고 떠난 박형룡 박사의 행위를 교회론과 신학적 문제로 접근해 갔다. 신학적인 면에서 고려신학교와 한부선 계열의 선교사를 외면하고 좌경화된 해외 네 개 선교부와 관계를 맺는 것은 고신 측으로부터 오해를 받았다. 그들은 이러한 일련의 사건을 구실삼아, 외국 선교부와 관계 문제는 결국 신학적인 문제였기에 고신 측 분열은 자유주의 신학과 교권주의자들로부터 문외로 쫓겨난 것이지 분리주의자들이 아니며 오히려 자신들은 보수신학을 지켜 평양신학교의 신학적 전통의 맥을 잇는 교단이라고 말하고 싶어 한다. 또한 교회론은 무형교회와 유형교회에서 오는 갈등의 원인이 분열의 배경으로 등장한다. 고신 측의 눈에 비친 신사참배한 교회는 곧 사단의 회에 불과했다. 칼빈이 말한 대로 유형교회는 신앙고백과 권징이 있어야 하는 것은 분명하다. 하지만 그 권징시행은 특정 개인들이나 뜻이 같은 특정 그룹이 하는 것이 아니라 치리회가 하는 것인데 고신 측은 그 치리회인 총회가 이미 교회로서 기능이 상실되었기에 맡길 수 없다면서 신사참배한 행위자들의 신앙고백은 결코 교회에 속할 수 없다는 것이다. 이렇게 볼 때 교회론에 관한 신학적 갈등은 1951년 고신 측과 분열의 한 원인이 되었음은 부인할 수 없다.

셋째, 정치적 배경이다. 제47회 경남노회(1946. 7)는 고려신학교를 인준한다. 그러나 1946년 12월 3일 진주 본래교회에서 소집된 제48회 경남노회에서 신사참배자인 김길창 목사가 경남노회 노회장으로 당선되자 한상동 목사는 분개하여 노회를 탈퇴하였다. 그러자 경남노회는 제47회 임시회에서 인가한 고려신학교를 노회가 인가취소 결정을 하면서 신학생을 추천하는 일도 함께 취소하는 사태가 일어났다. 한상동 목사의 탈퇴선언은 마침내 교계에 큰 반향을 일으켜, 경남노회 소위 67교회가 제48회 노회의 결의에 항거하고 한상동 목사를 지지하는 성명서를 발표하였으며, 경남노회는 이 중대 사태를 수습하기 위하여 1947년 3월 10일 구교회에서 제48회 경남노회 임시회를 소집하고 노회장 김길창 이하 전임원의 권고사직을 단행하고 신사참배와 국기배례(國旗拜禮)에 대한 범죄를 재확인하여 출옥성도의 마음을 상치 않게 하는 동시에 저들이 제안한 교회재건의 방안을 재확인하였다. 그러자 제49회 경남노회 정기회(1947년 12월 9일)에서 한상동 목사의 노회 탈퇴선언 취소와 함께 고려신학교 인준을 결정하였던 것이다. 이러한 상황 속에서 경남노회의 고려신학교 인준건과 신학생 추천 건에 대한 문제가 총회에서 제기되었다. 조선예수교 장로회 제34회 총회(1948)는 고려신학교 입학지원자에게는 천서를 주지 않기로 결정하므로 총회차원에서 결별을 선언하였다. 총회의 이 같은 결정에 경남노회 역시 제49회 경남노회 임시회(1948년 9월 21일)에서 경남노회가 인가한 고려신학교에 대한 인가를 취소하기에 이른다.

한상동 목사 측의 경남노회는 총회가 분립한 3개 노회와 구별하여 경남(법통)노회라고 부르게 되었다. 이렇게 하여 4개 노회와 부산진교회당에서(1949년 9월 27일) 중도파 노진현 목사 중심의 경남노회가 출범하여 총회는 3개 노회(경남, 경중, 경서)와 노진현 목사 중심의 중도파의 경남노회, 한상동 목사 측의 경남(법통)노회, 모두 5개 노회가 존재하게 되었다. 물론 총회가 허락한 노회는 경남노회뿐이었다. 그러므로 나머지 4개 노회는 분명히 사고노회가 된다. 경남노회 안에서의 이 같은 분열은 곧 총회 분열의 도화선에 불이 점화되는 계기가 되었다. 결국 비상 정회한 제36회 총회(1950년) 이후 계속회(1951년)에서 한상동 목사 측은 법통경남노회를 주장하지만 총회에 입장을 제지당하면서 분열되고 말았다.

이상과 같이 1951년 고신 측과의 분열은 신사참배 문제와 그로 인한 과거사 청산, 즉 공적 권징과 시벌에 대한 갈등이 교권주의로 연결되면서 만들어진 결과라 할 수 있다. 특히 이 부분에서 51인 신앙동지회와 관련된 부분을 설명한다면 그것은 신사참배 문제에 대한 회개의 방식에 따른 견해라 볼 수 있다. 고신 측 입장을 대변한 남영환은 일제 신사참배로 인하여 해방 이후 교회의 순결성을 회복하기 위한 교회재건운동을 흐리게 한 계기가 고려신학교 교장을 사임한 박형룡에게 있다고 한다. 그 결과 "머리 숙였던 교권주의자들이 다시 일어나 교권쟁탈권을 맹렬히 전개"하였고 "장로교회 분열운동에 한 계기를 주었다."고 말한다.[324]

조선신학교에서 박형룡을 따라 고려신학교에 편입한 51인 신앙동지회도 고려신학교를 자퇴하고 박형룡과 함께 떠났기에 고신 측 입장에서 본 51인 신앙동지회도 분열의 한 계기라고 말한다. 그러

---

324) 남영환, 「한국기독교 교단사」(서울: 도서출판 영문, 2005), 307.

나 그렇게 표현하는 것은 이치에 맞지 않다. 왜냐하면 신앙동지회는 교회재건과 고려신학교의 지나친 신사참배에 대한 공적 권징과 회개를 부르짖을 때 이를 거부하고 박형룡과 뜻을 같이한 것이기 때문이다.

헌트가 박형룡의 고려신학교 사임의 이유를 마르스덴에게 보낸 편지에서 밝힌 세 가지 중 하나가 바로 "신사참배 문제를 과도하게 강조함으로 다른 선의의 사람들의 감정을 상하게 한다."라는 것이었다. 박형룡과 신앙동지회는 신사참배의 불회개 문제에서는 고려파와 생각을 같이하면서 교회의 완전한 정화에 대한 소원을 갖고 있었으나 당시 상황으로 보아 그것은 가능한 일이 아니었다. 신앙동지회는 부산 고려신학교에 편입한 후인 1947년 12월 9일에 발표한 선언문에서 "과거를 참회하고 청산하는 의미에서 이 혼란한 현실교계에 서서 우리 신앙을 다시 바른 터 위에 세워야 한다."라고 했다. 또한 과거 신사참배를 "사과하는 의미에서 우리는 바른 교리를 위해 싸워야 하고 성경의 권위 앞으로 돌아오지 않으면 안 된다."라고 강조했다. 이런 이유 때문에 고려신학교를 떠나 박형룡을 따라 서울 장로회신학교 설립에 합류한 것이다. 그러므로 박형룡과 그를 따르는 신앙동지회가 고려신학교를 떠난 사건이 분열의 한 계기라는 고신측의 남영환, 허순길, 이상규의 견해와 주장에 동조할 수 없다.

4.2. 1953년 기장 측과 분열

고신 측 분열에 뒤이어 일어난 기장 측의 분열은 더 철저한 신학적 논쟁이 불러온 결과였다. 1951년 5월에 속회로 소집된 제36회 장로회 총회는 자유주의 신학자들로 가득 찬 조선신학교와 박형룡 박사가 이끄는 장로회신학교, 이 양자에 대한 총회 직영을 취소하였다.[325] 그리고 새로운 총회신학교 설립을 위한 여러 지시사항이 제시되었을 때 박형룡 측의 계열은 이를 수락했으나 조선신학교 측은 총회 헌법과 결의를 무시한 위법 행위라고 항의하였다. 그러나 이러한 항변은 무시당했고 충돌 사태가 빚어졌다. 총회는 조선신학교의 자유주의 신학을 반대하는 쪽으로 이어가면서 새로운 총회신학교를 강력한 보수주의 교수진으로 구성하였다. 조선신학교는 총회의 결의인 폐교를 거부하고 부산으로 자리를 옮겨 '한국신학대학'이라는 이름으로 새롭게 출발했다.

1952년 4월 제37회 총회는 성경의 유오설을 주장한 김재준 교수의 면직 문제를 경기노회에 일임하였고 노회가 처리하지 않으면 총회에서 처리한다는 결의에 의하여 경기노회가 처리를 못 하자 총회가 당석에서 즉결하였다.[326] 즉결 결과에 대한 총회록 내용은 아래와 같다.

> 회장이 목사 김재준 씨는 제36회 총회 결의위반인 성경유오설을 주장하였음으로 권징조례 제6장 42조에 의하여 예수의 이름과 그 직권으로 목사직을 파면하고 또 그 직분 행함을 금하노라 선언하고 김윤찬 목사로 기도케 하다.[327]

이것은 예상했던 대로 교단분열로 이어졌다. 결국 기장 측과의

---

325) 대한예수교장로회 총회 제36회 회의록(1950), 124.
326) 대한예수교장로회 총회 제38회 회의록(1953), 136.
327) *Ibid.*, 138.

분열은 자유주의와 보수주의 신학적 논쟁이 가져온 총회와 신학교 간의 대립이 그 원인이었다. 이 같은 논쟁과 대립이 조선신학교에 다녔던 '51인 신앙동지회'의 자유주의 신학에 대한 총회 진정 건으로부터 시작되었다는 것은 호남 지역이 한국선교 초기의 미국 남장로회와 평양신학신교가 가졌던 신학적 정체성을 계승하고 있음의 증거가 되는 중요한 사건이라 할 수 있다.

제38회 총회가 끝나자 조선신학교와 김재준을 두둔하는 측에서 총회 결정에 대한 비난과 성토가 일어났다. 그들의 주장은 총회의 처사가 신학적으로 부당할 뿐만 아니라 법적으로도 잘못되었음을 지적하는 내용들이었다. 그러나 총회는 경기, 충북, 목포노회 등으로부터 온 총회의 불법 결의를 시정해 달라는 헌의에 대해 오히려 종래의 입장을 재확인했고 호헌운동에 참가하는 교인들은 단호히 처단할 것임을 선언하였다. 하지만 김재준 측은 제38회 총회가 파회된 2개월 후인 1953년 6월 10일 서울 동자동 한국신학대학 강당에서 별도의 제38회 기독교장로회총회(기장 측 총회)라는 이름으로 개회했다. 기장 측은 38회 총회장으로 김세열 목사를 선출하고 성명서를 발표하였는데 그 성명서는 다음과 같다.

<법통 38 총회의 선언서>
굳게 닫힌 쇄국의 문을 깨뜨리고 하나님의 복음이 자유와 창건의 기쁨을 이 나라에 가져온 지 于今 70년 그동안에 선교사 제씨와 우리 선배들의 충성된 활동으로 우리 한국 장로교회가 오늘의 성대한 교세를 이루게 된 것을 우리는 하나님께 감사함과 동시에 내외국 모든 선배님께 심심한 사의를 표하는 바이다. 그러나 해방 후 우리 장로교계에는 극단의 '전투적 근본주의'를 표방하는 당파와 그 동정자가 발호하여 1951년 이래 '총 회' 총대석의 다수를 점령하고 동시에 편협한 독선주의로 성도의 협

동과 친교를 거부하고 오직 자기 독단에 의한 심판과 배타를 일삼아 마침내 '거룩한 모임'을 위증과 ○姐의 쟁탈의 무대로 화하였다. 그리하여 헌법도, 신앙양심도 유린되고 오직 '다수당'의 '기정방침'만이 그 횡포를 극하게 되었다. 이 당파는 1929년에 벌써 미국장로교회에 배제당한 한 적은 집단으로서 전 미국과 加奈多를 통하여 30만도 못 되는 회원을 겨우 유지하고 있는 '타 교파'임에도 불구하고 해방 후 한국장로교회의 혼란상태를 이용하여 그 세력을 부식한 것이었다. 우리는 우리 장로교회의 정상적이요 세계적인 전통을 이 적은 당파인 타 교파의 전단에 맡길 수 없었으며 복음의 자유를 그들의 율법주의에 희생시키거나 신앙양심의 자유를 그들의 불법한 교권에 굴종시킬 수는 없었던 것이다.

그리하여 우리는 총회 당석에서 항의함과 동시에 1952년 7월 19일 전국적인 '호헌대회'를 구성하여 그 결의로 총회에 그 불법 시정을 요청하였으며, 경기, 목포, 충북, 충남 등 제 노회에서는 예를 갖추어 금번 제38회 총회에 그 불법시정을 요청하였던 것이다. 그러나 '총회'는 추호도 반성할 의도가 없었을 뿐 아니라 더욱 강포하여 정당한 여론을 봉쇄하여 양심에 충실하려는 회원들을 개인 혹 노회로 총회에서 제거하였으며 계속 제거할 태세를 갖추고 있는 것이다. 그리하여 총회 안에 머물러 그 불의와 불법을 시정하려던 우리의 의도는 이제 온전히 그 가능성을 상실하였다. 이제 우리는 이 최종 단계에 있어서 현 '총회'의 성격을 다시 한 번 규명하려 한다.

(1) '총회'는 3년래 그 헌법과 통용규칙을 유린하므로 말미암아 스스로 그 존립의 법적 근거를 상실하였다.

(2) '총회'는 개혁교 본래의 대헌장인 신앙양심의 자유를 억압 유린하므로 말미암아 그 신앙적인 존재이유를 상실하였다.

(3) '총회'는 한 당파의 편협한 고집에 의하여 교회 '총의'의 반향을 거부하므로 말미암아 그 도의적인 존재 근거를 상실하였다.

(4) '총회' 이런 모든 이유 때문에 생겨진 각 노회와 지교회의 혼란과 이산을 목도하면서도 이를 수습할 아무 성의도 능력도 나타내지 못하고 있는 사실로 보아 그 행정능력까지도 이미 상실하였음을 자언하지 않을 수 없게 되었다. 그러므로 이제 우리에게 조금이라도 교회에 대한 충의심이 있다면 단연 궐기하여 이 편파주의자들에게 참점당한 총회를 반정하지 않을 수 없는 것이다.

1953년 6월 10일 전국 성도들의 열렬한 지원 아래서 정당한 총회는 마침내 구성되었다. 이제부터 우리 장로교회도 사상적으로 전 세계 교회 성도들과 함께 자유롭게 성장할 것이다. 이제부터 우리도 의존주의적인 민족적 근성에서 벗어나 자주적인 인격적 위신을 높이 선양할 것이다.

우리는 분열주의자가 아니다. 다만 영적, 법적, 도덕적으로 자멸하고 그 형태만 남은 '총회'를 갱신시킨 것뿐이다. 우리의 문은 언제나 열려 있다. 우리는 아직까지 그 태도를 표명하지 않은 많은 노회들과 선배와, 동료들을 겸허한 심정으로 기대하고 있다.

진실한 이해와 사랑으로 임한다면 '합동'의 문이 우리 편에서 닫힐 우려도 조금도 없는 것이다. 우리는 아무에게도 악의를 가지려 하지 않는다. 우리는 다만 "새 술은 새 부대에 넣을 수밖에 없는 최후단계에 도달한 줄 알고 주님의 뜻에 순종한 것뿐이다. 우리는 우리의 소신에 용감할 것이다. 그러나 우리는 우리의 것을 절대화하지 않는다. 우리에게 과오가 있다면 언제나 그 시정에 언색하지 않을 것이다.

이제 우리는 우리의 소선과지도 이념을 중외에 천명한다.

(1) 우리는 온갖 형태의 바리새주의를 배격하고 오직 살아계신 그리스도를 믿음으로 구원 얻는 '복음의 자유'를 확보한다.

(2) 우리는 건전한 교리를 세움과 동시에 신앙양심의 자유를 확보한다.

(3) 우리는 의존사상을 배격하고 자립자조의 정신 함양한다.

(4) 그러나 우리는 편협한 독립주의를 경계하고 전 세계 성도들과 협력 발전하려는 '세계교회' 정신에 철저하려 한다.

이제 우리나라는 비상한 난국에 처해 있다. 이제부터 우리는 우리의 소신대로 그리스도를 인간생활의 전 부문에 증거하기 위하여 총 진군 할 것이다. 만천하의 신앙동지여 함께 전진하자.

성삼위 하나님이 우리와 함께하신다.

1953년 6월 10일.　　　대한예수교장로회 대표총회장 김세열

이에 반해 대한예수교장로회 제38회 총회의 총회장 명신홍 목사는 분열해 나간 기장 측을 총회를 소란케 하는 자들이요, '대한민국 안에 대한예수교장로회는 오직 하나밖에 없는' 총회라고 하면서 다음과 같은 성명서를 발표하였다.

<장로회 총회의 성명서>

본 대한예수교장로회는 70년의 역사와 본 총회 산하에 28노회와 3천여 지교회를 소유하고 있다. 1953년 4월 24일부터 동 29일까지 본 총회 제38회 회의가 대구에서 개회하였는바 27노회에서 파송된 189명의 총대가 모여 신중하게 모든 안건을 토의 결정하였다. 그러나 수년을 두고 본

총회를 소란케 하던 김세열 일파가 서울에서 회집하여 지난 6 월 10일에 소위 제38 총회를 조직하고 해내 해외에 선언한다고 하였다. 이것은 일소에 부하고자 하였으나 침묵이 도리어 오해를 일으킬 염려가 있으므로 일언으로 성명하는 바이다. 대한민국 안에 대한예수교장로회는 오직 하나밖에 없고 총회 제38회 회의는 지난 4월에 대구에서 회집한 것 밖에 없음을 자에 성명한다.

　　　1953년 7월 1일 대한예수교장로회 총회장 명신홍. 서기 안광국

'수년을 두고 본 총회를 소란케 하던 김세열 일파'는 1953년에 분열하게 되었다. 김재준 목사는 1953년의 기장 측의 분열에서 신학적 논쟁이 중요한 요인으로 작용했다고 인정했지만, 분열을 신학적 이슈보다는 주로 교파주의나 종교 배타주의와 같은 사회학적 상황에서 해석하였다.[328] 다시 말하면 이들은 신학적인 이유로 분열해 나간 것이 아니라 교권적, 사회학적 상황에서 더 이상 함께 하는 것이 무의미하기 때문에 별도의 총회를 조직할 수밖에 없다는 것이다. 즉 분열은 신학적 근거는 거의 없고 분열의 핵심은 개인적인 요소들 때문이라고 말한다.[329]

1954년 6월 10일 한국신학대학 강당에서 기장 측 39회 총회가 소집되어 박용희 목사를 총회장으로 선출하게 되었다. 이때 교세는 568교회, 목사 291명, 교인 21,917명이었다. 이들 총회가 새로 출범하면서 낸 성명서에는 기장 교단의 성격이 잘 나타나 있다.

　　　<「대한기독교 장로회」의 성명서>
　　　1953년 6월 10일 본 총회는 서울에 회집하여 그 회집 경위와 이유를 선언하고 한국 장로회의 전통을 옳게 계승하는 동시에 새로운 발전에 기

---

328) 김재준, 「장공 김재준 저작 전집 I」, 349.

329) Ji, Won Yong, "Christian Church and Sects", in *Korea Struggels for Christ*, 122.

여할 것을 성명한 바 있었으며, 1954년 6월 10일에 다시 동 장소에 회집하여 좌와 여히 결의하고 차를 중외에 성명하는 바이다.

1. 명칭 변경에 대하여: 본 총회가 이미 중외에 교회의 평화를 유지하고 세계 복음운동에 있어서 서로의 협조를 주창해 왔음은 주지의 사실인 바, 본 총회의 세계 장로회의 본류를 확보하고 그 분쟁과 마찰을 피하여 에큐메니칼 운동 달성에 박차를 가하기 위하여, 그 명칭을 '대한기독교장로회'로 당분간 개칭, 사용하기로 결의하였다. 신학적으로도 역사적인 예수를 그리스도로 신앙하는 때에 바로 그리스도인이 되는 것이므로 '기독교'라는 것이 합당하며, 이것이 전 세계의 교회가 공동으로 채용한 것임이 사실이며, 한국 교회에서도 세계 기독교회와 공통된 명칭을 사용함이 가한 줄 아는 바이다.

2. 신조, 헌법 등에 대하여: 본 총회는 사도전승의 '사도신경'을 우리의 신앙고백으로 삼으며, 우리 장로회의 공동 신조를 준수한다.

3. 본 총회는 전 세계 장로교회의 주류를 따라 세계교회회의에 협조하여 에큐메니칼 운동을 적극 추진하여 국내에서도 기독교연합회에 제휴 협력하며 기타 제반 협동사업에 적극 협력한다.

1954년 6월 10일 대한기독교장로회 총회 총회장 박용희[330]

그러나 이상과 같은 성명서의 성격과는 달리 기장 측의 신학적 성격은 이미 출발에서부터 장로교의 기본적인 신학과는 상충되는 것이었다. 그렇기 때문에 기장 측이 분립하여 나갈 때 함께한 평신도의 신앙적 갈등은 사라지지 않았다. 본래부터 보수적인 신학을 바탕으로 신앙생활을 해 왔던 한국 장로교회 일반 신도들의 신앙 정서는 기장 측 지도자들이 이끄는 신학적인 성격과는 거리가 있었던 것이다. 후에 기장 측 총회의 지도급 인사였던 전경연 박사가 「신앙고백의 교회」를 저술했을 때 전북노회가 이 책의 내용에 대해 질의서를 냈는데, 그 내용을 살펴보면 정말 기장 측의 신학적 흐름이 무엇인가를 알 수 있다. 그 질의 내용은 다음과 같다.

330) 김인수, 「한국기독교회의 역사」(서울: 장로회신학대학교 출판부, 1997), 329.

……기장이 신조를 고치기 위해 발족한 것같이 말하고, 웨스트민스터 신앙고백을 빌려다 읽어서는 안 되니 새 신조를 만들어야 한다고 가능한 신조 5개조를 발표하였는데, 그 내용에 있어서 몇 가지로 예를 든다면 성경관이 아주 달라져 있고, 처녀 탄생이 빠졌고, 신자의 최후 부활, 심판이 보이지 않는 것 등이다. ……우리의 발족이 과연 그것이었으며, 앞으로 갈 방향이 그것일까?[331]

이 같은 내용은 결국 기장 측의 문제는 신학적인 문제였음을 단적으로 보여주는 사례라 할 수 있다. 이처럼 신학적 문제는 기장 총회 안에서도 쉽게 가라앉지 않고 지도자들 간에도 계속해서 문제가 될 것임을 암시해 주고 있었다.

요약하자면, 해방 후 호남 지역 교회에는 평양신학교의 폐교를 틈타 조선신학교를 설립하고 장로회 총회로부터 인준을 받은 자유주의 신학자들로 인해 미국 남장로회 보수신학의 정체성 계승에 위기가 찾아왔다. 그때 정규오를 중심한 51인의 조선신학교 학생들이 김재준, 송창근 등의 자유주의 신학 교육을 도저히 묵과할 수 없어 분연히 일어나 총회에 진정서를 제출하기에 이른다. 그리고 이들이 후에 '51인 신앙동지회'가 된다.

호남교회사의 신학적 정체성을 논하는 본 연구에 이들이 중요하게 거론된 것은 51인 신앙동지회 회원 중 19명이 호남 지역 학생들이었고, 27명이 이북 출신들이었지만 27명의 이북 출신들 역시 호남에서 활동했기 때문이다. 더 중요한 것은 호남의 칼빈주의 신학의 요람인 현재의 광신대학교를 설립한 사람들이 정규오를 필두

---

331) 대한기독교 장로회 총회의록, 1962. 182－83, 김인수, 「한국기독교회사」, 330을 참조하라.

로 하여 51인 신앙동지회에서 활동한 인물들이었다는 데 있다.

칼빈주의 정통보수신학을 수호하고자 1954년에 설립된 광신대학교 전신 광주야간신학교는 또한 초기 호남 지역 선교를 담당했던 미국 남장로회 선교사들이 철저하게 믿었던 개혁주의 성경관의 신학적 정체성을 계승한다는 의미가 되기 때문에 매우 중요하다. 즉 호남에 광신대학교가 오늘날처럼 성장 발전했다는 것은 전남노회를 비롯한 광주·전남 지역의 보수교단 교회들이 초기 미국 남장로회 선교사들의 신학사상을 철저하게 계승하고 있다는 하나의 반증인 것이다.

제6장 나가는 말

지금까지의 논의 과정에서 광주·전남 지역 선교 역사와 한국장로교회의 신학적 근거가 되는 선교사들의 신학적 입장을 살펴보면서, 한국장로교회로부터 광주·전남 지역의 최초 노회인 전라노회와 전남노회의 1954년까지의 신학적 역사적 정체성을 살펴보았다. 기간을 1954년까지로 잡은 것은 이때가 광주·전남 지역의 정통보수신학을 이끌어 가고 있는 광신대학교의 전신인 광주야간신학교가 개교되는 시점이기 때문이다.

이상 앞에서의 논의에 근거해서 전남노회(광주·전남) 지역 교회가 어떻게 출발했으며, 일제식민지배의 말기인 1938년부터 교회와 공회의 치리회가 어떤 수난을 겪었고 또한 해방 이후 어떻게 초기 선교사들의 신학적 입장을 고수하며 자유주의 신학을 대항하여 교회를 지켜왔는지에 관한 역사적 신학적 정체성에 대해 알아보았다. 그리고 정통보수신학을 지키기 위해 노력한 전남노회가 하나님 나라 확장과 복음 증거에 얼마나 효과적으로 결실을 이루었는지를 전남노회 회의록에 기록되어 있는 데이터를 통한 교세의 변동으로 알아보았다. 그 결과 확실히 호남 지역의 교회사는 한국선교 초기의 미국 남장로회와 평양신학교의 신학적 정체성과 연결되어 있음을 밝혔다.

남장로회 신학은 무엇인가? 그것은 선교사들이 미국에서 공부한 신학교의 신학적 정체성과 동일한 것이었다. 그 신학이란 바로 유니온과 컬럼비아 신학교의 신학사상이며, 동시에 돈웰과 답네의 신학사상의 영향을 받았다고 볼 수 있다. 그들의 신학은 "성경은 절대 무오한 하나님의 말씀이다."고 믿는 성경관을 가진 신학이었다. 그리고 이러한 사상은 네비우스 정책에 고스란히 드러나 있었다.

네비우스 선교정책은 1890년 6월 조선에 입국하여 선교사역을 펼치고 있던 7명의 선교사들이 그들의 경험의 부재에서 오는 시행착오를 겪으면서 중국에서 성공적으로 선교활동과 그 실적을 거둔 네비우스(J. L. Nevius)를 초청하여 선교 세미나를 듣게 된 것이 그 시작이었다. 네비우스는 자신이 25년 동안 선교에 전념하면서 발표한 「중국보」(*Chinese Recorder*)와 자신의 저서인 「선교사업의 방안」(*Methods of Mission Work*)과 「선교사 교회의 설립과 발전」(*Planting and Development of Missionary Churches*) 등을 중심으로 조선의 선교사업을 위한 기본원칙을 제시하였다. 이 원칙은 성경적 보수주의가 한국장로교회에 미친 영향의 구체적인 모습이리 할 수 있다.[332] 간

---

[332] Conn, "Studies in Theology of Korean Presbyterian Church", 28. 간하배 교수는 "메시지나 방법론에 의해 초대 선교사들은 한국 장로교회에 복음주의, 보수주의 사고방법을 심어 주었다. 한국복음화를 위한 총체적인 선교전략으로 1890년에 채택한 네비우스 방법은 그런 신학을 잘 반영하는 가장 적절한 실례였다."고 지적한다. 한국에서 발전된 네비우스 선교정책은 그의 책에 잘 정리되어 있다(박용규, *Ibid.,* 111). *Planting and Development of Missionary Churches*(Philadelphia: The Reformed and Presbyterian Churches Pub., Co., 1958), 12 - 9. 네비우스 선교정책을 긍정적으로 평가한 저술들은 다음과 같다(박용규 *Ibid.,* 주 18)에서 재인용).

T. Stanley Soltall, *Mission at the Crossroads*(Grand Rapids: Baker Book House, 1954), Choi Jeoung Man, "Historical Development of the Indigenization in the Korean Protestant Church, 34, Clark, *The Korea Church and Nevius Methods,* Conn, Problems of Evangelism in the Korean Church Today", 신학지남 30(1963. 3): 2940, H. G. Underwood, The Call of Korea(New York: Fleming H. Revell, 1908), 109 - 10, S. A. Moffett, "Policy and Methods in the Evangelization of Korea", KMF 1(Noirember 1904), 106, H. A. Rhodes, History of the Korean Mission(Seoul: Chosun Mission Presbyterian Church Press, 1934), 400, 김양선, "한국선교의 회고와 전망", 기독교사상 3(1959. 10), 10 - 11.

네비우스 선교정책에 대한 부정적인 평가도 적지 않다. 최근의 부정적인 평가를 살펴보면 다음과 같다. S. H. Moffett, *The Christians of Korea*(New York: Friendship Press, 1953), 61, Chun Sung Churl, "Schism and Unity in the Protestant Churches of Korea,, (Ph. D. diss., Yale University, 1955), 57 72, G. C. Osthuizen, *Theological Discussions and Confessional Developments in the Churches of Asia and Africa*(Franeker: T. Wlever, 1958), 196, Roy E. Shearer, "Wildfire: Church Growth in Korea", IRM 54(October 1965): 462 470, L. George Paik, *The History of Protestant Mission in Korea 1832 - 1910*(Seoul: Yonsei University Press, 1973); Everett N. Hunt. Jr, "Protestant Beginnings in Korea, 1885 - 1890, A Study of Accommodation in Mission", 신학과

하배(Harve M. Conn) 선교사는 "네비우스 방법의 중심은 자립이 아니며 자치도 아니며, 그것은 성경을 모든 기독교 사역의 기초로 강조한 것과 성경 연구모임을 통한 훈련에 있다. 이것에 의해 성경은 연구되고 신자들의 마음에 적용되었다."라고 말한 것을 보더라도 네비우스 정책에서 성경의 중요성이 얼마나 큰 비중을 차지하는지 알 수 있다.333)

그런데 문제도 있었다. 바로 초기 선교사들의 정치적 문화관이다. 정준기는 칼빈의 교회와 국가 관계를 말하면서 이를 안타까워했다. 정준기가 말하는 칼빈의 교회와 국가 관계는 무엇인가? "첫째, 교회는 정치 지도자들을 위해 의무적으로 기도해야 한다. 둘째, 교회는 국가가 가난하고 약한 자를 보호해 주도록 끊임없이 격려해야 한다. 셋째, 교회는 정치지도자가 참된 종교를 후원, 향상시

성경 Ⅱ(서울: 서울신학대학 출판부, 1974), 윤성범, 「기독교와 한국사상」(서울: 기독교서회, 1964), 71 - 82.

333) Ybo Boo Woong, *Korean Pentecostalism Its History and Theology*, 160 - 163, Conn, "Studies in Theology of the Korean Presbyterian Church", 29. 네비우스 선교방법의 핵심은 자립, 자치, 자전이 아니라 성경연구모임 제도에 있었다고 평가한 글은 다음과 같다. 김양선, "한국 선교의 회고와 전망", 기독교사상 3(1950. 7):13, 신복윤, "한국의 보수주의 신학", 기독교사상 22(1978. 2):102, M. Switzer, "Bible Classes for Women in the Tailm District", *KMF* 15(July 1919):150 - 152. 이 문제에 관한 반대 견해는 지명관의 글을 참고하기 바람. "한국 교회 80년사 비판", 기독교사상 10(1966. 6):70, Allen D. Clark, History of Korean Church(New York: Fleming H. Revell Co., 1921), 87, Herbert E. Blair, "Bible Study", *KMF* 34(May 1939):104. 1900년과 1920년대 사이에 수많은 성경 공부에 관한 책들이 출판되었다. 그중에 몇 가지를 들면 다음과 같다. Samuel F. Moore, 성서강목(서울: 기독교서회, 1903), W. L. Swallen, 예수의 행적 공부(서울: 한국장로교, 1921), Idem, 요한복음 대지(서울: 기독교서회, 1912), Idem, 성경도리(서울: 기독교서회, 1908, 1915), J. S. Gale, Catechism(Seoul: CLS, 1905, 1913), *Chronology of the Work and Life of Jesus*(Seoul: n. P., 1925), 김인영, 성경의 기원(1929).

Moffett, "Evangelistic Work", 18. See also H. A. Rhodes and Archibald Campbell, *History of Korea Mission Presbyterian Church in the U. S. A. Vol*(New York: Commission on Ecumenical Mission and Relations the United Presbyterian Church in the U. S. A., 1964), 251, Stanley Roberts, "Fifty Years of Christian Training in Korea", 106.

키고 교회의 치리를 도움으로 교회의 지위를 견고히 하도록 기도해야 한다. 넷째, 교회는 통치자의 실수와 잘못을 볼 때마다 끊임없이 경고하는 책임을 가진다."334)이다. 초기 장로교 선교사들은 일제침략기에 한국인들에게 복음을 전하면서 한국의 슬픈 상황에 대하여 무한한 동정을 표하고 한국인들의 아픔에 영적, 정신적으로 동참했지만 정치적 현실을 개혁할 실제적 행동에는 소극적이었다. 선교사들은 "정치적인 면에서는 엄정 중립을 지켰으며, 혹시라도 선교에, 그리고 기독교로의 전향의 동기에 정치적인 요소가 있을까 걱정하였다."335) 이러한 방향은 칼빈이나, 베자, 스코틀랜드의 존 낙스, 영국의 청교도들과는 판이한 것이었다.

교회와 국가 관계에 대해 청교도의 창시자 존 낙스는 칼빈보다 더 과격했다. 낙스는 '두 번째 나팔소리'를 통해 다음과 같이 말하고 있다.336)

1. 국왕은 단순히 왕가에서 탄생했다는 사실만으로 그리스도인들을 다스릴 수는 없다. 이보다 하위에 있는 재판관들을 선거하도록 한 하나님의 법이 또한 왕들의 경우에도 지켜져야 한다.
2. 일단 예수 그리스도를 주로 인정한 왕국 내에서는 공개적 우상숭배자들을 공직에 임명할 수 없다.
3. 하나님과 그의 자명한 진리를 거슬러 폭군들에게의 복종과 그의 위치를 계속 유지코자 하는 서약을 지킬 필요가 없다.
4. 만약 국민들이 잘 모르므로 우상 숭배자를 통치자로 선출하였을 경우, 그 사실이 밝혀지면 그를 선출한 이들은 다시 그 지위를 박탈하고 처벌할 수 있다.337)

---

334) 정준기, 「복음운동사」(광주: 광신대학교 출판부, 2003), 57 - 8.
335) 호남교회사연구소편, 「호남교회사연구 제1집」(광주: 광주서남교회, 1995), 202.
336) 정준기, 「청교도인물사」(서울: 생명의말씀사, 2001), 44 - 5.
337) 스탠퍼드 리드, 「존 낙스의 생애와 사상」 서영일 역(서울: 기독교문서선교회, 1984), 190.

이로써 초기 한국 장로교 선교사들은 16세기의 정통칼빈주의 정치관을 따르기보다는 19세기 미국 장로교회신학의 정치사상을 따랐다고 해석하는 게 더 타당하다 할 것이다.[338] 그러므로 한국 장로교회는 16세기의 정통 칼빈주의와 개혁주의 정치관을 다시 살피고 재정립하여 성경은 영감된 무오한 하나님의 말씀임을 믿고, 신앙과 생활의 유일한 법칙으로 받아들이는 삶이 무엇인지를 분명히 인식할 필요가 있다.

끝으로, 광주·전남 지역의 1940년대와 1950년의 교회 공적 기록물인 치리회 회의록을 통해서 역사연구의 필요성에 관해 다음과 같이 제언하고자 한다. 첫째, 이 분야에 대한 체계적인 연구가 있어야 한다. 호남교회사와 관련한 역사 자료가 상당히 진척되어 있는 것은 사실이나 아직도 미흡하다는 생각이다. 둘째, 호남교회사와 관련된 자료를 한곳에 모아야 한다. 호남 지역의 교회 역사를 연구한 차종순 박사는 1950년 6·25 전쟁을 전후해서 광주·전남 지역 교회의 공적 기록물인 초기 전남노회 회의록이 유실되었다고 한다. 그러한 생각은 1차 자료로서 공적 기록인 전남노회 회의록이 없기 때문에 제2차 자료에 의존하거나, 구전 혹은 당시 교계신문을 통해서 1940, 50년대의 광주·전남 지역 교회의 역사를 연구하는 결과를 낳았다.

그러나 필자는 본서를 준비하면서 필자가 섬기고 있는 교회와 정규오 목사와의 특별한 관계로 인하여 많은 대화와 그분을 모시고 교회 행사들을 진행하면서 얻은 수확으로 당시 노회 회의록이

---

338) 데이빗 웰스편, 「프린스톤신학」 및 「남부개혁주의 전통과 신정통신학」(서울: 엠마오, 1992).

존재한다는 이야기를 듣고 해방 전(前) 전남노회가 폐쇄되고 전남교구가 출범될 당시 전남교구의 회의록을 찾을 수 있었다. 이것은 그동안 학계에 전남노회록과 전남교구 회의록이 존재하지 않는다는 정설이 무너졌다고 볼 수 있다. 셋째, 호남 지역의 신학적 정체성을 바로 알려 계승해야 한다. 광주·전남 지역은 서울·경기 지역이나 충청도, 경상도에 비해 복음의 전래가 늦었음에도 불구하고 복음의 성장이 타 지역을 앞서갔다. 복음과 신학적 입장도 초기 선교사들의 정통보수신학과 신앙을 그대로 물려받았다. 특히 미국 남장로회 선교회의 선교 지역이 된 광주·전남 지역은 남장로회 선교회의 보수신학을 그대로 반영한 지역이 되어 오늘에 이르고 있다. 그러나 그 치열했던 자유주의 신학과의 논쟁의 결과로 얻은 순수한 복음과 정통보수신학에서 멀어져 가는 안타까운 현실에 직면해 있다. 이제부터는 우리 신앙의 선배들이 그토록 지키려고 했고, 지켜왔던 한국 초기 선교사들의 신학과 신앙을 더욱 굳게 지켜져야 한다. 이와 같은 사명은 특히 광신대학교에 있음을 아울러 제언한다.

참고문헌

일차자료: 〈전남노회, 전남교구 회의록〉

조선예수교 장로회 전남노회. 「제30회 촬요」. 1938.
_____. 「제31회 촬요」. 1939.
_____. 「제32회 회의록」. 1940.
_____. 「제33회 회의록」. 1941.
_____. 「제34회 회의록」. 1942.
_____. 「제35회 회의록」. 1943.
_____. 「제35회 회의록」. 1945.
_____. 「제36회 회의록」. 1946.
_____. 「제37회 회의록」. 1947.
_____. 「제38회 회의록」. 1948.
_____. 「제39회 회의록」. 1948.
대한예수교장로회 전남노회. 「제40회 회의록」. 1949.
_____. 「제41회 회의록」. 1949.
_____. 「제42회 회의록」. 1950.
_____. 「제43회 회의록」. 1951.
_____. 「제44회 회의록」. 1951.
_____. 「제45회 회의록」. 1952.
_____. 「제46회 회의록」. 1952.
_____. 「제47회 회의록」. 1953.
_____. 「제48회 회의록」. 1953.
_____. 「제49회 회의록」. 1954.
일본기독교조선장로교단 전남교구. 「제1회 회의록」. 1943.

_____. 「제2회 회의록」. 1944.
_____. 「제3회 회의록」. 1945.

〈총회 회의록〉

조선예수교 장로회 총회. 「독노회 회의록」. 1907.
_____. 「제24회 총회록」. 1935.
_____. 「제27회 총회록」. 1938.
_____. 「제28회 총회록」. 1939.
_____. 「제29회 총회록」. 1940.
_____. 「제34회 총회록」. 1948.
대한예수교장로회 총회. 「제35회 총회록」. 1949.
_____. 「제36회 총회록」. 1950.
_____. 「제38회 총회록」. 1953.
_____. 「제39회 총회록」. 1954.

〈국내 단행본〉

고광필. 「칼빈 신학의 논리」. 서울: UBF 출판부, 2004.
구라다 마사히코(藏田雅彦). 「일제의 한국기독교 탄압사」. 서울: 기독교
　　　문사, 1991.
기독교사상편집부. 「한국역사와 기독교」. 서울: 대한기독교서회, 1983.
김광수. 「한국민족기독교백년사」. 서울: 한국교회사연구회, 1978.
_____. 「한국기독교 성장사」. 서울: 기독교문사, 1979.
김남식. 「한국기독교면려운동사」. 서울: 성광문화사, 1979.
김남식・간하배. 「한국장로교 신학사상사 I」. 서울: 베다니, 1997.
김대인. 「숨겨진 한국교회사」. 서울: 도서출판 한글, 1995.
김덕환. 「한국교회교단형성사(상・하)」 서울: 임마누엘, 1986/1989.

김성준. 「한국기독교 순교사」. 서울: 한국교회 교육연구원, 1981.

김성진. "나의 나그네길", 「원로목사 순례행전」. 서울: 복지문화사, 1995.

김수진. 한인수, 「한국기독교회사 - 호남편」, 크리스챤신문사, 1979.

김수진. 「호남선교100년과 그 사역자들」, 고려글방, 1992.

_____. 「호남지방 교회의 역사」, 기독교문사, 1994.

_____. 주명준, 「일제의 종교탄압과 한국교회의 저항」 순천노회 수난 사건을 중심으로, 쿰란출판사, 1996.

_____. 「목포지방기독교 100년사 - 목포노회 창립50년사」, 1997.

_____. 「호남기독교 100년사 - 전북편」, 쿰란출판사, 1998.

_____. 「이자익 이야기」. 서울: 한국장로교출판사, 2005.

김승태. 「한국기독교와 신사참배문제」. 서울: 한국기독교역사연구소, 1991.

_____. 「신사참배 거부자들의 증언」. 서울: 다산글방, 1993.

_____. 「한국기독교의 역사적 반성」. 서울: 다산글방, 1994.

_____. 「일제강점기 종교정책사 자료집」. 서울: 한국기독교역사연구소, 1996.

김양선. 「한국교회 해방 10년사」. 서울: 총회교육부, 1956.

_____. 「한국기독교해방 십년사」. 서울: 대한예수교장로회 종교교육부, 1956.

_____. 「간추린 한국교회사」. 서울: 대한예수교장로회총회, 1962.

_____. 「한국기독교사(2): 개신교사」. 서울: 고려대학교 민족문화연구소, 1970.

_____. 「한국기독교사연구」. 서울: 기독교문사, 1971.

_____. 「한국기독교와 신사참배 문제」. 서울: 한국기독교역사연구소, 1991.

김영재. 「교회와 신앙고백」. 서울: 성광출판사, 1988.

_____. 「한국기독교사」. 서울: 개혁주의신행협회, 1992.

김영한. "개혁주의와 복음주의", 「성경과 신학」 I. 서울: 정음출판사, 1983.

김요나. 「총신90년사」. 서울: 도서출판 목양, 1991.

김인수. 「한국기독교회사」. 서울: 한국장로교출판부, 1994.

김일남. "무익한 종", 「원로 목사 순례행전」. 서울: 복지문화사, 1995.

김장호. 「조선기독교회소사」. 경성: 조선기독교회전도부, 1941.

김재성. 「개혁신학의 정수」. 서울: 도서출판 이레서원, 2003.

김재준. "미국장로파선교사와 한국장로교회", 「장공 김재준 전집」 2권 (1952).

김진복. 「한국장로교회사」 서울: 쿰란출판사, 1995.

김해연. 「한국교회사」. 서울: 성광문화사, 1993.

김홍수. 「일제하 한국기독교와 사회주의」. 서울: 한국기독교역사연구소, 1992.

나용화. 「칼빈과 개혁신학」. 서울: 기독교문서선교회, 1992.

남영환. 「한국기독교 교단사」. 서울: 도서출판 영문, 2005.

남장로회선교회. 「남장로교 선교회 25주년기념」. 1917.

_____. 「전라도선교 40주년 약력」. 1932.

노치준. 「일제하 한국기독교 민족운동 연구」. 서울: 한국기독교역사연구소, 1993.

민경배. 「한국민족교회형성사론」. 서울: 연세대학교 출판부, 1974.

_____. 「대한예수교장로회백년사」. 서울: 대한예수교장로회총회, 1984.

_____. 「한국기독교사회운동사」. 서울: 대한기독교출판사, 1987.

_____. 「한국기독교회사」. 서울: 연세대학교 출판부, 2000.

박용규. 「한국장로교사상사」. 서울: 총신대학출판부, 1992.

_____. 「죽산 박형룡 박사의 생애와 사상」. 서울: 총신대학교출판부, 1996.

_____. 「한국교회를 깨운 복음주의운동」. 서울: 두란노, 1998.

_____. 「평양대부흥운동사」. 서울: 생명의 말씀사, 2000.

_____. 「한국기독교회사 1. 2」. 서울: 생명의 말씀사, 2004.

박윤선. 「대한예수교장로회는 어디로 가나?」. 부산: 고려신학교 학우회, 1950.

_____. 「성경과 나의 생애」. 서울: 영음사, 1992.

박형룡. "한국교회의 자유주의", 「박형룡 박사 전집 ⅩⅣ」.

_____. 「박형룡저작전집 ⅩⅣ」.

_____. 「신복음주의 비판」. 서울: 신망애사, 1972.

_____. 「신학난제선평」. 서울: 한국기독교 교육연구원, 1978.

백낙준. 「한국개신교사」. 서울: 연세대학교출판부, 1973.

서영일. 「박윤선 개혁신학연구」. 장동민 역. 서울: 한국기독교역사 연구소, 2000.

서정민. 「역사 속의 한일 기독교사론」. 서울: 한들, 1994.

_____. 「한국교회 논쟁사」. 서울: 이레서원, 1994.

소재열. 「섭리의 역사와 교훈: 남평교회 103년사」. 서울: 말씀사역, 2003.

_____. 「호남선교 이야기」. 말씀사역, 2005.

송길섭. 「한국신학 사상사」. 서울: 대한기독교서회, 1987.

신광철. "한국개신교사 연구사", 「종교와 문화 2」. 서울: 서울대 종교문제 연구소, 1996.

심일섭. 「한국민족운동과 기독교수용사고」. 서울: 아세아문화사, 1982.

안영로. 「메마른 땅에 단비가 되어」. 쿰란출판사, 1994.

애너벨니스벳. 한인수 역. 「호남선교초기역사」. 1892 – 1919, 경건, 1998.

연규홍. 「한국장로교회와 칼빈 신학사상」. 서울: 한빛, 1996.

오덕교. 「청교도와 교회개혁」. 서울: 합동신학대학원 출판부, 1994.

_____. 「장로 교회사」. 서울: 합동신학대학원 출판부, 1997.

_____. 「종교 개혁사」. 서울: 합동신학대학원 출판부, 1998.

_____. 「청교도 이야기」. 서울: 합동신학대학원 출판부, 2001.

유동식. 「한국기독교문서운동사」. 서울: 대한기독교교육협회, 1974.

윤경로. 「한국근대사의 기독교사적 이해」. 서울: 일신사, 1992.

윤춘병. 「한국기독교신문잡지백년사」. 서울: 대한기독교출판사, 1975.

이광린. 「한국개화사 연구」. 서울: 일조각, 1985.

이덕주. 「한국그리스도인들의 개종이야기」. 서울: 전망사, 1990.

_____. 「초기 한국기독교사 연구」. 서울: 한국기독교역사연구소, 1995.

_____. 「조선은 왜 일본의 식민지가 되었는가?」. 서울: 에디터, 2002.

이만열. 「한국기독교와 역사의식」. 서울: 문학과 지성사, 1981.

_____. 「한국기독교문화운동사」. 서울: 대한기독교출판사, 1987.

_____. 「대한성서공회사 Ⅰ. Ⅱ」. 서울: 대한성서공회, 1993 – 1994.

_____. 「한국기독교수용사 연구」. 서울: 두레시대, 1998.

이만열·옥성득·류대영 공저. 「대한성서공회사」. 서울: 대한성서공회, 1993/1994.

이상규. 「한국교회의 역사적 흐름」. 서울: 총회출판국, 1990.

이영헌. 「한국기독교사」. 서울: 컨콜디아사, 1978.

이장식. 「대한기독교서회백년사」. 서울: 대한기독교서회, 1987.

이종성. 「신학과 신학자들」. 서울: 양서각, 1983.

이찬영. 「한국기독교회사 총람」. 서울: 도서출판 소망사, 1994.

이호운. 「한국교회 초기사」. 서울: 대한기독교서회, 1970.

장동민. 「박형룡 신학 연구」. 서울: 한국기독교역사연구소, 1998.

장두만. 「성경무오성과 성경의 권위」. 서울: 요단출판사, 1986.

장희근. 「한국장로교회사」. 부산: 아성출판사, 1970.

전용복. 「한국장로교회사」. 서울: 성광문화사, 1980.

전택부. "한국기독교백년사대계", 제1권 「한국교회발전사」. 서울: 대한
기독교출판사, 1987.

정규오. 「정규오박사 저작 전집 Ⅹ: 아멘의 생활」. 광주: 한국복음문서
협회, 1970.

_____. 「신학적인 입장에서 본 한국장로교교회사」 상, 하권. 광주: 한
국복음문협회, 1983.

_____. "나의 나된 것은", 「회고록」. 광주: 한국복음문서협회, 1984.

_____. "나의 나된 것은", 「원로목사 순례행전」. 서울: 복지문화사, 1995.

_____. "나의 신학. 신앙. 인격의 모델", 「죽산 박형룡 박사의 생애와
사상」. 박용규 엮음. 서울: 총신대학교출판부, 1996.

정성구. 「한국교회 설교사」. 서울: 총신대학출판부, 1989.

정준기. 「기독학생운동사」. 서울: UBF 출판부, 2001.

_____. 「청교도인물사」. 서울: 생명의말씀사, 2001.

_____. 「복음운동사」. 광주: 광신대학교 출판부, 2003.

주명준. 「전라도가 고향이지요」. 쿰란출판사, 1998.

_____. 「전북의 기독교 전래」. 전주대학교 출판부, 1998.

차재명. 「조선예수교 장로회 사기 상」. 경성: 신문내교회당, 1928.

_____. 「조선예수교 장로회 사기(하)」. 경성: 조선기독교 창문사.

차종순. 「호남교회사연구 1집」. 호남교회사연구소, 1995.

_____. 「호남교회사연구 2집」. 호남교회사연구소, 1998.

_____. 「양림동에 묻힌 22명의 미국인」. 호남신학대학교 사료편찬위원
회, 2000.

채기은. 「한국교회사」. 서울: 기독교문서선교회. 1977.

최훈. 「한국교회박해사」. 서울: 예수교문서선교회, 1979.

최덕성. 「한국교회 친일파 전통」. 서울: 본문과 현장사이, 2000.

한규무. 「일제하 한국기독교 농촌운동 1925~1937」. 서울: 한국기독교
역사연구소.

한석희. 「일제의 종교침략사」. 김승태 역. 서울: 기독교문사, 1990.

한숭홍. 「한국신학사상의 흐름」(상·하). 서울: 장로회신학대학교출판부,
1996.

한영제. 「한국기독교문서운동백년」. 서울: 기독교문사, 1987.

〈신학잡지 및 논문〉

간하배. "해방 후의 한국장로교 보수신학", 「신학지남」 42(1975. 9).

김규당. "정통신앙과 성경관", 「기독교 사상」 11(1967. 2).

김길성. "박형룡 박사의 신학에 대한 이해와 평가", 「신학지남」. 117.

김명혁. "한국자유주의 신학 비판", 「기독교사상」 21(1977. 11).

김영재. "한국교회사 연구 방법론", 「신학지남」 199(1983).

_____. "신사참배와 한국교회의 신앙", 「신학지남」 203(1984).

김의환. "경건주의. 개혁주의. 자유주의", 「신학지남」 156(1972).

김인수. "일제말기의 기독교 탄압과 교회의 이용에 대한 소고", 「교회
와 신학」 19. 서울: 장로회신학대학교. 1987.

_____. "일제말기의 기독교 탄압과 교회의 이용에 대한 소고", 「교회와
신학」 19. 서울: 장로회신학대학교. 1987.

김재준. "축자 영감설과 성서 무오설", 「십자군」. 1950. 2.

_____. "한국교회의 신학운동: 한국교회의 신학적 과제", 「기독교사상」
4(1960. 1).

박아론. "해방30년의 한국보수주의 신학", 「신학지남」 171(1975).

_____. "박형룡의 신학사상", 「신학사상」 25(1979. 여름).

_____. "보수주의와 개혁주의", 「신학지남」 260(1999).

박용규. "한국장로교의 뿌리", 「신학지남」 268(2001).

_____. "장로교 합동과 통합 분열의 역사적 배경", 「신학지남」(2004.
여름).

박윤선. "성경의 권위: 개혁주의 성경관 논쟁", 「신학지남」 38(1971. 1).

박윤선. "개혁주의 소고", 「신학지남」 185(1979).

박형룡. "성경영감의 교회적 교리", 「신학지남」 30(1963. 12).

_____. "한국교회에 있어서 자유주의", 「신학지남」(1964. 9).

_____. "한국장로교회의 신학적 전통", 「신학지남」(1976. 9).

서철원. "보수주의 신학이란 무엇인가?", 「신학지남」 246(1996).

손규태. "한국교회의 성서학: 시론요약", 「신학사상」(1973. 여름).

손정묵. "조선총독부의 신사 보급. 신사참배 강요 정책 연구", 「한국사
연구」 58(1987).

송상석. "장로교회의 한국 유래와 고려파 진리 운동 발전경위", 「파수
군」 100(1960. 7).

송창근. "조선기독교의 위기", 「신학지남」 15(1933. 1).

신복윤. "한국보수주의 신학", 「기독교사상」 22(1978. 2).

_____. "박형룡의 보수신학사적 의의", 「신학사상」 25(1979. 여름).

신학지남 편집위원. 「신학지남」 창간호(1918. 3. 20).

정준기. "미국 제1차 각성운동", 「광신논단」 5. 광신대학교, 1993.

_____. "미국 제2차 각성운동", 「광신논단」 7. 광신대학교, 1995.

_____. "해원 정규오목사의 생애와 그의 영향력", 「제1회 해원 기념강
좌」(광주: 해원기념사업회. 206).

차남진. "보수주의와 칼빈주의", 「신학지남」 135(1966).

최낙재. "계시와 성경", 「신학지남」 43(1976. 12).

최덕성. "신앙고백교회사관", 「개혁신학과 교회」. 제14권 제1호 통권
15호(2003년).

한국신학대학 35년의 발자취. 「신학연구」. 16(1975).

한규원. "일제말기 기독교 학교에 대한 신사참배에 관한 연구", 한국교
육학회 교육사연구회. 한국교육사학. 제11집. 1989.

한승홍. "초기 선교사의 신학과 사상", 「한국 기독교와 역사」 제1호. 서
울: 기독교문사, 1991.

한철하. "20세기 세계교회의 엘리야 박형룡", 「신학지남」. 252(1997).

홍치모. "초대 미국선교사들의 신앙과 신학", 「신학지남」 51(1984).

〈기념 및 역사편찬〉

강서열 외 4명. 「전남노회 75년사」. 광주: 글벗출판사, 1993.

강진읍교회 교회사 편찬위원회. 「강진읍교회 70년사」(1913 - 1983), 1983.

고신선교 40년 편찬위원회. 「고신선교 40년. 1958 - 1998」. 대한예장[고
　　신]총회선교부. 1998.

고신역사편찬위원회. "하나님 앞에 자숙하자", 「고신약사」. 부산: 고신
　　출판사, 1983.

광신대학교 역사편찬위원회. 「광신대학교 50년사: 1954 - 2004」. 제1권
　　역사편. 광주: 광신대학교출판부, 2007.

광주서문교회 50년사 편찬위원회. 「광주서문교회50년사」(1951 - 2001),
　　2001.

광주서현교회 90년사 편찬위원회. 「광주서문교회90년사」(1908 - 1998),
　　1998.

광주제일교회 90년사 편찬위원회. 「광주제일교회90년사」(1904 - 1994),
　　1994.

광주제일교회 100년사 편찬위원회. 「광주제일교회100년사」(1904 - 2004),
　　2005.

광주중앙교회 80년사 편찬위원회, 「광주중앙교회80년사」(1917 - 1997),
　　1997.

기독교 대한감리회 인천내리교회. 「內里百年史」. 1985.

기독교대한감리회교육국편. 「한국감리교회사」. 1975.

김광수·안광국 편. 「장로회신학대학 70년사」. 서울: 장로회신학대학교,
　　1971.

_____. 「장로교신학교 70년사」. 서울: 장로회신학교, 1971.

김수진, 「양동제일교회 100년사」, 1997.

김영재. "김영재 교수 은퇴기념 논문집", 서울: 한국복음주의신학회, 2003.

김요나, 「정읍성광교회사(1947 - 1997)」, 1997.

김요나. "동평양노회 150회사", 「계승 그리고 번영」. 대한예수교장로회
　　동평양노회 역사편찬위원회, 2003.

김의환 박사 古稀 기념논총. 「교회와 역사」. "회고록: 주의 말씀을 따

라 반세기", 서울: 총신대학교 출판부, 2003.

김의환. "제7회 한상동 기념강좌",「고신신학 반세기에 대한 회고」, 2003.

남평교회 103년사 1900 - 2003. "섭리의 역사와 교훈", 나주: 남평교회
　　103년사 편찬위원회, 2003.

대한예수교 역사편찬위원회.「한국장로교사(고신)」. 부산: 고신출판사, 1988.

대한예수교장로회 총회 50주년기념사업회편.「대한예수교장로회 총회창
　　립 50주년야사」. 서울: 대한교과서주식회사, 1962.

대한예수교장로회 총회역사위원회.「대한예수교장로교회사(상, 하)」. 서
　　울: 한국장로교출판사, 2003.

대한예수교장로회 한국교회백주년 준비위원회사료분과 위원회편.「대한
　　예수교장로회백년사」. 서울:대한예수교장로회 총회, 1984.

마포삼열전기편찬위원회.「마포삼열박사전기」. 서울: 대한예수교장로회
　　총회 출판부, 1973.

목포양동교회100년사편찬위원회,「목포양동교회100년사」(1897 - 1997),
　　1997.

민경배. "알렌의 근대화에서의 역할과 공헌",「한국선교 120주년 기념
　　및 성경전래 학술 세미나」. 한국교회사연구소, 2004.

부산진교회 100년사 1891 - 1991. 부산: 부산진교회 100년사 편찬위원
　　회, 1991.

새문안교회편.「새문안 85년사」. 서울: 삼성출판사, 1973.

서현교회90년사 편찬위원회.「서현교회 90년사」(1908 - 1998), 1998.

소재열.「섭리의 역사와 교훈: 남평교회 103년사」. 2003.

순천노회 사료편찬위원회.「순천노회사」. 1992.

순천제일교회50년사편찬위원회.「순천제일교회50년사」(1937 - 1986), 1988.

영광읍교회 90년사 편찬위원회.「영광읍교회 90년사」. 1995.

위원회.「새역사 50년사 한국기독교장로회의 발자취」. 서울: 한국기독
　　교장로회 총회, 2003.

이덕주·조이제.「강화기독교백년사」. 강화기독교백년사편찬위원회. 1994.

이만열. "한국성경전래와 그 의의",「한국선교 120주년 기념 및 성경전
　　래 학술 세미나」. 한국교회사연구소, 2004.

이상규. "박형룡 박사의 한국교회사적 의의."「제2회 죽산기념강좌」. 서

울: 총신대학교 신학대학원, 2005.

_____. "주기철 목사의 신사참배 반대와 저항", 「소양 주기철 목사 기념논문」. 서울: 주기철 기념사업회, 2000.

장로회신학대학교 100년사 편찬위원회. 「장로회신학대학교 100년사」. 서울: 장로회신학대학교, 2002.

손석태. "칼빈의 성경해석", 「칼빈과 개혁신학」 38 - 64. 광주: 광신대학교출판부, 1999.

정규남. "칼빈의 성경관", 「칼빈과 개혁신학」 83 - 105. 광주: 광신대학교출판부, 1999.

주현철. "칼빈과 개혁의 원천", 「칼빈과 개혁신학」 107 - 135. 광주: 광신대학교출판부, 1999.

전주서문교회 100년사. 전주: 전주서문교회 100년사 편집위원회, 1999.

전주서문교회100년사편찬위원회. 「전주서문교회 100년사」(1897 - 1997), 1999.

주재용. "한국기독교의 어제. 오늘. 내일", 「한국교회 100년과 그 좌표」. 한국기독교장로회편.

차종순. 「양림교회 100년사」(1904 - 2004). 2004(통합, 기장, 개혁).

_____. 「양림교회 90년사」(1904 - 1994), 1994.

총신대학교 100년사 편찬위원회. 「총신대학교 백년사」제1, 2, 3권. 서울: 총신대학교출판부, 2003.

편찬위원회편. 「한국기독교장로회 50년 약사」. 한국기독교장로회, 1965.

편찬위원회. 「기독교대백과사전」7권. 기독교문사, 1980.

편찬위원회. 「섭리의 역사와 교훈: 남평교회 103년사」. 서울: 말씀사역, 2003.

편찬위원회. 「장로회신학대학 70년사」. 1971.

편찬위원회. 「한국기독교 100년사」. 한국기독교장로회 역사편찬위원회, 1992.

편찬위원회. 「한신대학 50년사(1940 - 1990)」. 오산: 한신대학출판부, 1990.

한국기독교역사연구소 「한국기독교의 역사 Ⅰ · Ⅱ」 기독교문사, 1989/1990.

한국기독교장로회 역사편찬위원회편. 「한국기독교 100년사」. 서울: 한국기독교장로회 역사편찬위원회, 1992.

한국기독교장로회 총회 역사편찬위원회. 「한 소망 안에서 - 한국·캐나다 선교협력 100주년 기념문집」

海園 丁奎五 牧師 隱退 記念 論叢. 「칼빈과 개혁신학」. 광주: 광신대학교 출판부. 1999.

허순길. "고려신학대학원 50년사", 천안: 고신대학원출판부, 1996.

허순길. "한국장로교회사(고신) 50주년 희년 기념", 서울: 대한예수교장로회(고신) 역사편찬위원회, 2002.

황영준. 「전남노회사」(예장합동), 2001.

〈신문〉

「동아일보」. 1935년 12월 1일.

「동아일보」. 1938년 2월 18일.

「동아일보」. 1938년 5월 4일.

「매일신보」. 1938년 6월 9일.

〈논문〉

김행문. "일제하 호남지방 기독교단체의 사회운동 연구", 전남대 교육대학원, 1983.

김호욱. "개혁교단 26년사: 개혁교단의 신학적 정체성을 중심으로", 광신대학교 일반대학원, 2007.

서광일. "지리산과 섬진강 지역의 기독교 선교", 「월간 지리산과 섬진강」 1, 2호, 1997.

소재열. "51인 신앙동지회와 자유주의 신학과 투쟁: 1945 - 1959", 칼빈대학교 대학원 박사학위논문, 2006.

신치섭. "순천지역선교 역사에 관한 연구", 호남신학대학교 목회대학원 석사학위논문, 1998.

안대희. "전주서문교회의 성장과정과 민족운동", 1893 – 1945, 목포대학
　　교 대학원 석사학위논문, 2000.
차종순. "호남교회사에서 복음적 사회운동에 대한 연구" – 오방 최흥종
　　목사의 생애와 사상을 중심으로, 호남신학대학교.
최덕성. "순천노회 교역자 수난사건 재평가", 고려신학대학원.

〈회보 및 학보〉

박윤선. 「한국교회 어디로 가고 있는가?」. 부산: 고려신학교 학우회. 1950.
신앙동지회. 「불기둥」. 창간호 – 15호. 신앙동지회 출판부, 1947. 12. 9.

〈영문자료〉

Baird, W. W. "the Spirit Among Pyeng Yang Students." *The Korean Mission Field* 3(may 1907).

Beal, Edwin G. Jr. and Winkler. Robin. *Korea: An Annotated Bibliography of Publications in Far Eastern Languages.* Washington D. C.: U. S. Library of Congress Reference Department. 1950.

Blair, William N. *Gold in Korea.* New York: Central Distributing Department of the Presbyterian Church in the U. S. A. 1946. 1957.

Brown, Arthur J. *Report on a Second Visit to China. Japan and Korea*(1909).

＿＿＿＿＿＿＿. *One Hundred Years; a History of the Foreign Missionary Work of the Presbyterian Church in the U. S. A. with Some Account of Countries. peoples and the politics and problems of Modern Missions.* New York: Fleming H. Revell. 1937.

＿＿＿＿＿＿＿. *The Foreign Missionary:* An Incarnation of a World Movement. New York: Lozeaux Brothers. Inc. 1945.

_____. *The Korean Conspiracy Case.* New York: Board of Foreign Missions of the Presbyterian Church U. S. A. 1912.

_____. *The Mastery of the Far East.* N. Y.: Charles Scribners. 1919.

Calvin, John. *Commentaries on the First Book of Moses Called Genesis.* trans. John King. Grand Rapids: Baker. 1979.

Chun, Sung Chun. *"Schism and Unity in the Protestant Churches of Korea."* Ph. D. Thesis. Yale University. 1955.

Clark, Allen D. *History of the Korean Church.* CLC. Seoul: 1961.

Clark, Charles A. "Fifty Years of Mission Organization Principles and Practice." *The Fiftieth Anniversary Celebration of the Korea Mission.* PCUSA. June 30 – July 3. 1934.

_____. The National Presbyterian Church of Korea as Test of the alidity of the Nevius Principles of Missionary Method. Ph. D. Diss. University of Chicago. 1929.

_____. *The Nevius Plan for Mission Work. Illustrated in Korea.* Seoul: CLS. 1937.

_____. "Fifty Years of Mission Organization Principles and Paractice" The Fiftieth Anniversary Celebration of the Korea Mission. PCUSA. June 30 – July 3. 1934.

Compiled by Clark. Charles Allen. *Digest of the Presbyterian Church in Korea.* Korean Religious Book & Tract Society. 1918.

Conn, Harvie M. "Studies in the Theolohy in the Korean Presbyterian Church: An Historical Outline" *The Westminster Theological Journal* 29(1966).

Cooper, S. Kate. *Evangelism in Korea.* Nashville. 1930.

Dabney Robert. Lectures in Systematic Theology(Grand Rapids: Baker, 1985).

Davies, Deniel M. *The Life and Thought of Henry Gerhard Appenzeller(1858 – 1912). Mission to Korea.* New York: E. Mellen Press. 1988.

Enger, G. "The Early Beginnings of the Australian Presbyterian Mission."

The Korea Mission Field 30(July 1934).

Ernst Jacob Oppett. *Ein Verschlossenens Land. Reisen nach Korea.* Leipzig. 1880.

Evangelical Dictionary of Theology. Grand Rapids: Baker Book House. 1984.

Federal Council of Missions in Korea. *The Korea Missions Yearbook.* Seoul: CLS. 1928. 1932.

Fenwick, Malcom K. *The Church of Christian in Corea.* New York: George H. Doran Company. 1911.

Fisher, James E. *Democracy and Mission Education in Korea.* New York: Teachers College. Columbia University. 1928.

Galbraith. John P. *The Shadow and Sunlight of Korea.* Presbyterian Guardian. Aug. 15. 1952.

Gale, James S. *Korea in Transition.* Cincinnati: Jennings & Graham. 1909.

General Report Seoul Station. *Korean Mission of the Presbyterian Church U. S. A. 1903 − 1904.* Seoul: Methodist Publishing House. 1904.

Germany, Charlcs H. *Protestant Theologies in Modern Japan.* Tokyo: International Institute for the Study of Religions press. 1965.

Gompertz, G. St. G. M. *Bibliography of Western Literature on Korea from the Earliest Times Until 1950.* Seoul: Dong A Publishing Co. 1962.

Hamilton, Floyd E. *The Basis of Millennial Faith. Grand Rapids*: Eerdmans. 1952.

Hard, Theodore. "Korea needs Reformed Missionaries." *The Presbyterian Guardian* 25(may 1956): 68 − 9.

Hunt, Bruce F. "Beachhead in Korea." *The Presbyterian Guardian* 29(January 1960).

_____. "From the Prisons of Japan" *The Presbyterian Guardian* 11 September 1942.

_____. "Growing Work Amid Persecution." *The Presbyterian Guardian* 9(September 1941).

_____. "Korean Letter." *Christianity Today* 6(Decemᅲer 1935).

_____. "Brands out of the Burning." *The Presbyterian Guardian* 8(July 1940).

Ji, Won Yong. "Christian Church and Sects." in *Korea Struggels for Christ* Kang. Wi Jo. The Japanese Government and Religions in Korea. 1910 – 1945" Ph. D. Diss. University of Chicago. 1967.

Johnson Thomas, The Life and Letters of Robert Lewis Dqabney(Carlisle: Banner of Truth, 1977)

Kay, Il – Seung. "Christianity in Korea."Th. D. Diss. Union Theological Seminary. 1950.

Kim, Chang yup. "Protestant Theological Education In Korea." Unpublished S.T.M. thesis. *The Biblical Seminary of New york.* 1960.

Kim, Cheong Chun. "The Church and the Problem of Indigenization." *In Korea Struggles For Christ.* Seoul: CLC. 1966.

Kim, Eui Hwan. "The Korean Church under Japanese Occupation with Special Reference to the Resistance Movement within Presbyterianism." Ph. D. Diss. Temple University. 1966.

Kim, Hei Chu. "The Role of Religious Belief and Social Structure in Korea's Breakthrough into Modernity." Ph. D. Dissertation. *New School for Social Research.* 1973.

Kim, Keun Soo. Kingdom of God in the Korean Presbyterian Church(Ha pdong) from 1885 – 1988(University. of Wales. Lampeter. Doctor of Philosophy. 2003).

Kim, Kwan Sik. "Christian Church in Korea." *International Review of missi onary*(April 1947): 125 – 40.

Kim, Nam Sik. *History of the Presbyterian Church in Korea.* Vol. Ⅱ. Seoul: Bethany Book House. 1985.

Kim, Peter Jonnhoi. *The Missionary Principles used by the Presbyterian Church in the U. S. A. in Korea in the Korean Presbyterian Church. 1884 – 1939.*

Kim, Yung Jae. *Der Protestantismus in Korea und die Calvinistische Tradition: Eine Geschichtliche Untersuchung uber Entstehung und Entwicklung der*

Presbyterianischen Kirche in Korea. Frankfurt am Main: Peter D. Lang. 1980.

Ko, Hyun Bong. "A Historical Study of the Characteristics of the Christian Church in Korea." Th. D. Diss. Dallas Theologial Seminary 1965.

Korea Mission. Presbyterian Church. U. S. A. *Annual Report.* 1922.

Lee, Chong Sung. "Types of Church Leaders Today: A Brief Sketch of the Chrch Leaders after the Korea War." *In Korea Struggle for Christ.* ed. Harold Song and Others. Seoul: CLS. 1966.

Lee, Kun Sam. *The Christian Confrontation with Shinto Nationalism* 1868 – 1945. Philadelphia: The Presbyterian and Reformed Publishing Company. 1966.

Longfield, Bradley J. *The Presbyterian Controversy: Fundamentalist. Modernists. and Moderates.* New York and Oxford: Oxford University Press. 1991.

Lowell, Percival. *Chosun: The Land of the Morning Calm.* Boston: Ticknor and Co. 1888.

Machen, J. Gresham. *Christanity and Liberalism.* Grand Rapid: Eerdmans. 1977.

Mackay, Jhon A. *Present Day Theological Tendencies.* Seoul: Christian Literature Society of Korea. 1952.

Marsden, George M. *Fundamentalism and American Culture: The Haping of Twentieth – Century Evangelicalism 1870 – 1925.* New York: Oxford University Press. 1980.

McCune, Shannon. *Bibliography of Western Language Materials on Korea.* Preface by John F. Fairbanks. New York: Institute of Pacific Relations. 1950.

McNeill, John T. *The History and Character of Calvinism.* Oxford University Press. 1954.

Minutes. *Council of Presbyterian Missions in Korea* Seoul: Council of Presbyterian Missions in Korea. 1903 – 1936.

Moon, Hui-Sok. *A Korean Minjung Theology*: *An OT Perspective*. Maryknoll. New York: Plough Publication. 1985.

Moore, Samuel F. *The Outlines of the Bible.* Seoul: CLS. 1903.

Ockenga. Harold J. "From Fundamentalism. through New Evangelicalism. to Evangelicalism." Evangelical Roots. ed. Kenneth S. Kantzer. New York: Thomas Nelson. INC. Publisher. 1978.

Noll, Mark, *A History of Christianity in the United States and Canada,* Rapids: Eerdman, 1992, 236.

Packer, J. I. Fundamentalism and the Word of God. 1958.

Paik, L. George. *The History of Protestant Missions in Korea. 1832 – 1910.* Seoul: Yonsei University Press. 1973.

Palmer, Spencer J. "Protestant Christianity in China and Korea: The Problem of Identification with Tradition" Ph. D. Diss. University of California. 1964.

Park, Hyung Nong. "Karl Barth's Doctrine of Inspiration of the H. S. with Special Reference to the Evangelical Churches in Korea." Ph. D. Dissertation. *Harvard University.* 1959.

Park, Pong Nang. *"Karl Barth. Doctrine of Inspiration of Holy Scriptures with Special Reference to the Evangelical Churches in Korea."* Th. D. Diss. Harvard University. 1959.

Park, Yong. Kyu. *Korean Presbyterianism and Biblical Authority: The Role of the Scripture in the Shaping of Korean Presbyterianism* 1918 – 1953. Trinity Evangelical Divinity School.

Report of the 50th Anniversary Celebration of the Korea Mission of The U. S. A. Presbyterian Church. June 30 – July 3. 1934.

Report of the Interim Committee of the Korea Mission. of the United Church of Canada. 1948.

Rhodes, Harry A. *History of the Korea Mission Presbyterian Church in the U. S. A. Ⅱ. 1935 ~1959.* New York: Commission on Ecumenical Mission and Relations. the United Presbyterian Church in the U. S. A., 1964.

Rhodes, Harry A. *History of the Korea Mission. Presbyterian Church. U. S. A. 1884~1934.* Seoul. 1934.

Ro, Bong Rin. *"Division and Reunion in the Presbyterian Church in Korea 1959 - 1968"* Th. D. Diss. Concordia Theological Seminary. 1969.

Roscoe C. Coen's Review of "The Korean Church and Nevius Methods." *The Korea Mission Field* 26(1931)

Speer, Robert E. *Report in the Missions in Korea of the Presbyterian Board of Foreign Missions*(1897).

_____. *Report of Deputation of the Presbyterian Board of Foreign Missions to Siam. the Philippines. Chosen. and China. April-November. 1915.* New York. 1915.

Stokes, Charles D. *History of Methodist Missions in Korea. 1885~1930.* Yale University Ph. D. thesis. 1947(1964).

Stonehouse, N. B. *J. Gresham Machen.* Park Press; South Holland. Illinois. 1978.

Streker, Lowell D. and Gerald S. Strober. *Religion and the New Majority; Billy Graham. Middle America. and the Politics of the* 7Os. New York: Association Press. 1972.

Symposium. *Korea Struggles For Christ*(Christian Laterature Society of Korea. l966).

Underwood, H. H. *Modern Education in Korea.* New York. 1926.

Underwood, L. H. *Fifteen Years Among the Top Knots.* American Track Society. 1904.

_____. *Underwood of Korea.* New York: Fleming H. Revell Company. 1918.

Underwood, U. G. *The Call of Korea.* New York: Fleming H. Revell. 1908.

Wasson, Alffred W. "Church Growth in Korea." *International Missionary Council.* New York. 1934.

Williams, F. E. C. & Bonwick. Gerald eds. *The Korea Missions Year Book.* Seoul. The Christian Literature Society of Korea. 1928.

〈번역서〉

도히 아키오. 「일본기독교사」. 김수진 옮김. 서울: 기독교문사, 1991.

미터 H. 헨리. 「칼빈주의 기본 사상」. 박윤선 김진홍 옮김. 서울: 개혁
주의신행협회, 2000.

_____. 「칼빈주의」. 박윤선 김진홍 옮김. 서울: 개혁주의신행협
회, 1988.

아브라함 카이퍼. 「칼빈주의」. 박영남 옮김. 서울: 세종문화사, 1988.

Allen, Horace N. 「조선견문기」. 신복룡 역. 서울: 평민사, 1986.

Bishop, *Isabella Bird.* 「한국과 그 이웃 나라들」. 이인화 역. 서울: 살림,
1994.

Clark, Allen D. 심재원 역. 서울: 대한기독교서회, 1961.

Fenwick. Malcom K. 「한국에 뿌려진 복음의 씨앗」. 이길상 역. 서울:
예영케뮤니케이션, 1994.

Gale, James S. 「전환기의 조선」. 신복룡 역. 서울: 평민사, 1986.

Griffis, William Elliot. 「아펜젤러」. 이만열 역. 서울: 연세대학교 출판
부, 1985.

_____. *Corea: The hermit Nation.* 「隱者의 나라 한국」.
신복윤 역. 서울: 평민사, 1985.

Hoekma,. Anthony A. 「개혁주의 종말론」. 류호준 역. 기독교문서선교
회, 1986.

Leith, John. H. 「개혁주의란 무엇인가」. 오창윤 옮김. 서울: 반석문화사,
1992.

Longfield, Bradley J. 「미국장로교 논쟁」. 이은선 역. 서울: 아가페출판
사, 1998.

Gresham, Machen. J. 「메이첸의 생애와 사상」. 홍치모 역. 서울: 그리심,
2003.

Underwood, Lillias H. 「언더우드: 한국에 온 첫 선교사」. 이만열 역. 서
울: 기독교문사, 1990.

Fifteen Years Among the Top－Knots. 「언더우드 부인의 조선생활: 상투쟁
이와 함께 보낸 15년 세월」. 김철 역. 서울: 뿌리 깊은 나무, 1984.

강민수

■ 약 력

광주고등학교를 졸업하고 학사과정으로 광신대학부, 광주대학교(법학사), 평생교육진흥원(문학사), 그리고 석사과정으로 총회개혁신학연구원(목회학석사, equ), 미국 California Graduate School of Theology(문학석사), 합동신학대학원대학교(목회학석사), 광신대학교 신학대학원(신학석사), 박사과정으로 합동신학대학원대학교/BTS(D. Min)과정 수료, 광신대학교 일반대학원에서 Ph.D. 학위를 받았다. 그리고 서울성경신학대학원대학교에서 Ph.D. cand. 중에 있다.

광신대학교 법인이사, 광주 숭일 중고등학교 법인이사, 광신대학교 역사신학 전임교수, 광신대학교 교회사연구소 연구원, 광신대학교 몽골선교회 회장, 광주번성교회 담임목사로 사역하고 있다.

■ 논 문

<세대주의 종말론이 한국교회에 미친 영향에 관한 연구>
<개혁주의 신학 입장에서 본 교회론에 관한 연구>
<이슬람 선교에 관한 연구> 외 다수

호남지역
장로교회사

초판인쇄 | 2009년 8월 31일
초판발행 | 2009년 8월 31일

지은이 | 강민수
펴낸이 | 채종준
펴낸곳 | 한국학술정보㈜
주 소 | 경기도 파주시 교하읍 문발리 파주출판문화정보산업단지 513-5
전 화 | 031) 908-3181(대표)
팩 스 | 031) 908-3189
홈페이지 | http://www.kstudy.com
E-mail | 출판사업부 publish@kstudy.com

등 록 | 제일산 115호(2000. 6. 19)
가 격   27,000원

ISBN   978-89-268-0315-4 95230(Paper Book)
         978-89-268-0314-1 98230(e-Book)

내일을여는지식 ■ 은 시대와 시대의 지식을 이어 갑니다.